WEBER'S GRILLEN MIT BRIKETTS & HOLZKOHLE

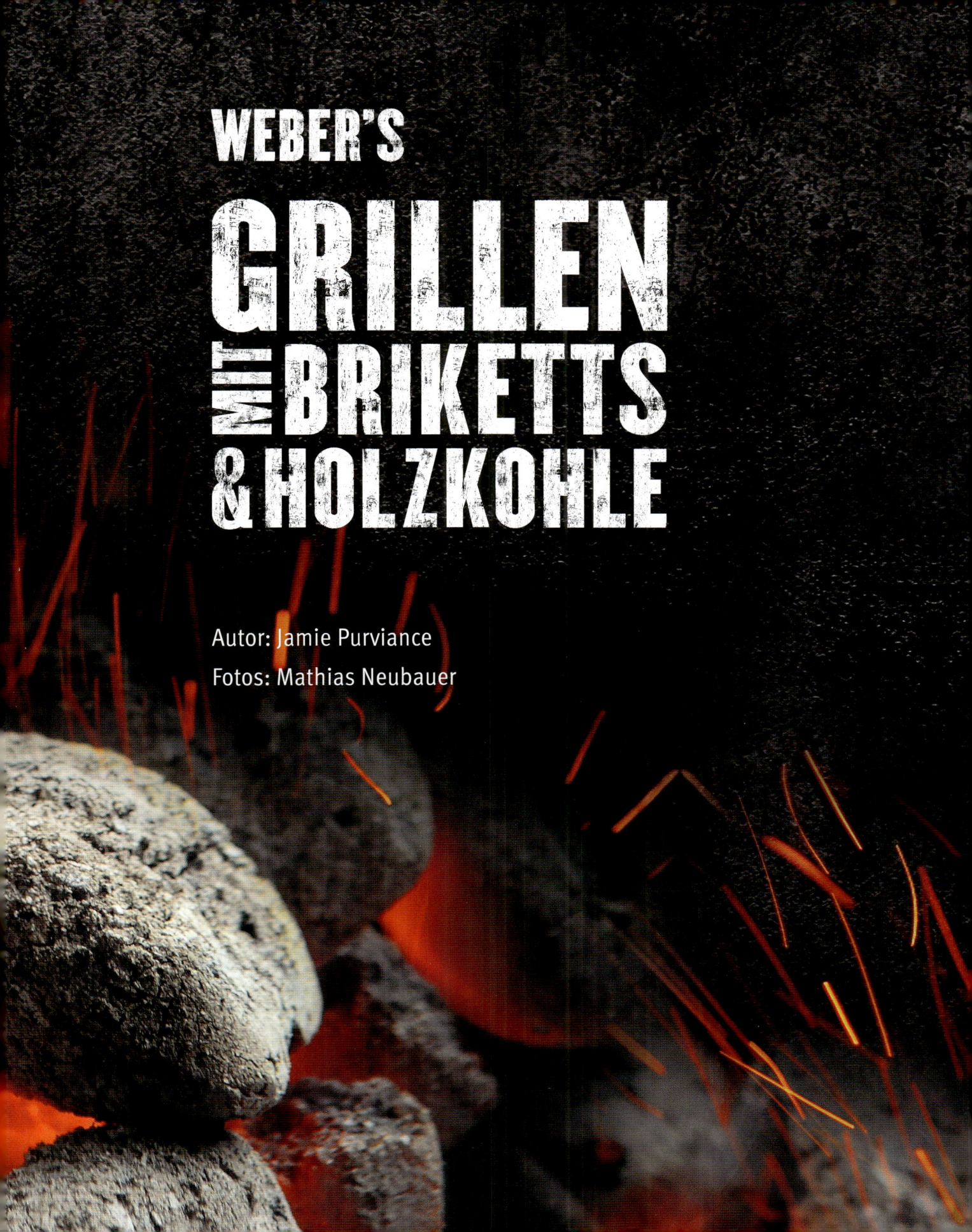

INHALT

- 8   GRILLEN MIT BRIKETTS & HOLZKOHLE
- 30   WÜRZMISCHUNGEN, MARINADEN & SAUCEN
- 36   VORSPEISEN
- 52   RIND & LAMM
- 100   SCHWEIN
- 134   GEFLÜGEL
- 168   FISCH
- 188   BEILAGEN
- 206   DESSERTS
- 218   GRILLPRAXIS
- 233   REGISTER

Dieses Symbol weist auf besondere Tipps für das Grillen mit Briketts und Holzkohle hin

VORWORT

Liebe Leserin, lieber Leser, lieber Grill-Fan,

meine Begeisterung für das Grillen mit Briketts und Holzkohle begann im Alter von zehn Jahren in einem Ferienlager in New Hampshire. Eines Abends lud unser Jungenlager die Mädchen vom Ferienlager an der anderen Seeseite zum Grillen ein. In jener Zeit löste der Gedanke an einen geselligen Abend mit Mädchen ein beunruhigendes Gefühl von Aufregung und Angst in mir aus, und als mich daher mein Lagerbetreuer bat, dem Koch dabei zu helfen, einige Sachen vom Wagen zu laden, kam mir die Ablenkung gerade recht.

»Verstehst du etwas vom Grillen?«, fragte der Koch.

»Nein«, sagte ich.

»Na, dann setz dich mal«, meinte er und drehte eine Kiste für mich um. In seinem Grill brannte bereits ein Holzkohlefeuer. Er erzählte mir etwas über die verschiedenen Grillmethoden, während die rot-orangen Flammen hell gegen den dunkler werdenden Abendhimmel loderten. Es fiel mir schwer, ihm aufmerksam zuzuhören, da die tanzenden Funken, die zu den Baumwipfeln hinaufflogen und dann spurlos verschwanden, mich fest in ihrem Bann hielten.

Er begann, das Feuer mit einer langstieligen Eisenhacke zu bearbeiten, zerkleinerte einige der größeren Kohlen und harkte die Kohlenstücke zu einer gleichmäßig ansteigenden Glut. Je geringer der Abstand zwischen Glut und Grillrost, um so heißer wurde der Grillrost, auf dem der Koch für uns Burger zubereitete. Immer dann, wenn sie zu verbrennen drohten, verschob er sie scheinbar spielerisch von einem Platz zum anderen. Die ganze Zeit über ließ er sich von dem prasselnden Feuer und den immer wieder hochschlagenden Flammen nicht aus der Ruhe bringen, und jeder seiner Handgriffe saß mit offenbar traumwandlerischer Sicherheit. Hier draußen in der Natur, die an diesem lauen Sommerabend ganz erfüllt war vom Duft des Hickory- und Eichenholzes, spürte ich, dass er sich zutiefst wohlfühlte.

Die Burger schmeckten außergewöhnlich gut. Ich kann mich noch genau daran erinnern, wie mir der Fleischsaft am Kinn hinunterlief, und an die Stille, die plötzlich eintrat, weil jeder nur noch mit Essen beschäftigt war. Eine große Zufriedenheit hatte sich ausgebreitet, die keiner Worte mehr bedurfte. Wenn ich heute brennende Kohle rieche, denke ich an jenen Abend zurück und an viele andere Momente in meinem Leben voller Lebensfreude: Sommerferien, Straßenfeste, Klassenfeiern, Picknicks im Park und Grillfeste in meinem eigenen Garten.

Ich werde oft gefragt, ob man besser mit Gas oder Briketts beziehungsweise Holzkohle grillen sollte. Ein Gasgrill hat attraktive Möglichkeiten, ein Feuer mit Kohle jedoch bietet ganz eigene Erlebnisse. In der Welt der Briketts und Holzkohle haben zeitlose Techniken Vorrang vor der Bequemlichkeit eines Knopfdrucks. Die Unstetigkeit eines »lebenden« Feuers wird der Vorhersehbarkeit von Propangas vorgezogen. Wir – das sind alle leidenschaftlichen Kohle-Fans, die in diesem Buch zu Wort kommen und denen ich herzlich danke – begeistern uns für die rustikal rauchigen Aromen, die der neutrale Brand eines Gasgrills niemals hervorzubringen vermag. Mit anderen Worten, wir begeistern uns für die fast archaisch zu nennenden Wahrheiten beim Grillen über offenem Feuer.

Jamie Purviance

3 EINFACHE WAHRHEITEN ÜBER BRIKETTS & HOLZKOHLE

1 Die Urbefriedigung, mit der wir über knisternden Flammen und glühenden Kohlen unser Essen zubereiten, scheint in der menschlichen DNS angelegt zu sein. Ein offenes Feuer verbindet uns offensichtlich mit Generationen von Ahnen bis zum Ursprung der Zivilisation.

2 Jedes Feuer ist wie eine Schneeflocke – einzigartig, und seine Anziehung liegt nicht zuletzt in der Herausforderung, auf sein besonderes Brennverhalten zu reagieren. Ein Teil der Befriedigung für uns liegt darin, dem Feuer jeweils unsere eigene Grilltechnik anzupassen.

3 Die Art der Kohle, die wir beim Grillen verwenden, beeinflusst den Geschmack des Essens mindestens ebenso sehr wie Gewürze oder Saucen. Sie ist zweifellos ein zusätzliches Gewürz, das mit all seinen Möglichkeiten eine ganz neue Art des Kochens ermöglicht!

GRILLEN MIT BRIKETTS & HOLZKOHLE

MASTERING THE FIRE

Vor Hunderttausenden von Jahren hat wahrscheinlich einer unserer Urahnen sein Stück Fleisch über einem Lagerfeuer gebraten und anschließend Erde auf die Glut gestreut, um sie zu löschen. Es ist gut möglich, dass er wenige Tage später zurückkam und feststellte, dass sich die Glut in schwarze Klumpen verwandelt hatte. Als er dann herausfand, dass er diese Klumpen wieder anzünden konnte, hat er das Kochen im Freien für immer verändert.

Heute nennen wir diese schwarzen Klumpen Holzkohle. Ihre Entdeckung zog dann auch die Erfindung von Briketts nach sich. Für das Grillen habe beide bedeutende Vorteile gegenüber reinem Holz: Sie brennen heißer. Sie entwickeln weniger Rauch. Und sie brennen gleichmäßiger. Das war für den Urahnen ein echter Gewinn, und ist es für den modernen Gartengriller bis heute.

BRENNMATERIALIEN

HOLZKOHLE

Die Herstellung von Holzkohle beginnt üblicherweise damit, dass in einem Meiler Holzscheite aufeinandergestapelt und dann mit Erde abgedeckt werden. Die Scheite werden anschließend an einem Ende angezündet und glimmen nun einige Tage lang, währenddessen das Feuer in der sauerstoffarmen Umgebung viele der im Holz befindlichen flüchtigen Substanzen verbrennt. Übrig bleibt nahezu reiner Kohlenstoff, mit anderen Worten Holzkohle.

Das Grillen über einem Holzkohlefeuer ist eine Erfahrung voll spannender Herausforderungen. Sobald die Kohlen brennen, sprühen sie Funken, knistern und knallen manchmal, wenn sie ihre Höchsttemperatur erreicht haben. Dann werden die im Holz eingeschlossenen Gase freigesetzt. Holzkohle wird schnell sehr heiß. Ihre intensive Hitze führt in Sekundenschnelle zur Krustenbildung des Grillguts, verleiht der Oberfläche eine appetitliche Bräune und dem Grillgut wunderbar saubere Raucharomen.

Das Raucharoma rührt in den meisten Fällen von nur einer Holzart her, etwa Mesquite oder Hickory. Ein Sack mit Holzkohle enthält allerdings häufig auch eine Mischung verschiedener Hölzer, etwa Eiche und Buche, dazu können Hölzer aus Südamerika oder Afrika kommen.

Hat Holzkohle einmal ihre Höchsttemperatur erreicht, nimmt ihre Hitze schnell wieder ab. In vielen Fällen verläuft die Kurve von stärkster zu mittlerer Hitze in etwa 1 Stunde. Wenn die Temperatur beim Grillen konstant bleiben soll, muss Kohle nachgelegt werden.

BRIKETTS

Vater der Briketts ist Henry Ford. Er, der es hasste, Sachen wegzuwerfen oder zu vergeuden, entwickelte in den 1920er-Jahren, ein Verfahren, wie er die großen Mengen an Holzresten aus der Produktion seiner Automobilfirma weiterverarbeiten konnte. Inspiriert von den Arbeiten des Chemikers Orin Stafford wurden nach dem Verkohlungsprozess die Holzkohlestücke fein gemahlen und anschließend mit einem Bindemittel vermengt. Heraus kam eine Mischung, die zu kleinen »Brennkissen« gepresst werden konnte.

An der Herstellung von Briketts hat sich seitdem im Prinzip nichts geändert. Damit die »Kissen« ihre Form behalten, wird als Bindemittel üblicherweise eine natürliche Stärke verwendet. Der größte Vorteil von Briketts gegenüber Holzkohle ist die Gleichmäßigkeit ihrer Größe und Form. Mit ihnen lässt sich die Hitze im Grill leicht kontrollieren, der Temperaturverlauf bleibt konstant. Briketts benötigen im Gegensatz zu Holzkohle, die schnell glüht, dafür aber eine kürzere Brenndauer hat, zum Anzünden häufig 35 bis 45 Minuten. Aus diesem Grund garantieren hochwertige Briketts aber auch eine lang anhaltende Glut.

Warum? Für ein schnelles Anzünden darf das Ausgangsprodukt nicht zu stark gepresst sein, für eine lange Brenndauer wiederum muss es stärker gepresst sein. Die Magie beim Grillen beginnt, wenn beides aufeinandertrifft.

Briketts brennen länger als Holzkohle, sodass seltener nachgelegt werden muss. Man könnte sagen, dass sie aufgrund ihrer lang anhaltenden Glut die »sicherere Wahl« sind. Holzkohle dagegen brennt heißer..

WEBER®-BRIKETTS

Buche, Eiche, Birke und Hainbuche sind die »Hauptzutaten« der Weber®-Briketts. Im richtigen Mengenverhältnis schwelen die Holzsorten über mehrere Stunden unter Zufuhr von sehr wenig Sauerstoff. Danach wird der Holzkohlenstaub ohne chemische Zusätze mit Wasser und Weizenstärke vermengt und in einer hydraulischen Presse zu gleich großen Briketts geformt. Weber®-Briketts haben eine lange Brenndauer und hinterlassen nur eine geringe Menge an Asche.

Weber®-Briketts vereinen die Vorteile von Holzkohle und Briketts. Die Rillen auf der Brikettoberfläche bewirken eine bessere Luftzufuhr, was das Anzünden auf nur 20 Minuten verringert. Weber®-Briketts sind zudem größer als Standardbriketts, was zu einer lang anhaltenden Glut von über 3 Stunden führt. Sie sind also ideal zum Grillen eines großen Bratens oder für einen Grillabend, an dem sich keiner um lästiges Nachlegen kümmern möchte.

WEBER®-GRILL-HOLZKOHLE

Eine Mischung aus Buche, Eiche und Hainbuche ist das Geheimnis der Weber®-Grill-Holzkohle. Das Trio verringert Funkenflug sowie Rußbildung und ist innerhalb von etwa 15 Minuten vorgeglüht. Die Kohlestücke sind größer als üblich, weshalb sie für rund 1 Stunde für Hitze im Grill sorgen – ideal für Grillgut mit kurzen Garzeiten.

KOHLE ANZÜNDEN

Mit Hilfe eines Anzündkamins (siehe Abb. rechts) lässt sich einfach und zuverlässig jede Art von Kohle anzünden. Er besteht aus einem Zylinder aus Stahlblech mit Griff, in dem innen ein Drahtrost befestigt ist. Nehmen Sie den Grillrost Ihres Grills ab, legen Sie einige Anzündwürfel auf den Kohlerost und stellen Sie den Anzündkamin direkt darüber. Füllen Sie den Kamin nach Wahl mit Holzkohle oder Briketts. Zünden Sie die Anzündwürfel durch die seitlichen Löcher an. Holzkohle wird innerhalb von etwa 15 Minuten durchgeglüht und an den Rändern mit Asche überzogen sein: ein Zeichen dafür, dass Sie die Kohlen auf dem Kohlerost verteilen können. Briketts benötigen zum Durchglühen zwischen 20 und 45 Minuten. Achten Sie darauf, dass sie von einer feinen weißen Ascheschicht überzogen sind oder die oberen Briketts Feuer gefangen haben. Dann können sie auf dem Kohlerost verteilt werden.

Alternativ zu einem Anzündkamin legen Sie einige Anzündwürfel mittig auf den Kohlerost, schichten pyramidenförmig Kohle darüber und zünden die Würfel an. Wenn sich die Kohlen in der Mitte entzündet haben, stapeln Sie die noch nicht glühenden Kohlen mit einer Grillzange obendrauf. Sobald alle Kohlen brennen, können sie nach Belieben auf dem Kohlerost verteilt werden.

WIE VIEL KOHLE WIRD BENÖTIGT?

Das ist abhängig davon, ob sie Holzkohle oder Briketts verwenden, zudem von der Größe Ihres Grills, der Art des Grillguts, aber auch vom Wetter, von der Luftfeuchtigkeit usw. Bei Weber®-Briketts lässt sich die benötigte Menge am einfachsten mit einem Weber® RapidFire® Anzündkamin abmessen. Als grober Richtwert gilt, dass eine ganze Füllung eine Hitze von 260–270 °C erzeugt, eine Dreiviertelfüllung 220–230 °C und eine halbe 180–190 °C. Abhängig davon, ob Sie Holzkohle oder Briketts verwenden, müssen Sie während des Grillens gegebenenfalls nachlegen. Für Weber®-Briketts gilt als Faustregel, dass eine Kaminfüllung 2 kg Briketts entspricht: die ideale Menge für einen 57 cm großen Kugelgrill und eine Glutdauer von 3 Stunden. Die unregelmäßige Form und Größe von Holzkohlestücken dagegen macht es schwieriger, den Anzündkamin gleichmäßig mit ihnen zu füllen. Wenn Sie daher die glühenden Kohlen aus dem Kamin auf dem Rost verteilt haben, fügen Sie am besten noch ein paar größere Stücke hinzu, damit das Glutbett nicht zu klein ist und die Kohlen eng genug aneinanderliegen.

Anzündwürfel garantieren ein geruchsneutrales, ungiftiges Anzünden der Kohlen.

Ein Weber® RapidFire® Anzündkamin kann als »Messbecher« für Briketts genutzt werden. Wie viele Briketts Sie benötigen, entnehmen Sie der Bedienungsanleitung Ihres Grills.

Nicht genügend Kohle zu benutzen kann dazu führen, dass das Grillgut unzureichend angebraten wird. Ein verbreiteter Fehler jedoch ist, zu viel Brennmaterial zu verwenden: Fleisch, das über einen längeren Zeitraum bei niedrigerer Temperatur zubereitet wird, kann dabei verbrennen. Es ist wichtig, Ihre Kohle gut kennenzulernen.

DIE ZWEI-ZONEN-GLUT

1-2-3 FERTIG!

1 Einen Weber® RapidFire® Anzündkamin bis zum Rand mit Kohlen füllen und diese vorglühen, bis sie mit feiner Asche überzogen sind oder die oberen Briketts Feuer gefangen haben.

2 Die glühenden Kohlen dicht an dicht in einer Lage so auf dem Kohlerost verteilen, dass er mind. zur Hälfte, aber höchstens zu drei Vierteln bedeckt ist.

3 Den Grillrost einsetzen, den Deckel schließen und die Kohlen auf die gewünschte Temperatur herunterbrennen lassen. Dabei alle Lüftungsschieber geöffnet lassen.

DIREKTE UND INDIREKTE HITZE KOMBINIEREN

Die Zwei-Zonen-Glut stellt eine sehr wirksame Anordnung von Briketts oder Holzkohle dar und eignet sich für eine Vielzahl von Rezepten. Sie kombiniert direkte Hitze (das Grillgut liegt unmittelbar über den heißen Kohlen) mit indirekter Hitze (das Grillgut gart seitlich von den Kohlen). Beide Hitzezonen sind beim Garen über offenem Feuer unerlässlich. Über direkte Hitze werden eher kleine, zarte Grillspeisen gelegt wie Burger, Steaks, Filets, Meeresfrüchte oder Gemüse, die nur kurz garen müssen. Direkte Hitze sorgt für eine rasche Krustenbildung der Grillspeisen, verleiht dabei Aroma und eine wünschenswerte Bräune an der Oberfläche, und gart dünne Stücke bis zum Kern durch. Indirekte Hitze eignet sich für größeres Grillgut, wie etwa Braten oder ganze Hähnchen, die länger garen müssen.

Starke, mittlere oder schwache Hitze lässt sich mit dem »Handtest« von Seite 15 messen.

DIE HITZE DER GLUT MESSEN

WIE HEISS IST ES?

Beim Grillen ist die richtige Hitze der Glut (oder mehrerer Glutzonen) ebenso wichtig wie die richtige Anordnung der Kohlen. Und obwohl nicht annähernd so präzise Temperaturen wie etwa beim Backen erforderlich sind, verlangt doch jede Art von Grillgut auch ihren eigenen, spezifischen Hitzebereich. Andernfalls kommt die große Variationsbreite an Geschmack und Oberflächenbeschaffenheit des Grillguts, die beim Grillen mit Kohle möglich ist, nicht zum Ausdruck, und schlimmstenfalls ruiniert man sogar das, was auf dem Grill liegt.

Es gibt zwei Methoden, die Temperatur einer Glut festzustellen. Da ist zum einen das Thermometer am Deckel, das bei manchen Grills zur Ausstattung gehört: sehr zu empfehlen, wenn Sie häufig mit indirekter Hitze grillen (etwa ganze Hähnchen, Spareribs oder Braten). Andernfalls ist die Versuchung groß, zu oft den Deckel zu öffnen, um nachzusehen, wie es um die Glut steht. Jedes Öffnen des Deckels verlängert die Grillzeit und führt damit zu ungleichmäßigem Garen des Grillguts.

DER HANDTEST

Die andere Methode besteht darin, eine Handfläche in einem sicheren Abstand von etwa 12 cm über die Glut zu halten und durch sie die Hitze zu messen. Wenn Sie Ihre Hand nach 2 bis 4 Sekunden wegziehen müssen, ist die Hitze stark, nach 5 bis 7 Sekunden hat die Glut eine mittlere Hitze, nach 8 bis 10 Sekunden ist die Hitze der Glut schwach. Schützen Sie Ihre Hand dabei immer rechtzeitig vor zu starker Einwirkung der Hitze und achten Sie unbedingt darauf, dass nichts Entflammbares, etwa ein Ärmel, herunterhängt.

Hitze	Temperaturbereich	Die Hand muss weggezogen werden nach
Stark	230 °C bis 290 °C	2 bis 4 Sekunden
Mittel	175 °C bis 230 °C	5 bis 7 Sekunden
Schwach	120 °C bis 175 °C	8 bis 10 Sekunden

DIE DREI-ZONEN-GLUT

VIELSEITIGES UND FLEXIBLES GRILLEN

Eine Zwei-Zonen-Glut lässt sich leicht abwandeln, um beim Grillen noch flexibler zu sein. Für bestimmte Rezepte beispielsweise ist eine Drei-Zonen-Glut von Vorteil: mit starker Hitze auf der einen Seite, mittlerer Hitze in der Mitte und indirekter Hitze auf der anderen Seite des Kohlerosts. Dafür häufen Sie auf einer Seite die Kohle übereinander und stellen ein Gefälle zur gegenüberliegenden Seite her. Lassen Sie auch hier mindestens ein Drittel des Kohlerosts leer für indirekte Hitze. Diese Anordnung sorgt für Flexibilität beim Grillen, da unterschiedliche Zutaten gleichzeitig zubereitet werden können, obwohl sie verschiedene Temperaturbereiche benötigen: Die Garnelen auf der Abb. links grillen über starker, das Gemüse über mittlerer Hitze, und die Tomaten werden über indirekter schwacher Hitze erwärmt.

Starke, mittlere oder schwache Hitze lässt sich mit dem »Handtest« von Seite 15 messen.

DIE GETEILTE DREI-ZONEN-GLUT

GLEICHMÄSSIGE INDIREKTE HITZE

Bei der klassischen indirekten Methode wird die Kohle rechts und links vom Grillgut in gleich großen Mengen angeordnet – die sogenannte geteilte Drei-Zonen-Glut. Man erhält damit zwei Bereiche für direkte Hitze (stark, mittel oder schwach) und einen Bereich in der Mitte für indirekte Hitze. Besonders empfehlenswert ist diese Anordnung, wenn Sie beispielsweise einen Braten über indirekter Hitze garen wollen: Auf beiden Seiten herrscht die gleiche Temperatur und gewährleistet ein gleichmäßiges Garen.

Stellen Sie eine Tropfschale zwischen die beiden Kohlehaufen und füllen Sie sie zur Hälfte mit warmem Wasser. Die Schale fängt herabtropfendes Fett auf und das Wasser trägt dazu bei, dass Sie weniger oft Kohle nachlegen müssen, um die Hitze konstant zu halten: Es nimmt nämlich nicht nur die Hitze auf, sondern gibt sie auch wieder ab. In Holzkohlekörben liegen die Kohlen dicht aneinander und brennen dadurch länger.

IHRE VORLIEBEN ZÄHLEN

Für welche Art von Holzkohlefeuer Sie sich letztendlich entscheiden, bleibt allein Ihnen überlassen. Ich kenne viele Grillfans, die den gesamten Kohlerost mit Kohlen bedecken, andere bevorzugen die glühenden Kohlen ganz nah am Grillrost oder legen sie nur kreisförmig an den äußeren Rand des Rosts und lassen die Mitte für indirekte Hitze frei. Probieren Sie all die Möglichkeiten aus, die Ihnen das Grillen mit Briketts und Holzkohle bietet.

Ich ziehe meist die indirekte Hitze einer Zwei-Zonen-Glut einer geteilten Drei-Zonen-Glut vor. Wenn die heiße Glut nur auf einer Seite ist, kann ich die Hitze für mein Grillgut dadurch regulieren, indem ich es entweder näher hin zu den Kohlen oder weiter weg lege. Manchmal brauche ich auch mehr Hitze nur für ein Teilstück, etwa für die Keulen eines Hähnchens, die ich dann den Kohlen zugewandt grille und damit eine gewisse Zeit heißer gare, als beispielsweise das Brustfleisch.

DAS FEUER KONTROLLIEREN

Einer der wichtigsten Unterschiede zwischen Grillen mit Gas und Grillen mit Briketts oder Holzkohle liegt darin, dass Sie mit der glühenden Kohle nicht nur Speisen garen können, sondern gleichzeitig auch ein Feuer kontrollieren müssen. An Ihnen liegt es, Kohlen so umzuschichten oder nachzulegen, dass das Grillgut gleichmäßig garen kann.

DIE HITZE HALTEN

In den meisten Fällen werden Sie einfach die Temperatur der Glut konstant halten wollen. Kümmert man sich um ein Feuer mit Holzkohlestücken nicht weiter, büßt es unter normalen Umständen innerhalb von 20 bis 30 Minuten etwa 38 °C ein. Um die Hitze konstant zu halten, müssen Sie deshalb ungefähr alle 30 Minuten frische Holzkohle nachlegen. Die Menge hängt dabei von einer Reihe von Faktoren ab.

Zunächst ist natürlich die Art der verwendeten Kohle maßgeblich. Holzkohle brennt schneller und wird heißer als Briketts, weshalb sie erst 5 bis 10 Minuten, bevor die erforderliche Zufuhr an Hitze benötigt wird, auf die Glut kommen. Dies gilt insbesondere für sehr kleine Stücke, die allerdings auch rascher abbrennen und häufiger nachgelegt werden müssen. Größere Stücke brauchen etwas länger, bis sie heiß sind, brennen dann aber auch nicht so schnell herunter.

Eine typische Glut aus Briketts hält 2 Stunden und länger, vorausgesetzt, Sie verwenden hochwertige Briketts. In dieser Zeit können Sie mit einer konstanten Temperatur von 180 °C rechnen. Wer das Nachlegen also auf ein Minimum beschränken will, sollte hochwertige Briketts wählen. Diese brauchen zwar etwas länger, bis sie ihre Höchsttemperatur erreichen, dafür punkten sie mit einer längeren Brenndauer, und häufig entfällt das Nachlegen sogar komplett.

DIE LUFTZUFUHR REGULIEREN

Entscheidend ist darüber hinaus die Menge an Luft, der das Feuer ausgesetzt ist. Es wird bis zu einem gewissen Punkt umso heißer und brennt demnach schneller herunter, je mehr Luft zugeführt wird. Um häufiges Nachlegen zu vermeiden, sollte der Grilldeckel deshalb so oft wie möglich geschlossen, die unteren Lüftungsschieber stets geöffnet sein. Die oberen Lüftungsschieber sind ebenfalls meist ganz geöffnet, nur wenn Sie die Temperatur reduzieren möchten, schließen Sie die Lüftung zur Hälfte.

DIE ASCHE AUSFEGEN

Sammelt sich zu viel Asche an, verstopfen die Lüftungsschlitze und können das Feuer ersticken bzw. seine Temperatur rapide absenken. Fegen Sie deshalb etwa alle 30 Minuten behutsam die Asche aus den Lüftungsschlitzen und leeren Sie den Aschetopf regelmäßig.

EIN GEFÜHL ENTWICKELN

Ein Feuer mit Kohle am Leben zu halten, ist weniger kompliziert, als es scheint. Zu Beginn sollten Sie etwa alle 30 Minuten Holzkohle nachlegen. Auch wenn Sie Briketts verwenden, sollten Sie auf einen möglichen Temperaturrückgang im Grill achten. Für Grillgut, das länger als 2 bis 3 Stunden gart, müssen Sie gegebenenfalls Briketts nachlegen. Wenn Sie das ein paar Mal gemacht und dabei immer wieder das Ergebnis beobachtet haben, werden Sie ein Gefühl dafür entwickeln, welche Menge an Kohle für Ihre Bedürfnisse die richtige ist und zu welchem Zeitpunkt Sie sie am besten nachlegen. Lassen Sie sich nicht davon entmutigen, dass es hierzu keine wirklich genauen Angaben gibt, sondern sehen Sie es als eine spannende Herausforderung an, auf jedes Feuer immer wieder ganz individuell eingehen zu müssen.

DAS FEUER KONTROLLIEREN

MEHR ODER WENIGER HITZE

Am einfachsten erhöhen Sie die Grilltemperatur durch die Zugabe von frischem Brennmaterial. Auch hier kommt es darauf an, welche Art von Kohle Sie verwenden, wie groß die Stücke sind und wie viel Luft zugeführt wird. Legen Sie Briketts nach, müssen diese durchgeglüht sein.

Möchten Sie dagegen die Temperatur im Grill verringern, schließen Sie ein wenig die Lüftungsschieber. Oder Sie nehmen den Deckel ab und lassen die Kohlen etwas herunterbrennen. Führen Sie regelmäßig den »Handtest« von Seite 15 durch, um den Grad der Hitze zu prüfen. Das Absenken der Temperatur wird beschleunigt, wenn Sie die Kohlen ein wenig auseinanderharken.

Für einen Temperaturanstieg im Grill müssen zuallererst die Lüftungsschieber vollständig geöffnet sein. Einen schnellen Anstieg erzielen Sie, wenn Sie Holzkohle oder Briketts im Anzündkamin durchglühen und nachlegen.

Bei hochschlagenden Flammen müssen Sie als Erstes die Luftzufuhr verringern. Setzen Sie dafür den Grilldeckel auf und schließen Sie seine Lüftungsschieber etwa zur Hälfte.

HOCHSCHLAGENDE FLAMMEN

Auf die Glut herabtropfendes Fett kann zu Flammenbildung führen, wenn das Fett Feuer fängt. Ein paar kleinere Flammen sind unproblematisch; um diese weiter zu reduzieren, sollten Marinaden abgetupft und überschüssiges Fett entfernt werden. Sollten die Flammen allerdings durch den Grillrost schlagen und das Grillgut zu verbrennen drohen, müssen Sie reagieren.

Eine Methode besteht in der Reduzierung der Luftzufuhr. Setzen Sie dafür den Deckel auf und schließen Sie seine Lüftungsschieber etwa zur Hälfte. Meist werden mit dieser Maßnahme die Flammen erstickt, was Sie durch die halb geöffneten Lüftungsschieber überprüfen können. Sollten sie jedoch weiterhin hochschlagen, müssen Sie den Deckel öffnen und das Grillgut über indirekte Hitze legen (ein Grund mehr, dass man stets einen Bereich für indirekte Hitze zur Verfügung haben sollte). In der Regel wird innerhalb von wenigen Sekunden das Fett im Feuer verbrennen und die Flammenbildung klingt ab. Anschließend können Sie das Grillgut wieder über direkte Hitze legen.

Bei Bedarf legen Sie das Grillgut über indirekte Hitze, bis die Flammenbildung abgeklungen ist.

RÄUCHERN AUF DEM HOLZKOHLEGRILL

Aufgrund seiner Konstruktion eignet sich ein Kugelgrill sehr gut zum Räuchern. Auf dem unten liegenden Kohlerost bereiten Sie auf einer Seite eine kleine Glut für indirekte schwache Hitze vor und stellen anschließend eine mit warmem Wasser gefüllte Aluschale auf die gegenüberliegende leere Seite. Die Schale dient zum Auffangen herabtropfenden Fetts, und das Wasser in ihr nimmt einerseits Hitze auf und gibt sie andererseits in Form von Wasserdampf wieder ab. Das bewirkt, dass die Kohlen langsamer brennen und weniger häufig frische Kohlen nachgelegt werden müssen.

Ein Grillrost mit aufklappbaren Seitenteilen erleichtert das Nachlegen von Kohle und Holz. Die Art der Kohle und die Holzsorte, die Sie verwenden, sind maßgeblich für das Endprodukt, das Sie nach langem, langsamem Garen, das für Räuchern notwendig ist, erhalten. Wählen Sie am besten Briketts, da es schwierig ist, eine kleine, niedrig temperierte Glut allein mit Holzkohlestücken aufrechtzuerhalten. Die Temperaturschwankungen sind dabei zu hoch, als dass das Endergebnis befriedigend wäre. Mit Briketts dagegen halten Sie die erforderlichen Temperaturen, die beim Räuchern in der Regel zwischen 120 °C und 175 °C liegen sollten. Zur Überprüfung der Hitze ist ein Thermometer am Deckel hilfreich. Wenn Sie die Temperatur erhöhen wollen, öffnen Sie die Lüftungsschieber am Deckel vollständig, wenn Sie die Schieber nach und nach wieder schließen, fällt sie entsprechend.

Grillanfänger machen häufig den Fehler, sofort Räucherchips nachzulegen, sobald der erste Teil verbrannt ist – und dies bis zum Ende des Räucherprozesses zu wiederholen. Das aber führt schnell zu stark verräucherten Speisen. Dosieren Sie anfangs behutsam und probieren Sie das Ergebnis. Sollten Sie ein stärkeres Raucharoma vorziehen, geben Sie beim nächste Mal etwas mehr dazu.

CHIPS ODER CHUNKS?

Als Nächstes müssen Sie entscheiden, ob Sie zum Räuchern Holzchips oder Chunks (Holzstücke) verwenden wollen. Der Unterschied besteht vor allem darin, dass Chips schneller verbrennen als Stücke. Wenn Sie für ein kurzes Räuchern innerhalb von 20 Minuten nur ein bis zwei Handvoll Chips auflegen, spielt die Geschwindigkeit, mit der sie verbrennen, eine unbedeutende Rolle. Wollen Sie dagegen eine Stunde oder länger räuchern, sind Chunks praktischer. Abhängig von ihrer Größe und der Menge an Luft, die in den Grill gelangt, werden sie über genau diesen Zeitraum oder länger brennen. Auch das mindestens 30-minütige Wässern verlängert die Brenndauer, zumal sie dann eher glimmen als tatsächlich brennen. Lassen Sie das Holz gut abtropfen, bevor Sie es auf die Glut geben, damit es das Feuer nicht löscht.

Die Meinungen, welche Hölzer am besten mit welchen Zutaten harmonieren, divergieren stark, und einmal mehr zählen allein Ihre Vorlieben. Aber um die Auseinandersetzung weiter fortzuführen, nenne ich im Folgenden auch meine Favoriten. Sie wechseln aber immer wieder, denn ich muss nur in ein neues Rezept hineingeschmeckt haben, das eine für mich unerwartete Kombination von Rauch und Speisen bereithält, um meine bisherige Auswahl zu überdenken. Die Intensität des Räuchergeschmacks bestimmen Sie über die Menge des Holzes und die Häufigkeit seiner Zugabe.

Welches Holz für welche Zutat?	
Rind und Lamm	Eiche und Hickory
Schwein	Pekan, Kirsche und Apfel
Geflügel	Apfel und Pekan
Fisch	Mesquite und Erle
Gemüse	Rosmarinzweige

Weiche, harzige Hölzer wie Kiefer, Zeder und Espe sollten Sie zum Räuchern meiden. Niemals verwenden dürfen Sie chemisch behandeltes Holz!

DAS RÄUCHERN IN EINEM RÄUCHERGRILL

Vor allem Amerikaner sehen das Heißräuchern in einem speziellen Räuchergrill mit Wasserbehälter, auch Water Smoker genannt, als die eigentliche Essenz des Grillens an, besser gesagt des Barbecue, also des ganz langsamen Garens und Räucherns bei indirekter schwacher Hitze. Dabei werden große Fleischstücke, etwa eine Rinderbrust, besonders weich und rauchig-zart. Mit dem Weber® Smokey Mountain Cooker™, einer Ikone in der Welt des Barbecue, gelingt es, das Räuchergut bei Temperaturen von weit unter 150 °C zuzubereiten.

Zu Beginn wird die Brennkammer des Räuchergrills mit einem Anzündkamin voll Briketts gefüllt.

Die Temperatur wird über das Öffnen und Schließen der Lüftungsschieber reguliert. Je weniger Luft in den Grill gelangt, umso mehr sinkt die Temperatur im Inneren, die beim Räuchern idealerweise zwischen etwa 110 °C und 120 °C liegen sollte. Mit einem hochwertigen Räuchergrill kann dieser Temperaturbereich mehrere Stunden gehalten werden, ohne dass man Briketts nachlegen müsste.

Den Deckel abnehmen, den unteren Grillrost einsetzen und das Räuchergut darauflegen.

Den Anzündkamin zur Hälfte mit weiteren Briketts füllen und diese vorglühen. Wenn sie mit Asche überzogen sind, gleichmäßig auf die nicht angezündeten Briketts in der Brennkammer verteilen.

Das Mittelteil einsetzen und den Wasserbehälter zu drei Vierteln mit kaltem Wasser füllen. Den Deckel aufsetzen und den Smoker vorwärmen. Obere und untere Lüftungsschieber vollständig geöffnet lassen.

Den oberen Grillrost einsetzen und weitere Zutaten nebeneinander darauflegen. Den Deckel schließen, dabei die oberen Lüftungsschieber geöffnet lassen. Die Gartemperatur wird sowohl auf dem unteren wie oberen Grillrost dieselbe sein.

Die Tür der Brennkammer öffnen und zum Räuchern gewässerte Chunks oder Chips auf die heißen Briketts legen.

WEITERE ZUBEREITUNGSMETHODEN MIT KOHLE

IN DER GLUT GAREN

Hierbei werden die Zutaten nicht auf einem Grillrost, sondern direkt in oder seitlich von der Glut geröstet. Mit dieser sehr alten Zubereitungsmethode erzielen Sie vor allem bei Gemüse mit robuster Schale wie beispielsweise Zwiebeln erstaunliche Ergebnisse. Die Zwiebelschalen verkohlen zwar im Lauf von etwa einer Stunde, das Fruchtfleisch aber wird dabei butterweich und wunderbar süß mit einem zart-rauchigen Aroma. Die verkohlten Schalen werden am Ende einfach abgezogen. Ausgezeichnete Gemüsesorten für das Rösten in der Glut sind auch Maiskolben (in ihren Hüllblättern) oder Kartoffeln.

GRILLEN AUF EINEM RÄUCHERBRETT

Ebenfalls sehr beliebt ist das Grillen auf einem Räucherbrett, das sogenannte Planking, das unter kulinarischen Gesichtspunkten vergleichbar mit dem Räuchern ist, allerdings einen besonderen Vorteil hat: Ein geräuchertes, auf einem Grillbrett angerichtetes Fischfilet beispielsweise wird für Ihre Gäste ein wahrer Hingucker sein (siehe Seite 170)! Legen Sie das Brett beim Servieren auf eine hitzebeständige Unterlage.

GRUNDKURS RÄUCHERBRETT

1 *DAS WÄSSERN DES RÄUCHERBRETTS* muss in einem Behälter erfolgen, der groß genug ist für Brett und Wasser. Beschweren Sie das Räucherbrett während des mindestens einstündigen Wässerns mit einem schweren Gegenstand, damit es nicht nach oben treibt.

2 *DEN GRILL VORBEREITEN für mittlere Hitze.* In der Zwischenzeit bereiten Sie die Grillspeisen soweit zu, dass sie grillbereit sind. Nehmen Sie sie zum Beispiel aus der Marinade oder würzen Sie sie.

3 *DAS VORHEIZEN DES BRETTS AUF DEM GRILL* erfolgt über direkter mittlerer Hitze. Nehmen Sie das Brett aus dem Wasser, legen Sie es flach auf den Grillrost und schließen Sie sofort den Deckel. Nach wenigen Minuten wird das Holz zu knistern beginnen und Rauch aus dem Grill aufsteigen.

4 *AUFLEGEN DES GRILLGUTS.* Platzieren Sie das Grillgut mittig auf dem Räucherbrett, schließen Sie den Deckel und lassen Sie die Zutaten ohne zu wenden fertig garen. Behalten Sie dabei den Grill im Auge. Steigt zu viel Rauch aus dem Grill, öffnen Sie den Deckel und löschen die Flammen am Brett mit Wasser aus einer Sprühflasche. Oder Sie legen das Brett vorübergehend über indirekte Hitze. Je schneller Sie den Deckel anschließend wieder schließen, desto eher werden die Flammen erstickt.

5 *DAS RÄUCHERBRETT ZUSAMMEN MIT DEM GRILLGUT VOM GRILL NEHMEN* und auf eine hitzefeste Unterlage legen. Servieren Sie die Grillspeise direkt auf dem Brett oder richten Sie sie auf einzelnen Tellern an.

WEITERE ZUBEREITUNGSMETHODEN MIT KOHLE

ROTISSERIE-GRILLEN – GRILLEN AM SPIESS

An einem Spieß, der sich langsam über glühenden Kohlen dreht, wird vor allem Fleisch zubereitet, das dabei besonders saftig wird, während es die rauchigen Noten des Feuers aufnimmt. Die besten Ergebnisse erzielen Sie, wenn Sie die glühenden Kohlen auf den beiden gegenüberliegenden Seiten des Kohlerosts anhäufen und dazwischen eine große Tropfschale stellen, die zur Hälfte mit warmem Wasser gefüllt wird. Lassen Sie die Kohlen bei geöffnetem Deckel auf mittlere Hitze herunterbrennen. In der Zwischenzeit stecken Sie das Fleisch möglichst mittig auf den Spieß und befestigen die Grillgabel. Setzen Sie nun den Aufsatzring auf den Grill und stecken Sie das Kabel für den Motor in eine Steckdose. Zuletzt setzen Sie den Spieß ein, schalten den Motor an und schließen den Deckel.

Die Hähnchen so dressieren, dass sie auf dem Spieß eine kompakte Form behalten (siehe Seite 226).

Die Zinken müssen tief im Fleisch verankert sein.

Die Hähnchen sollten mittig auf dem Spieß stecken.

Nicht nur Hähnchen lassen sich am Spieß grillen, versuchen Sie auch Truthahn, Ente, Lammkeule oder einen Rippenbraten.

GRILLEN IM FISCHKORB, IN DER GRILLPFANNE ODER IM GEMÜSEKORB

Ein Fischkorb mit aufklappbarer Seite erleichtert das Garen und Wenden von Fisch auf dem Grill und verhindert, dass die Haut am Grillrost anhaftet. Der Korb ermöglicht zudem, den Fisch näher an die Glut oder weiter von ihr weg zu legen, abhängig von der Hitze, die er über die Dauer des Garens benötigt. Legen Sie den Fisch im Korb auf ein Bett mit Zitronenscheiben oder Salatblättern, das verhindert, dass seine Haut am Gitter haften bleibt.

Eine gelochte Grillpfanne oder ein Gemüsekorb sind die beste Lösung für Zutaten, die entweder sehr klein sind und durch den Rost fallen könnten oder zu zahlreich, als dass man sie einzeln wenden könnte. Die Löcher ermöglichen, dass die Zutaten mit den rauchigen Noten der Kohle in Berührung kommen, gleichzeitig kann die austretende Flüssigkeit oder das Fett abtropfen. Um ein gleichmäßiges Garen der Zutaten zu gewährleisten und sie zu wenden, sollten Sie die Pfanne oder den Korb gelegentlich rütteln; schützen Sie Ihre Hände dabei mit Grillhandschuhen.

WÜRZMISCHUNGEN, MARINADEN & SAUCEN

Trockene Gewürze bilden üblicherweise die Grundlage von Würzmischungen, mit denen das Grillgut eingerieben oder bestreut wird. Sie verleihen einerseits zusätzliche Geschmacksnoten und sorgen andererseits für eine interessante Textur der Oberfläche.

Marinaden funktionieren ähnlich wie Würzmischungen, ihre Aromen dringen jedoch aufgrund des Flüssigkeitsanteils tiefer in die Grillspeisen ein. Mit Saucen wiederum lassen sich nicht nur die Wirkungen von Würzmischungen oder Marinaden intensivieren, sondern sie können auch in einer Solorolle den Geschmack des Grillguts vollendet abrunden.

WÜRZMISCHUNGEN

WIE LANGE EINWIRKEN LASSEN?

Lässt man eine Würzmischung lange auf dem Fleisch, vermischen sich die Gewürze mit dem Fleischsaft. Auf dem Grill bilden sich daraus neue, intensive Aromen und außen eine wunderbare Kruste. Das ist bis zu einem gewissen Grad natürlich erwünscht, aber eine Würzmischung mit reichlich Salz und Zucker entzieht dem Fleisch mit der Zeit auch Flüssigkeit. Das macht das Fleisch zwar aromatischer, aber auch trockener. Wie lange also soll eine Würzmischung einwirken? Nachstehend einige allgmeine Richtwerte.

1–15 Minuten	Kleineres Grillgut wie Meeresfrüchte und Fleischwürfel für Spieße oder auch zartes Gemüse
15–30 Minuten	Dünne Fleischstücke ohne Knochen wie Hähnchenbrust, Fischfilets, Schweinefilet und Steaks
30–90 Minuten	Dickere Fleischstücke mit oder ohne Knochen wie Lammkeule, ganze Hähnchen und Rinderbraten
2–8 Stunden	Sehr große oder zähere Fleischstücke wie Rippenbraten, ein ganzer Schinken, Schweineschulter und ganzer Truthahn

BARBECUE-WÜRZMISCHUNG

Ergibt etwa 4 EL

4 TL grobes Meersalz
2 TL reines Chilipulver
2 TL brauner Zucker
2 TL Knoblauchgranulat
2 TL Paprikapulver
1 TL Selleriesamen
1 TL gemahlener Kreuzkümmel
½ TL frisch gemahlener schwarzer Pfeffer

CAJUN-WÜRZMISCHUNG

Ergibt etwa 3 EL

2 TL fein gehackte frische Thymianblättchen
1 ½ TL grobes Meersalz
1 TL Knoblauchgranulat
1 TL Zwiebelgranulat
1 TL Paprikapulver
1 TL brauner Zucker
¾ TL frisch gemahlener schwarzer Pfeffer
¼ TL Cayennepfeffer

ASIA-WÜRZMISCHUNG

Ergibt etwa 4 EL

2 EL Paprikapulver
2 TL grobes Meersalz
2 TL gemahlene Koriandersamen
2 TL chinesisches Fünf-Gewürze-Pulver
1 TL Ingwerpulver
½ TL gemahlener Piment
½ TL Cayennepfeffer

FENCHEL-WÜRZMISCHUNG

Ergibt etwa 4 EL

3 TL gemahlene Fenchelsamen
3 TL grobes Meersalz
3 TL reines Chilipulver
1 ½ TL Selleriesamen
1 ½ TL frisch gemahlener schwarzer Pfeffer

MARINADEN

WIE LANGE MARINIEREN?

Die angemessene Einwirkzeit einer Marinade hängt von ihrer Intensität und von der Art des Grillguts ab. Enthält die Marinade geschmacksintensive Zutaten wie Sojasauce, Alkohol oder scharfe Gewürze, können ihre Aromen zu dominant sein, und säurehaltige Marinaden lassen Fisch oder Fleisch außen matschig oder trocken werden, wenn zu lange mariniert wird. Wird rohes Grillgut mariniert, müssen Sie die Marinade danach entweder weggießen oder mind. 30 Sek. kräftig kochen lassen, um alle Bakterien abzutöten. Aufgekochte Marinaden eignen sich oft als Würzsauce zum Bestreichen. Nachstehend einige allgemeine Richtwerte.

15–30 Minuten	Kleineres Grillgut wie Meeresfrüchte, Fischfilets, Fleischwürfel für Spieße und zartes Gemüse
1–3 Stunden	Dünn geschnittenes, ausgelöstes Fleisch wie Hähnchenbrust, Schweinefilet, Koteletts und Steaks sowie robustes Gemüse
2–6 Stunden	Größere Fleischstücke mit und ohne Knochen wie Lammkeule, ganze Hähnchen oder Rinderbraten
6–12 Stunden	Sehr große oder zähere Fleischstücke wie Rippenbraten, ein ganzer Schinken, Schweineschulter und ganzer Truthahn

MOJO-MARINADE

Ergibt etwa 180 ml

- **4 EL** frisch gepresster Orangensaft
- **3 EL** frisch gepresster Limettensaft
- **3 EL** Olivenöl
- **2 EL** fein gehacktes frisches Koriandergrün
- **1 EL** fein gehackte Jalapeño-Chilischote, mit Samen
- **1 EL** fein gehackter Koblauch
- **¾ TL** gemahlener Kreuzkümmel
- **½ TL** grobes Meersalz

ZITRONEN-SALBEI-MARINADE

Ergibt etwa 250 ml

- **1 EL** fein abgeriebene Bio-Zitronenschale
- **4 EL** frisch gepresster Zitronensaft
- **4 EL** Olivenöl
- **3 EL** fein gehackte frische Salbeiblätter
- **2 EL** fein gehackte Schalotten
- **2 EL** Senfkörner
- **1 EL** fein gehackter Knoblauch
- **1 EL** zerstoßene schwarze Pfefferkörner

TERIYAKI-MARINADE

Ergibt etwa 500 ml

- **250 ml** Ananassaft
- **125 ml** nicht zu salzige Sojasauce
- **8 EL** fein gewürfelte Zwiebeln
- **1 EL** dunkles Sesamöl
- **1 EL** fein geriebener frischer Ingwer
- **1 EL** fein gehackter Knoblauch
- **1 EL** dunkelbrauner Zucker
- **1 EL** frisch gepresster Zitronensaft

GRIECHISCHE MARINADE

Ergibt etwa 125 ml

- **6 EL** Olivenöl
- Rotweinessig
- fein gehackter Knoblauch
- grobes Meersalz
- getrockneter Oregan
- Chiliflocken

SAUCEN

WEISSE BARBECUE-SAUCE

Für 4–6 Personen

1 große Zwiebel, geschält
2 mittelgroße Knoblauchzehen, geschält
4 EL Butter
125 ml trockener Weißwein
250 ml Salatmayonnaise
1 kleine Handvoll grob gehackte frische Estragonblätter
4 EL Apfelessig (5 % Säure)
2 EL frisch gepresster Zitronensaft
1 EL Dijon-Senf
1 EL Zucker
½ TL mittelscharfe Chilisauce
1 TL grobes Meersalz
1 TL grob gemahlener schwarzer Pfeffer

Zwiebel und Knoblauch musartig fein hacken. In einem Topf die Butter bei mittlerer Hitze zerlassen und die Zwiebel-Knoblauch-Mischung darin unter gelegentlichem Rühren 2–3 Min. dünsten. Mit dem Weißwein ablöschen, gut umrühren und den Wein in 2–3 Min. auf die Hälfte einkochen lassen, dabei hin und wieder umrühren. Den Topf vom Herd nehmen, den Inhalt etwa 5 Min. abkühlen lassen, dann die restlichen Zutaten für die Sauce unterrühren. Die Sauce sollte am Ende eine leicht stichfeste Konsistenz haben. Abschmecken und bei Bedarf nachwürzen. Vor dem Servieren abgedeckt 1 Std. kalt stellen. Im Kühlschrank hält sich die Sauce bis zu 2 Wochen.

ROTE BARBECUE-SAUCE

Für 4 Personen

185 ml Apfelsaft
125 ml Ketchup
3 EL Apfelessig
2 TL Sojasauce
1 TL Worcestersauce
1 TL Melasse (Reformhaus)
½ TL reines Chilipulver
½ TL Knoblauchgranulat
¼ TL frisch gemahlener schwarzer Pfeffer

In einem kleinen Topf die Zutaten vermischen und auf mittlerer Stufe ein paar Minuten köcheln lassen.

OLIVEN-MAYONNAISE

Für 4 Personen

125 ml Mayonnaise
2 EL dunkle Olivenpaste (Tapenade)
1 EL frisch gepresster Zitronensaft
1 TL fein gehackte frische Rosmarinblätter
¼ TL frisch gemahlener schwarzer Pfeffer

In einer Schüssel die Zutaten glatt rühren. Vor dem Servieren abgedeckt 30 Min. kalt stellen.

MEERRETTICHSAUCE

Für 4 Personen

200 g Sauerrahm (20 %)
2 EL Tafelmeerrettich
2 EL fein gehackte frische glatte Petersilie
2 TL Dijon-Senf
2 TL Worcestersauce
½ TL grobes Meersalz
¼ TL frisch gemahlener schwarzer Pfeffer

In einer Schüssel die Zutaten gründlich vermischen. Vor dem Servieren abgedeckt 30 Min. kalt stellen.

MANDEL-KNOBLAUCH-BUTTER

Für 4 Personen

- **3–4 EL** blanchierte Mandelkerne
- **3** große Knoblauchzehen, geschält
- **3 EL** weiche Butter
- **1 EL** fein gehackte Dillspitzen
- **½ TL** grobes Meersalz
- **¼ TL** frisch gemahlener schwarzer Pfeffer

Die ganzen Mandeln und Knoblauchzehen in einer Pfanne auf mittlerer Stufe ohne Fett 4–6 Min. rösten, bis sie stellenweise dunkel gebräunt sind, dabei gelegentlich umrühren. Aus der Pfanne nehmen und etwas abkühlen lassen, dann auf einem Schneidbrett (oder in der Küchenmaschine) in winzige Stücke hacken. In einer kleinen Schüssel mit den restlichen Zutaten vermischen, dabei mit einem Gabelrücken alles kräftig zerdrücken. Vor dem Servieren abgedeckt mind. 1 Std. in den Kühlschrank stellen.

TOMATILLO-SALSA

Für 4–6 Personen

- **1** mittelgroße Zwiebel, geschält und in 1 cm dicke Scheiben geschnitten
- Olivenöl
- **10** mittelgroße Tomatillos (etwa 250 g), die Hülle entfernt, gewaschen
- **1** kleine Jalapeño-Chilischote, das Stielende entfernt
- **1 Handvoll** frische Korianderblätter und zarte Stiele
- **1** mittelgroße Knoblauchzehe, geschält
- **½ TL** Vollrohrrohrzucker
- **½ TL** grobes Meersalz

Eine Zwei-Zonen-Glut für starke Hitze vorbereiten (siehe Seite 14–15). Die Zwiebelscheiben auf beiden Seiten mit etwas Öl bestreichen. Den Grillrost gründlich reinigen. Zwiebeln, Tomatillos und Chilischote über **direkter starker Hitze** bei geschlossenem Deckel 5–8 Min. grillen, bis sie schön gebräunt sind, dabei ein- bis zweimal wenden und gegebenenfalls umplatzieren, damit sie gleichmäßig garen. Die Tomatillos sollen am Ende ganz weich sein. Vom Grill nehmen und zusammen mit den restlichen Zutaten in der Küchenmaschine zu einer möglichst glatten Salsa verarbeiten. Abschmecken, anschließend die Salsa in eine Servierschüssel umfüllen.

ERDNUSSSAUCE

Für 4 Personen

- **125 g** glatte Erdnusscreme
- **8 EL** Kokosmilch
- **2 EL** frisch gepresster Limettensaft
- **2 TL** Chili-Knoblauch-Sauce (z. B. Sriracha; Asia-Laden)
- **2 TL** Fischsauce

In einem kleinen Topf die Zutaten für die Sauce vermischen und auf sehr kleiner Stufe 3–5 Min. unter gelegentlichem Rühren mit dem Schneebesen erwärmen, bis eine glatte Sauce entsteht. Die Sauce nicht köcheln lassen! Sollte sie zu dickflüssig sein, 1–2 EL Wasser einarbeiten.

GEKÜHLTE GRÜNE CHILISAUCE

Für 4 Personen

- **3** lange fleischige milde Chilischoten (vorzugsweise Anaheim)
- **3** Frühlingszwiebeln, Wurzelende entfernt, gehackt
- **1 kleine Handvoll** Korianderblätter und zarte Stiele
- **1** kleine Knoblauchzehe, geschält
- **125 g** Sauerrahm (20 %)
- **125 ml** Mayonnaise
- Saft und fein abgeriebene Schale von **1** Bio-Zitrone
- **¼ TL** grobes Meersalz

Eine Zwei-Zonen-Glut für starke Hitze vorbereiten (siehe Seite 14–15). Die Chilischoten über **direkter starker Hitze** bei geöffnetem Deckel 3–5 Min. grillen, dabei ab und zu wenden, bis ihre Haut rundum verkohlt ist und Blasen wirft. Vom Grill nehmen und abkühlen lassen. Die Stielenden abschneiden und die verkohlte Haut der Chilischoten abziehen. Das Fruchtfleisch grob hacken und zusammen mit den Frühlingszwiebeln, dem Koriander und Knoblauch in der Küchenmaschine zu einer glatten Paste verarbeiten, dabei anhaftende Reste am Schüsselrand immer wieder untermischen. Die restlichen Zutaten hinzufügen und 1–2 Min. weitermixen, bis eine glatte Sauce entsteht. Sollte sie zu dick sein, ein wenig Wasser unterrühren. Abschmecken und vor dem Servieren abgedeckt 30 Min. kalt stellen.

VORSPEISEN

38	Gekühlte Gazpacho aus Gemüse vom Grill
40	Bruschetta mit gegrillten Gelben Beten und Ziegenkäse
41	Knuspriges Pita-Brot mit Zwiebel-Dip
42	Hähnchen und Chili-Quesadillas mit Guacamole
44	Chicken Wings mit Chili-Glasur und gerösteten Sesamsamen
45	Yakitori-Spieße
46	Vietnamesische Rindsröllchen mit süßer Chilisauce
48	Knusprige Pizza mit Räucherwurst und Mozzarella
50	Miesmuscheln mit Tomaten und Frühlingszwiebeln
51	Geräucherte und gewürzte Nüsse

GEKÜHLTE GAZPACHO
AUS GEMÜSE VOM GRILL

20 MIN.
Zubereitungszeit

MIND. 8 STD.
Kühlzeit

10–12 MIN.
Grillzeit

Für 4–6 Personen

- **6** große Eiertomaten
- **3** mittelgroße rote Paprikaschoten
- **2** mittelgroße rote Zwiebeln, geschält
- Olivenöl
- **1 TL** grobes Meersalz
- **½ TL** frisch gemahlener schwarzer Pfeffer
- **500 ml** Tomatensaft, plus etwas mehr zum Verdünnen
- **4 EL** gehackte frische Basilikumblätter
- **1 EL** Sherry-Essig
- **¼ TL** Tabasco
- **½** Salatgurke, geschält, längs halbiert und entkernt
- **125 g** Sauerrahm (20 %)

1. Eine Zwei-Zonen-Glut für mittlere Hitze vorbereiten (siehe Seite 14–15).

2. Stielansätze der Tomaten entfernen, die Tomaten längs halbieren und entkernen. Paprikaschoten der Länge nach in breite flache Stücke schneiden, Trennwände und Kerne entfernen. Zwiebeln in 1 cm dicke Scheiben schneiden. 2 Paprikastücke und 2 Zwiebelscheiben im Kühlschrank beiseitestellen; sie werden später fein gehackt als Garnierung verwendet. Die restlichen Tomatenhälften, Paprikastücke und Zwiebelscheiben dünn mit Öl bestreichen und mit Salz und Pfeffer würzen.

3. Den Grillrost gründlich reinigen. Die Tomaten und Paprikaschoten über **direkter mittlerer Hitze** 5–8 Min. bei geschlossenem Deckel grillen, bis die Haut Blasen wirft und das Fruchtfleisch weich ist, dabei ein- bis zweimal wenden und gegebenenfalls umplatzieren, damit sie gleichmäßig garen. Gleichzeitig die Zwiebelscheiben über **direkter mittlerer Hitze** 10–12 Min. grillen, bis sie schön gebräunt und knackig-zart sind, dabei ein- bis zweimal wenden und für ein gleichmäßiges Garen gegebenenfalls umplatzieren. Vom Grill nehmen und in einer Schüssel abkühlen lassen. Verkohlte Gemüsestücke entfernen.

4. In der Küchenmaschine die Gemüsestücke portionsweise mit dem angesammelten Gemüsesaft und dem Tomatensaft pürieren. Mindestens 8 Std. in den Kühlschrank stellen, vorzugsweise über Nacht.

5. Die Konsistenz des durchgekühlten Gemüsepürees prüfen. Ist es zu dickflüssig, mit weiterem Tomatensaft verdünnen. Basilikum, Essig und Tabasco unterrühren und abschmecken.

6. Die beiseitegestellten Zwiebelscheiben und Paprikastücke zusammen mit den Gurkenhälften fein hacken. Die Gazpacho kalt oder raumtemperiert in Suppentassen anrichten, mit einem Klecks Sauerrahm und dem gehackten Gemüse garnieren und servieren.

① Wählen Sie Paprikaschoten mit flachen Seiten, da diese sich einfacher von Trennwänden und Stielansatz schneiden lassen. ② Je flacher die Stücke sind, desto mehr Oberfläche wird auf dem heißen Grillrost karamellisieren. ③ Eiertomaten mit festem Fruchtfleisch behalten während des Grillens ihre Form, auch wenn ihre Haut Blasen wirft.

20 MIN. *Zubereitungszeit*
1–1 ½ STD. *Grillzeit*

BRUSCHETTA
MIT GEGRILLTEN GELBEN BETEN UND ZIEGENKÄSE

Für 4–6 Personen

FÜR DEN BELAG

3 Gelbe Beten, je 180 g (ersatzweise Rote Beten)
Olivenöl
2 Frühlingszwiebeln, nur die weißen und hellgrünen Teile in feine Scheiben geschnitten
2 TL Weißwein-Essig
1 TL fein gehackte frische Thymianblättchen
¼ TL grobes Meersalz, **¼ TL** frisch gemahlener schwarzer Pfeffer

150 g Ziegenfrischkäse

12 Scheiben Ciabatta-Brot, je etwa 1 cm dick
1 große Knoblauchzehe, geschält, halbiert

1. Eine Zwei-Zonen-Glut für mittlere Hitze vorbereiten (siehe Seite 14–15).

2. Stiele und eventuelle Wurzeln der Beten abschneiden und wegwerfen. Die Beten unter fließendem kaltem Wasser gründlich waschen, trockentupfen und anschließend dünn mit Olivenöl einreiben. Die Beten über **indirekter mittlerer Hitze** je nach Größe in 1–1 ½ Std. bei geschlossenem Deckel weich grillen, in dieser Zeit einmal wenden und bei Bedarf umplatzieren. Die Beten sind fertig, wenn man mit der Spitze eines Messers mühelos in sie hineinstechen kann. Für eine konstante Hitze alle 30–45 Min. 10–12 nicht angezündete Holzkohlebriketts nachlegen.

3. Von den abgekühlten Beten die Schale entfernen und das Fruchtfleisch in 5 mm große Würfel schneiden. In eine mittelgroße Schüssel geben, die restlichen Belagzutaten sowie 1 EL Olivenöl hinzufügen und alles gut vermengen. In einer kleinen Schüssel den Frischkäse mit 2 EL Wasser glatt rühren.

4. Die Brotscheiben auf beiden Seiten mit etwas Öl einsprühen oder bepinseln. Den Grillrost gründlich reinigen. Die Brotscheiben über **direkter mittlerer Hitze** bei geöffnetem Deckel von beiden Seiten 2–4 Min. grillen, dabei gegebenenfalls umplatzieren, damit sie gleichmäßig rösten. Die Brotscheiben vom Grill nehmen und auf einer Seite kräftig mit dem Knoblauch einreiben. Die Knoblauchseiten mit dem Ziegenkäse bestreichen, anschließend mit der Gemüsemischung belegen. Die Brote anrichten und raumtemperiert servieren.

KNUSPRIGES PITA-BROT
MIT ZWIEBEL-DIP

15 MIN.
Zubereitungszeit
30–40 MIN.
Grillzeit

Für 4–6 Personen

FÜR DEN DIP

- **2** mittelgroße Zwiebeln, ungeschält, durch den Stielansatz halbiert
- **4** große Knoblauchzehen, ungeschält
- Olivenöl
- **1 Dose** Kichererbsen (etwa 250 g Abtropfgewicht), die Kichererbsen abgespült und abgetropft
- **125 g** Sauerrahm (20 %)
- **2 EL** frisch gepresster Zitronensaft
- **2 EL** fein gehackte frische Dillspitzen
- **¾ TL** gemahlene Koriandersamen
- **¾ TL** Worcestersauce
- **½ TL** grobes Meersalz
- **¼ TL** frisch gemahlener schwarzer Pfeffer
- **1 kräftige Prise** Cayennepfeffer

6 Pita-Brote

1. Eine Zwei-Zonen-Glut für mittlere Hitze vorbereiten (siehe Seite 14–15).

2. Die Zwiebelhälften mit der Schnittfläche nach unten dicht aneinander auf ein 40 x 40 cm großes Stück extrastarke Alufolie setzen. Die Knoblauchzehen zwischen die Zwiebelhälften geben und etwa 2 EL Öl über das Gemüse träufeln. Die Folie zu einem versiegelten Päckchen falten, das Päckchen direkt auf die Glut legen. Bei geschlossenem Grilldeckel die Zwiebeln 20–30 Min. garen, dabei das Päckchen vorsichtig ein- bis zweimal mit der Grillzange wenden und für ein gleichmäßiges Garen gegebenenfalls umplatzieren. Wenn sich ein Messer durch die Folie hindurch mühelos in die Zwiebeln hineinstechen und wieder herausziehen lässt, das Päckchen vorsichtig mit der Grillzange aus der Glut nehmen und auf Zimmertemperatur abkühlen lassen.

3. Die Brote auf beiden Seiten mit Öl bestreichen. Den Grillrost gründlich reinigen. Die Brote, gegebenenfalls portionsweise zu je 3 Stück, über **direkter mittlerer Hitze** bei geöffnetem Deckel 2–5 Min. grillen, bis sie knusprig geröstet sind, dabei mehrmals wenden und gegebenenfalls umplatzieren, damit sie gleichmäßig bräunen.

4. Das abgekühlten Folienpäckchen öffnen. Schalen und Stielansatz von den Zwiebeln entfernen, die Knoblauchzehen aus den Häuten drücken. Zwiebeln und Knoblauch in der Küchenmaschine zu einem groben Püree verarbeiten. Die restlichen Dip-Zutaten hinzufügen und alles glatt pürieren. Abschmecken und nach Belieben nachwürzen. Brote in Spalten schneiden und zum Zwiebel-Dip servieren.

HÄHNCHEN
UND CHILI-QUESADILLAS MIT GUACAMOLE

15 MIN.
Zubereitungszeit
3–4 STD.
Marinierzeit
15–20 MIN.
Grillzeit

Für 4–6 Personen

FÜR DIE PASTE
2 große Knoblauchzehen, geschält
1 Jalapeño-Chilischote, Stielende entfernt
1 große Handvoll frische Basilikumblätter
3 EL Olivenöl
2 EL Tequila
1 TL grobes Meersalz
½ TL frisch gemahlenener schwarzer Pfeffer

2 Hähnchenbrüste, enthäutet und ausgelöst, je etwa 250 g

FÜR DIE GUACAMOLE
2 reife Avocados
1 EL frisch gepresster Limettensaft
2 mittelgroße Knoblauchzehen, geschält
¼ TL grobes Meersalz
1 EL fein gehacktes frisches Koriandergrün
1 kräftige Prise frisch gemahlener schwarzer Pfeffer

2 mittelgroße Poblano-Chilischoten, Stielenden entfernt
4 Weizentortillas, Ø je 25 cm
250 g milder Cheddar (vorzugsweise kalifornischer Monterey Jack), gerieben

1. Für die Paste Knoblauch und Chili in der Küchenmaschine zerkleinern. Die restlichen Zutaten hinzufügen und alles zu einer glatten Paste verarbeiten. Die Hähnchenbrüste auf allen Seiten gleichmäßig mit der Paste bestreichen und abgedeckt 3–4 Std. kalt stellen.

2. Avocados halbieren und entsteinen. Das Fruchtfleisch rautenförmig bis zur Schale einschneiden, sodass es in Stücken aus der Schale gelöffelt werden kann. Die Stücke in einer mittelgroßen Schüssel mit dem Gabelrücken zerdrücken und sofort mit dem Limettensaft vermischen. Den Knoblauch grob hacken und mit dem Salz bestreuen. Mit der Klinge eines Messers den Knoblauch und das Salz zu einer glatten Paste zerdrücken (siehe Seite 60). Die Knoblauchpaste, das Koriandergrün und den Pfeffer in die Schüssel zu den Avocados geben und alles gut vermischen.

3. Eine Zwei-Zonen-Glut für mittlere Hitze vorbereiten (siehe Seite 14–15).

4. Den Grillrost gründlich reinigen. Die Hähnchenbrüste über *direkter mittlerer Hitze* 10–15 Min. bei geschlossenem Deckel grillen, bis das Fleisch durchgegart ist und beim Einstechen klarer Fleischsaft austritt, dabei einmal wenden und für ein gleichmäßiges Garen das Grillgut gegebenenfalls umplatzieren. Gleichzeitig die Chilischoten über *direkter mittlerer Hitze* 7–9 Min. grillen, dabei mehrmals wenden, bis sie auf allen Seiten gleichmäßig angekohlt sind. Vom Grill nehmen und abkühlen lassen. Die fertigen Hähnchenbrüste ebenfalls vom Grill nehmen und in feine Streifen schneiden. Die angekohlte Haut von den Chilis abziehen und das Fruchtfleisch grob hacken.

5. Die Tortillas auf einer Arbeitsfläche auslegen. Jeweils eine Fladenhälfte mit etwas Hähnchenfleisch, gehackten Chilis und Käse belegen. Die freie Hälfte des Fladens über die Füllung klappen, sodass ein Halbkreis entsteht, und an den Seiten leicht andrücken. Die Quesadillas über *direkter mittlerer Hitze* 5 Min. bei geschlossenem Deckel grillen, bis die Unterseite der Fladen ein Grillmuster angenommen hat und der Käse innen geschmolzen ist. Die Quesadillas dabei nach der Hälfte der Zeit einmal behutsam wenden und gegebenenfalls umplatzieren, damit sie gleichmäßig garen. Die Quesadillas 1–2 Min. abkühlen lassen, anschließend in Spalten schneiden. Auf jedes Stück ein wenig Guacamole klecksen und warm servieren.

CHICKEN WINGS
MIT CHILI-GLASUR UND GERÖSTETEN SESAMSAMEN

15 MIN. *Zubereitungszeit*
20–30 MIN. *Marinierzeit*
18–20 MIN. *Grillzeit*

Für 4 Personen

16 Hähnchenflügel, gesamt etwa 1½ kg, Flügelspitzen entfernt
2 EL Öl
1 TL grobes Meersalz
¼ TL frisch gemahlener schwarzer Pfeffer

FÜR DIE GLASUR
3 EL süße Chilisauce
3 EL Sojasauce
2 TL Chili-Knoblauch-Sauce (z. B. Sriracha; Asia-Laden)
1 TL dunkles Sesamöl
½ TL fein gehackter frischer Ingwer

1 EL Sesamsamen

1. Eine Zwei-Zonen-Glut für mittlere Hitze vorbereiten (siehe Seite 14–15).

2. Die Hähnchenflügel in eine große Schüssel legen und gleichmäßig mit dem Öl, dem Salz und dem Pfeffer überziehen. Bei Zimmertemperatur 20–30 Min. marinieren.

3. In einer kleinen Schüssel die Zutaten für die Glasur verrühren.

4. In einer mittelgroßen Pfanne die Sesamsamen auf dem Herd bei mittlerer Hitze in 3–5 Min. goldgelb rösten, dabei gelegentlich umrühren. Sofort auf einen Teller geben, um den Garprozess zu unterbrechen.

5. Den Grillrost gründlich reinigen. Die Hähnchenflügel über **direkter mittlerer Hitze** bei geschlossenem Deckel in etwa 10 Min. goldbraun grillen, dabei ab und zu wenden und für ein gleichmäßiges Garen bei Bedarf auf dem Rost umplatzieren. Anschließend die Flügel auf beiden Seiten dünn mit Glasur bestreichen und weitere 8–10 Min. grillen, bis das Hähnchenfleisch am Knochen nicht mehr rosa ist, dabei immer wieder wenden, glasieren (möglicherweise benötigen Sie nicht die gesamte Glasur) und für ein gleichmäßiges Garen gegebenenfalls auf dem Grillrost umplatzieren. Die Hähnchenflügel vom Grill nehmen. Auf einer Servierplatte anrichten, mit den gerösteten Sesamsamen bestreuen und warm oder lauwarm servieren.

25 MIN. *Zubereitungszeit*
2 STD. *Marinierzeit*
10 MIN. *Grillzeit*

YAKITORI-SPIESSE

Für 4–6 Personen

10 Hähnchenschenkel (gesamt etwa 1 kg), enthäutet und ausgelöst, in 2 ½ cm große Würfel geschnitten
1 EL Öl
1½ TL grobes Meersalz
¼ TL frisch gemahlener schwarzer Pfeffer

FÜR DIE SAUCE
125 ml Hühnerbrühe
3 EL Sojasauce
3 EL Mirin (süßer japanischer Reiswein)
2 EL frisch gepresster Zitronensaft
1 EL brauner Zucker
¼ TL frisch gemahlener schwarzer Pfeffer

8 Holzspieße, mind. 30 Min. gewässert
Korianderblätter zum Servieren (nach Belieben)

1. Eine Zwei-Zonen-Glut für starke Hitze vorbereiten (siehe Seite 14–15).

2. In einer mittelgroßen Schüssel die Hähnchenwürfel mit Öl, Salz und Pfeffer gut vermischen. Die Hähnchenwürfel jeweils durch die Mitte auf die obere Hälfte der Holzspieße stecken, sodass sie sich ohne Druck berühren. Für 2 Std. in den Kühlschrank stellen.

3. Für die Sauce die Zutaten in einem kleinen Topf verrühren und bei mittlerer bis starker Hitze auf dem Herd aufkochen. In 5 Min. auf etwa die Hälfte einkochen lassen, dabei gelegentlich umrühren. Den Topf vom Herd nehmen.

4. Den Grillrost gründlich reinigen. Einen Streifen aus einer doppelten Lage Alufolie auf den feuerfreien Teil des Grillrosts legen und die Spieße so darauf anordnen, dass die bloßen Holzenden auf der Alufolie liegen. Die Spieße über **direkter starker Hitze** etwa 5 Min. bei geschlossenem Deckel grillen, bis die Fleischwürfel gebräunt sind, dabei einmal wenden und die Spieße gegebenenfalls umplatzieren, damit das Fleisch gleichmäßig gart. Den Deckel öffnen und die Spieße 5 Min. weitergrillen, dabei regelmäßig wenden und mit der Sauce bestreichen, bis das Fleisch durchgegart ist. Für ein gleichmäßigen Garen die Spieße bei Bedarf umplatzieren. Vom Grill nehmen, auf einem Servierteller anrichten, nach Belieben mit Korianderblättern bestreuen und warm servieren.

VIETNAMESISCHE RINDSRÖLLCHEN
MIT SÜSSER CHILISAUCE

20 MIN. *Zubereitungszeit*
5–8 MIN. *Grillzeit*

Für 6 Personen

FÜR DIE CHILISAUCE
3 EL Zucker
3 EL frisch gepresster Limettensaft
1 EL fein geschnittene Frühlingszwiebeln
1 EL Fischsauce
2 TL Chili-Knoblauch-Sauce (z. B. Sriracha; Asia-Laden)

FÜR DIE FÜLLUNG
500 g mageres Hackfleisch vom Rind
4 EL geröstete Erdnüsse, klein gehackt
4 EL in feine Scheiben geschnittene Frühlingszwiebeln
1 EL fein gehackte frische Minzeblätter
1 TL Fischsauce
½ TL grobes Meersalz
¼ TL frisch gemahlener schwarzer Pfeffer

18 eingelegte Weinblätter, Ø je 10–15 cm, abgetropft, mind. 15 Min. in Wasser eingeweicht
Öl (vorzugsweise Erdnussöl)

12 Holzspieße, mind. 30 Min. gewässert

1. In einer kleinen Schüssel die Zutaten für die Chilisauce mit 1 EL Wasser verrühren, bis sich der Zucker aufgelöst hat.

2. In einer großen Schüssel das Hackfleisch und die übrigen Zutaten für die Füllung gut vermischen.

3. Die eingeweichten Weinblätter abtropfen lassen. 1 Weinblatt mit der glatten Seite nach unten auf die Arbeitsfläche legen. Stiel abschneiden und wegwerfen. 1 gehäuften EL der Fleischfüllung zu einer kleinen Rolle formen und quer auf das Blatt am Stielende legen. Die beiden unteren Teile des Blatts über die Füllung falten, die Blattseiten jeweils über die Füllung schlagen und die Füllung zur Blattspitze hin behutsam, aber fest aufrollen. Überstehende Blattenden abschneiden und wegwerfen. Die restlichen Weinblättern genauso verarbeiten.

4. Jeweils an ihrer Längsseite 3 Rindsröllchen nebeneinanderlegen und auf einer Seite im Abstand von etwa 2 cm vom Rollenende entfernt einen Holzspieß durchstechen. Im gleichen Abstand einen zweiten Spieß parallel auf der anderen Seite durchstechen. Mit den restlichen Röllchen genauso verfahren. Die Röllchen auf beiden Seiten mit Öl bestreichen.

5. Eine Zwei-Zonen-Glut für mittlere Hitze vorbereiten (siehe Seite 14–15).

6. Den Grillrost gründlich reinigen. Die Rindsröllchen über *direkter mittlerer Hitze* 5–8 Min. bei geschlossenem Deckel grillen, bis die Füllung vollständig durchgegart und etwas fest geworden ist, dabei die Spieße mehrmals wenden und für ein gleichmäßiges Garen bei Bedarf umplatzieren. Die warmen Röllchen zusammen mit der Chilisauce als Dip servieren.

KNUSPRIGE PIZZA
MIT RÄUCHERWURST UND MOZZARELLA

30–40 MIN. *Zubereitungszeit*
1 ½–2 ½ STD. *Ruhezeit für den Teig*
5–10 MIN. *Grillzeit je Pizza*

Ergibt 8 kleine Pizzen

FÜR DEN TEIG
1 Päckchen (7–10 g) Trockenhefe
1 TL Zucker
500 g Mehl, plus etwas mehr zum Kneten
3 EL Olivenöl, plus etwas mehr zum Einölen
1 EL grobes Meersalz

FÜR DEN BELAG
500–750 ml dickflüssige Tomatensauce
500 g luftgetrocknete, geräucherte Rohwurst, in feine Würfel oder dünne Scheiben geschnitten
250 g Mozzarella, in kleine Stücke zerpflückt
125 g Fontina, gerieben
Olivenöl
3 EL fein gehacktes frisches Basilikum

1. Für den Teig in einer großen Schüssel die Hefe mit dem Zucker in 375 ml lauwarmem Wasser verrühren, bis sich der Zucker aufgelöst hat. 5 Min. beiseitestellen, bis sich eine feine Schaumkrone bildet. Mehl, Öl und Salz unterrühren, anschließend den Teig mit den Händen so lange kneten, bis das gesamte Mehl eingearbeitet ist, der Teig sich von der Schüsselwand löst und eine zusammenhängende Kugel bildet. Bei Zimmertemperatur etwa 15 Min. ruhen lassen.

2. Die Teigkugel auf eine dünn bemehlte Arbeitsfläche geben und 10–15 Min. kräftig kneten. Prüfen Sie die Konsistenz, indem Sie ein kleines Stück abnehmen und es von allen Seiten in die Breite ziehen. Wenn es leicht in der Mitte reißt, muss der Teig weiter geknetet werden; lässt es sich so weit auseinanderziehen, dass in der Mitte eine hauchdünne Membran entsteht, ist er fertig. Den Teig zu einer Kugel formen, in eine dünn geölte Schüssel setzen und darin wenden, sodass die Teigoberfläche mit Öl benetzt ist. Die Schüssel mit einem sauberen Küchentuch abdecken und den Teig an einem warmen und zugfreien Ort 1 ½ bis 2 ½ Std. ruhen lassen, bis sich sein Volumen verdoppelt hat.

3. Eine Zwei-Zonen-Glut für mittlere Hitze vorbereiten (siehe Seite 14–15).

4. Den Teig in der Schüssel kräftig zusammendrücken, auf die Arbeitsfläche legen und in 8 gleich große Stücke teilen. Aus Backpapier 8 Quadrate von 30 cm Kantenlänge zuschneiden und die Oberseiten mit Öl bestreichen. Teigstücke jeweils auf ein Papierquadrat setzen und mit den Händen zu gleichmäßigen, 5 mm dicken Kreisen mit einem Durchmesser von 15–20 cm formen. Die Oberseite der Teigböden mit etwas Öl bestreichen und die Böden bei Zimmertemperatur 10–15 Min. ruhen lassen.

5. Den Grillrost gründlich reinigen. Jeweils 1–2 Teigböden mit der Papierseite nach oben auf dem Grillrost über *direkter mittlerer Hitze* bei geschlossenem Deckel 2 ½–5 Min. backen, bis die Unterseite ein Grillmuster angenommen hat und fest geworden ist, dabei die Böden für ein gleichmäßiges Garen nach Bedarf umplatzieren. Das Backpapier abziehen und wegwerfen. Die Böden vom Grill nehmen und mit der gegrillten Seite nach oben auf die Arbeitsfläche legen.

6. Die Böden mit je 4–6 EL Tomatensauce bestreichen, dabei einen 1 cm breiten äußeren Rand frei lassen, mit etwas Wurst belegen und mit beiden Käsesorten bestreuen. Die Pizzen auf dem Grillrost über *direkter mittlerer Hitze* bei geschlossenem Deckel 2 ½–5 Min. grillen, bis der Käse geschmolzen und die Unterseite knusprig ist, dabei gelegentlich umplatzieren. Die fertigen Pizzen auf ein Holzbrett legen und den Pizzarand mit Öl bestreichen. Jede Pizza mit Basilikum garnieren und warm servieren.

15 MIN.
Zubereitungszeit
5–10 MIN.
Grillzeit

MIESMUSCHELN
MIT TOMATEN UND FRÜHLINGSZWIEBELN

Für 4 Personen

2 große Tomaten, in 1 cm große Würfel geschnitten
4 Frühlingszwiebeln, in feine Scheiben geschnitten
3 **EL** Butter
1 **EL** fein gehackter Knoblauch
fein abgeriebene Schale und Saft von 1 Bio-Zitrone
¼ **TL** Chiliflocken
¼ **TL** grobes Meersalz
1 kräftige Prise frisch gemahlener schwarzer Pfeffer
1 **kg** frische Miesmuscheln, gewaschen, abgebürstet und entbartet
2 **EL** fein gehackte frische glatte Petersilie
1 Baguette, in mundgerechte Stücke zerteilt

1. Eine Zwei-Zonen-Glut für starke Hitze vorbereiten (siehe Seite 14–15).

2. In einer stabilen Einweg-Aluschale von etwa 23 x 33 cm Größe Tomaten, Frühlingszwiebeln, Butter, Knoblauch, Zitronenschale und -saft, Chili, Salz und Pfeffer gründlich vermengen. Die Muscheln auf der Mischung verteilen. Die Schale mit Alufolie verschließen, damit beim Garen kein Dampf austreten kann.

3. Die Aluschale über **direkte starke Hitze** stellen und die Muscheln bei geöffnetem Deckel etwa 5–10 Min. garen, bis sie sich geöffnet haben. Alle Muscheln, die sich innerhalb einer Garzeit von 10 Min. nicht öffnen, aussortieren und wegwerfen (sie sind verdorben).

4. Die Muscheln mit der gesamten Flüssigkeit und dem Gemüse behutsam in eine große Servierschüssel umfüllen, die Petersilie untermischen und warm servieren. Mit den Brotstücken die Sauce auftunken.

GERÄUCHERTE UND GEWÜRZTE
NÜSSE

Ergibt 250 g Nüsse

- 1 TL brauner Zucker
- 1 TL getrockneter Thymian oder Rosmarin (oder je ½ TL von beiden)
- ¼ TL Cayennepfeffer
- ¼ TL Senfpulver
- 250 g gemischte gesalzene Nüsse (Mandeln, Pekannüsse, Cashewkerne usw.)
- 2 TL Olivenöl

2 mittelgroße Chunks Hickoryholz, mind. 30 Min. gewässert

1. In einer kleinen Schüssel Zucker, Kräuter, Cayennepfeffer und Senfpulver mit den Fingerspitzen vermischen.

2. Die Nüsse in eine etwa 23 x 33 cm große stabile Einweg-Aluschale geben. Das Öl und die Gewürzmischung hinzufügen und die Nüsse gleichmäßig darin wenden. Nüsse in der Schale in einer Lage ausbreiten.

3. Eine Zwei-Zonen-Glut für schwache Hitze vorbereiten (siehe Seite 14–15).

4. Die gewässerten Holzstücke abtropfen lassen und auf die Glut legen. Wenn das Holz zu rauchen beginnt, die Aluschale über **indirekte schwache Hitze** stellen und die Nüsse 20–30 Min. bei geschlossenem Deckel räuchern, bis sie knusprig sind und einen angenehm rauchigen Geschmack angenommen haben. In dieser Zeit die Schale gelegentlich mit Hilfe einer Grillzange rütteln, damit die Nüsse nicht anbrennen. Die Aluschale vom Rost nehmen und die Nüsse darin vollständig abkühlen lassen; sie werden beim Abkühlen noch knuspriger. Die Nüsse raumtemperiert servieren. Übrig gebliebene Nüsse in einem luftdichten Behälter aufbewahren.

5 MIN. *Zubereitungszeit*
20–30 MIN. *Grillzeit*

RIND & LAMM

54	New York Strip Steaks mit schwarzem Pfeffer und Meerrettichsauce
56	New York Strip Steaks mit Barbecue-Sauce
58	Porterhouse-Steaks mit Rosmarin und Rotwein
60	T-Bone-Steaks mit Avocado-Salsa
62	Rinderfiletsteaks mit einer Martini-Marinade
64	Kalbskoteletts mit einer Zitronen-Salbei-Marinade
66	Holzkohle-Fan: Mike McGrath
67	Mikes Rib-Eye-Steaks mit preisgekrönter Würzmischung
68	Rib-Eye-Steaks in einer Kaffeekruste
69	Würzige Rib-Eye-Steak-Spieße mit Salsa Verde
70	Japanisches Rindfleisch »Yakiniku«
72	Gegrillter Rippenbraten au Jus
74	Fajitas
76	Flank-Steak mit Bohnensalat
78	Steak-Salat mit Estragon-Vinaigrette
80	Pfefferige Steak-Tortillas mit Pico de Gallo
82	Holzkohle-Fan: Jim Minion
83	Jims geräucherte Rinderbrust
84	Burger mit Steinpilzen, Tomaten und Pesto-Mayonnaise
85	Chili-Cheeseburger mit Avocado
86	Klassische Cheeseburger mit Barbecue-Gewürzen
87	Hot Dogs mit Mayonnaise-Krautsalat
88	Rinderbraten mit Avocado-Sauce
90	Gegrillte Lammkarrees aus dem Holzrauch mit Anis-Knoblauch-Paste
92	Steaks aus der Lammkeule mit gerösteten Fenchelsamen
94	Lammkoteletts mit Senfglasur und gerösteten Pinienkernen
96	Lammkeule mit Minze und Kreuzkümmel
98	Kebabs vom Lamm mit Tomaten-Tsatsiki

Charcoal Fanatics

NEW YORK STRIP STEAKS
MIT SCHWARZEM PFEFFER UND MEERRETTICHSAUCE

10 MIN.
Zubereitungszeit
ETWA 8 MIN.
Grillzeit

Für 4 Personen

FÜR DIE SAUCE
200 g Sauerrahm (20 %)
2 EL Tafelmeerrettich
2 EL fein gehackte frische glatte Petersilie
2 TL Dijon-Senf
2 TL Worcestersauce
½ TL grobes Meersalz
¼ TL frisch gemahlener schwarzer Pfeffer

4 Rindersteaks aus dem hohen Roastbeef, je 300–350 g und 2 ½ cm dick, überschüssiges Fett entfernt
2 EL Olivenöl
2 EL Dijon-Senf
¾ TL grobes Meersalz
¾ TL frisch gemahlener schwarzer Pfeffer

1. In einer mittelgroßen Schüssel die Zutaten für die Sauce glatt rühren.

2. Eine Zwei-Zonen-Glut für starke Hitze vorbereiten (siehe Seite 14–15).

3. Die Steaks auf beiden Seiten zuerst dünn mit Öl, dann mit Senf bestreichen und gleichmäßig mit Salz und Pfeffer würzen. Vor dem Grillen 20–30 Min. bei Zimmertemperatur ruhen lassen.

4. Den Grillrost gründlich reinigen. Die Steaks über ***direkter starker Hitze*** bei geschlossenem Deckel etwa 6 Min. scharf anbraten, dabei einmal wenden und gegebenenfalls auf dem Rost umplatzieren, damit sie gleichmäßig garen. Anschließend die Steaks über ***indirekter starker Hitze*** bei geschlossenem Deckel so lange weitergrillen, bis sie den gewünschten Gargrad erreicht haben. Für rosa/rot (medium rare) benötigen sie etwa 2 Min. Steaks vom Grill nehmen und 3–5 Min. nachziehen lassen. Warm mit der Meerrettichsauce servieren.

① *Ein Fleischthermometer wird Ihnen verlässlich den Gargrad eines Steaks anzeigen, wenn es genau in der Mitte des Steaks misst.* ② *Oder Sie wenden den »Fingerdruck-Test« (siehe Seite 221) an, mit dem die Festigkeit des Fleisches geprüft werden kann.* ③ *Andernfalls müssen Sie das Steak auf der Unterseite anschneiden und den Gargrad anhand der Farbe des Fleisches feststellen.*

NEW YORK STRIP STEAKS
MIT BARBECUE-SAUCE

15 MIN. *Zubereitungszeit*
8–10 MIN. *Grillzeit*

Für 4 Personen

FÜR DIE SAUCE
125 ml Ketchup
125 ml Rinderbrühe
4 EL stark gebrühter Kaffee
1 EL Worcestersauce
1 TL Melasse (Reformhaus)
½ TL reines Chilipulver
½ TL Zwiebelgranulat
¼ TL frisch gemahlener schwarzer Pfeffer
¼ TL grobes Meersalz

3 EL Öl
1 EL Worcestersauce
1 EL Rotweinessig
1 EL frisch gemahlener schwarzer Pfeffer
2 TL grobes Meersalz
4 Rindersteaks aus dem hohen Roastbeef, je etwa 350 g und 3 cm dick, überschüssiges Fett entfernt

1. Auf dem Herd in einem kleinen Topf die Zutaten für die Sauce mit 4 EL Wasser verrühren. Bei starker Hitze aufkochen, anschließend die Hitze reduzieren und 5–7 Min. köcheln lassen, dabei gelegentlich umrühren. Den Topf vom Herd nehmen.

2. Eine Zwei-Zonen-Glut für starke Hitze aus Mesquite-Holzkohle vorbereiten (siehe Seite 14–15).

3. In einer kleinen Schüssel Öl, Worcestersauce, Essig, Pfeffer und Salz verrühren. Die Steaks auf beiden Seiten damit bestreichen und vor dem Grillen 20–30 Min. bei Zimmertemperatur einwirken lassen.

4. Den Grillrost gründlich reinigen. Die Steaks über **direkter starker Hitze** bei geschlossenem Deckel etwa 6 Min. scharf anbraten, dabei einmal wenden und für ein gleichmäßiges Garen gegebenenfalls umplatzieren. Anschließend die Steaks über **indirekter starker Hitze** bei geschlossenem Deckel so lange weitergrillen, bis sie den gewünschten Gargrad erreicht haben, rechnen Sie 2–4 Min. für rosa/rot (medium rare). In dieser Zeit die Steaks gelegentlich wenden und mit ein wenig Sauce bestreichen. Die Steaks vom Grill nehmen und 3–5 Min. nachziehen lassen. Warm mit der Sauce servieren.

20–30 MIN. *Zubereitungszeit*
10–12 MIN. *Grillzeit*

PORTERHOUSE-STEAKS
MIT ROSMARIN UND ROTWEIN

Für 4 Personen

FÜR DIE SAUCE
500 ml Rinderbrühe
250 ml trockener Rotwein
125 ml Ketchup
¼ TL getrockneter Thymian
¼ TL frisch gemahlener schwarzer Pfeffer

2 Porterhouse-Steaks, je 450–550 g und 3 cm dick, überschüssiges Fett entfernt
Olivenöl
2 EL fein gehackte frische Rosmarinblätter
2 TL grobes Meersalz
1 TL frisch gemahlener schwarzer Pfeffer
2 EL Butter

TIPP

Mit dem herrlichen Aroma von Eichen- oder Hickory-Holzkohle können Sie diesem Gericht eine besondere Note verleihen. Eine weitere Geschmacksnuance erhalten Sie, wenn Sie die abgestreiften Rosmarinzweige direkt auf die heiße Glut geben.

1. Auf dem Herd in einem mittelgroßen Topf die Rinderbrühe mit dem Rotwein, dem Ketchup, Thymian und Pfeffer verrühren. Bei mittlerer bis starker Hitze zum Kochen bringen, anschließend die Hitze reduzieren und die Sauce in 20 bis 30 Min. auf 250 ml einköcheln lassen, dabei gelegentlich umrühren. Den Topf vom Herd nehmen und beiseitestellen.

2. Eine Zwei-Zonen-Glut für starke Hitze vorbereiten (siehe Seite 14–15).

3. Die Steaks auf beiden Seiten dünn mit Öl bestreichen und gleichmäßig mit Rosmarin, Salz und Pfeffer bestreuen. Steaks vor dem Grillen 20–30 Min. bei Zimmertemperatur ruhen lassen.

4. Den Grillrost gründlich reinigen. Die Steaks über **direkter starker Hitze** bei geschlossenem Deckel etwa 6 Min. scharf anbraten, dabei einmal wenden und gegebenenfalls umplatzieren, damit sie gleichmäßig garen. Anschließend die Steaks über **indirekter starker Hitze** bei geschlossenem Deckel so lange weitergrillen, bis sie den gewünschten Gargrad erreicht haben, sie benötigen 4–6 Min. für rosa/rot (medium rare). Für ein gleichmäßiges Garen die Steaks in dieser Zeit gegebenenfalls umplatzieren. Achten Sie darauf, dass die Filetseite der Steaks von der heißen Glut abgewandt auf dem Rost liegt, damit sie nicht übergart wird. Die Steaks vom Grill nehmen und 3–5 Min. nachziehen lassen.

5. Die Sauce erneut zum Kochen bringen, den Topf vom Herd nehmen und die Butter unter ständigem Rühren portionsweise in die Sauce einarbeiten. Mit Salz und Pfeffer abschmecken. Die Steaks in Scheiben schneiden und warm mit der Sauce servieren.

T-BONE-STEAKS
MIT AVOCADO-SALSA

20 MIN. *Zubereitungszeit*
2 STD. *Ruhezeit*
10–12 MIN. *Grillzeit*

Für 4 Personen

FÜR DIE SALSA
2 reife Avocados, das Fruchtfleisch fein gewürfelt oder zerdrückt
200 g Tomaten, fein gewürfelt
4 Frühlingszwiebeln, nur die weißen und hellgrünen Teile fein gehackt
2 EL frisch gepresster Limettensaft
2 EL fein gehackte frische Basilikumblätter
1 EL Olivenöl
1 TL fein gehackter Knoblauch
1 TL fein gehackte Jalapeño-Chilischote
¾ TL grobes Meersalz
¼ TL Worcestersauce
¼ TL frisch gemahlener schwarzer Pfeffer

2 EL grob gehackter Knoblauch
2 TL grobes Meersalz
2 T-Bone-Steaks, je 450–550 g und 3 cm dick, überschüssiges Fett entfernt
Olivenöl
1 TL frisch gemahlener schwarzer Pfeffer

1. In einer mittelgroßen Schüssel die Zutaten für die Salsa gut vermischen. Vor dem Servieren 2 Std. bei Zimmertemperatur durchziehen lassen.

2. Den grob gehackten Knoblauch auf ein Schneidbrett geben und mit 1 TL Meersalz bestreuen. Den Knoblauch fein hacken und dabei mit der Messerklinge den Knoblauch und das Salz zu einer Paste verarbeiten (siehe Abb. unten).

3. Eine Zwei-Zonen-Glut für starke Hitze vorbereiten (siehe Seite 14–15).

4. Die Steaks auf beiden Seiten dünn mit Öl, dann mit der Knoblauchpaste bestreichen und mit je 1 TL Salz und Pfeffer gleichmäßig würzen. Die Steaks vor dem Grillen 20–30 Min. bei Zimmertemperatur ruhen lassen.

5. Den Grillrost gründlich reinigen. Die Steaks über **direkter starker Hitze** bei geschlossenem Deckel etwa 6 Min. scharf anbraten, dabei einmal wenden und gegebenenfalls umplatzieren, damit sie gleichmäßig garen. Anschließend die Steaks über **indirekter starker Hitze** bei geschlossenem Deckel so lange weitergrillen, bis sie den gewünschten Gargrad erreicht haben, für rosa/rot (medium rare) benötigen sie 4–6 Min. Für ein gleichmäßiges Garen die Steaks in dieser Zeit gegebenenfalls umplatzieren. Achten Sie darauf, dass die Filetseite der Steaks von der heißen Glut abgewandt auf dem Rost liegt, damit sie nicht übergart wird. Vom Grill nehmen und 3–5 Min. ruhen lassen.

6. Die Steaks tranchieren und in Scheiben schneiden. Warm mit der Avocado-Salsa servieren.

① *Den Knoblauch auf einem Schneidbrett grob hacken.* ② *Knoblauch mit grobem Meersalz bestreuen.* ③ *Der Knoblauch wird mit Hilfe des grobkörnigen Meersalzes und dem Druck einer breiten Messerklinge zu einer Paste zerrieben.*

RINDERFILETSTEAKS
MIT EINER MARTINI-MARINADE

10 MIN. Zubereitungszeit
1–2 STD. Marinierzeit
8–10 MIN. Grillzeit

Für 4 Personen

FÜR DIE MARINADE
2 EL Martini
2 EL Olivenöl
1 EL Flüssigkeit von den grünen Oliven mit Paprikapaste
abgeriebene Schale von **1** Bio-Zitrone
¼ TL frisch gemahlener schwarzer Pfeffer

4 Rinderfiletsteaks, je etwa 225 g und 3 cm dick
8 grüne Oliven mit Paprikapaste
(oder 4 grüne Oliven und 4 Silberzwiebeln)
½ TL grobes Meersalz
½ TL frisch gemahlener schwarzer Pfeffer
50 g Blauschimmelkäse

4 Zahnstocher

1. In einer kleinen Schüssel die Zutaten für die Marinade verrühren.

2. Die Steaks in einen großen, wiederverschließbaren Plastikbeutel legen und die Marinade dazugießen. Die Luft aus dem Beutel streichen und den Beutel fest verschließen. Mehrmals wenden, um die Marinade gleichmäßig zu verteilen, den Beutel flach in eine Schale legen und die Steaks 1–2 Std. im Kühlschrank marinieren.

3. Auf jeden Zahnstocher 2 Oliven (oder 1 Olive und 1 Silberzwiebel) stecken.

4. Eine Zwei-Zonen-Glut für starke Hitze vorbereiten (siehe Seite 14–15).

5. Die Steaks aus dem Beutel nehmen und die Marinade gründlich abtropfen lassen (sie wird nicht mehr gebraucht). Das Fleisch vor dem Grillen 20–30 Min. bei Zimmertemperatur ruhen lassen, anschließend gleichmäßig mit Salz und Pfeffer würzen.

6. Den Grillrost gründlich reinigen. Die Steaks über **direkter starker Hitze** bei geschlossenem Deckel je nach gewünschtem Gargrad grillen, nach etwa 8–10 Min. sind sie rosa/rot (medium rare). In dieser Zeit einmal wenden und gegebenenfalls umplatzieren, damit sie gleichmäßig garen. Die fertigen Steaks vom Grill nehmen und 3–5 Min. nachziehen lassen. Den Blauschimmelkäse über die Steaks krümeln und in jedes einen vorbereiteten Zahnstocher stecken. Warm servieren.

KALBSKOTELETTS
MIT EINER ZITRONEN-SALBEI-MARINADE

15 MIN.
Zubereitungszeit

8–12 STD.
Marinierzeit

8–12 MIN.
Grillzeit

Für 4 Personen

FÜR DIE MARINADE
1 EL fein abgeriebene Schale von **1** Bio-Zitrone
4 EL frisch gepresster Zitronensaft
4 EL Olivenöl
3 EL fein gehackte frische Salbeiblätter
2 EL fein gehackte Schalotten
2 EL körniger Senf
1 EL fein gehackter Knoblauch
1 EL frisch zerstoßene schwarze Pfefferkörner

4 Kalbskoteletts, je 250–300 g und 2 ½–3 cm dick
1 TL grobes Meersalz
Bio-Zitronenscheiben
frische Salbeiblätter (nach Belieben)

1. In einem großen, wiederverschließbaren Plastikbeutel die Zutaten für die Marinade vermengen und die Koteletts hineinlegen. Die Luft aus dem Beutel streichen und den Beutel fest verschließen. Mehrmals wenden, damit sich die Marinade gleichmäßig verteilt, anschließend den Beutel flach in eine Schale legen und die Koteletts 8–12 Std. im Kühlschrank marinieren. Den Beutel gelegentlich wenden.

2. Die Koteletts herausnehmen und die Marinade gründlich abtropfen lassen (sie wird nicht mehr gebraucht). Die Koteletts gleichmäßig salzen und vor dem Grillen 20–30 Min. bei Zimmertemperatur ruhen lassen.

3. Eine Zwei-Zonen-Glut für starke Hitze vorbereiten (siehe Seite 14–15).

4. Den Grillrost gründlich reinigen. Die Koteletts über ***direkter starker Hitze*** bei geschlossenem Deckel etwa 4–6 Min. scharf anbraten, dabei einmal wenden und gegebenenfalls umplatzieren, damit sie gleichmäßig garen. Anschließend die Koteletts über ***indirekter starker Hitze*** bei geschlossenem Deckel so lange weitergrillen, bis sie den gewünschten Gargrad erreicht haben, für rosa/rot (medium rare) benötigen sie 4–6 Min. In dieser Zeit die Koteletts einmal wenden. Während der letzten 2 Min. Grillzeit die Zitronenscheiben auf einer Seite über ***direkter starker Hitze*** grillen, bis sie gebräunt sind und das Fruchtfleisch weich ist. Alles vom Grill nehmen und die Koteletts etwa 5 Min. nachziehen lassen. Mit den gegrillten Zitronenscheiben und nach Belieben mit frischen Salbeiblättern garnieren und die Koteletts warm servieren.

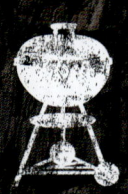

DER WEBER SPEZIAL TIPP

Charcoal Fanatics
HOLZKOHLE-FAN

MIKE MCGRATH

Im Jahr 2005 gewann Mike McGrath aus Woodbury, Minnesota, mit diesem Rezept den Grillwettbewerb »Backyard Barbecue« in Chicago. Seitdem haben ihn so viele Freunde und Verwandte um seine preisgekrönte Würzmischung gebeten, dass er sie mittlerweile in großen Mengen zubereitet und sie mit der simplen Anweisung verschenkt: noch Knoblauch hinzufügen.

LIVE FIRE WISDOM

Mikes Würzmischung ist großartig, aber seine Grilltechnik ist mindestens genauso wichtig für den Geschmack und die Zartheit seiner Steaks. Vor dem Grillen lässt er die Steaks 20–30 Min. Zimmertemperatur annehmen. Das verkürzt die Garzeit, was mit anderen Worten heißt, dass das Fleisch im Kern schneller den erwünschten Gargrad erreicht und deshalb außen nicht übergart wird. Außerdem verfügt Mike über die Reaktionsfähigkeit eines erfahrenen »Grill-Jockeys«: Er kümmert sich augenblicklich um jedes Steak, das in die Gefahr von hochschlagenden Flammen gerät, und korrigiert jede Ungleichmäßigkeit des Feuers, indem er die Steaks jeweils so umplatziert, dass sie alle der intensiven Hitze ausgesetzt sind, die sie brauchen.

5 MIN. Zubereitungszeit
8–10 MIN. Grillzeit

MIKES RIB-EYE-STEAKS
MIT PREISGEKRÖNTER WÜRZMISCHUNG

Für 6 Personen
FÜR DIE WÜRZMISCHUNG
4 TL grobes Meersalz
1 EL grob gemahlener schwarzer Pfeffer
1 TL getrockneter Oregano
1 TL getrockneter Thymian
1 TL Paprikapulver
1 TL fein gehackter Knoblauch

6 Rib-Eye-Steaks, je etwa 350 g und 2 ½–3 cm dick, überschüssiges Fett entfernt
Öl

Salsa Verde oder Avocado-Salsa (nach Belieben)

1. Eine Zwei-Zonen-Glut für starke Hitze vorbereiten (siehe Seite 14–15). Verwenden Sie dabei ausreichend Holzkohle, sodass alle Steaks über direkter Hitze gegrillt werden können.

2. In einer kleinen Schüssel die Zutaten für die Würzmischung vermengen. Die Steaks auf beiden Seiten dünn mit Öl bestreichen und rundum die Würzmischung einmassieren. Die Steaks vor dem Grillen 20–30 Min. bei Zimmertemperatur ruhen lassen.

3. Den Grillrost gründlich reinigen. Die Steaks über **direkter starker Hitze** bei geschlossenem Deckel grillen, bis sie den gewünschten Gargrad erreicht haben, insgesamt 8–10 Min. für rosa/rot (medium rare). In dieser Zeit die Steaks nach etwa 2 Min. um 90 Grad drehen und gegebenenfalls auf dem Rost umplatzieren, damit sie gleichmäßig garen, dann nach 4–5 Min. wenden und erneut nach etwa 2 Min. um 90 Grad drehen und gegebenenfalls umplatzieren. Sollten dabei Flammen hochschlagen, legen Sie die Steaks vorübergehend in die indirekte Zone. Steaks vom Grill nehmen, locker in Alufolie einschlagen und 3–5 Min. nachziehen lassen.

4. Servieren Sie die Steaks warm mit einer Salsa Ihrer Wahl. Gut dazu passt die Salsa Verde von Seite 69 oder auch die Avocado-Salsa von Seite 60.

RIB-EYE-STEAKS
IN EINER KAFFEEKRUSTE

5 MIN. *Zubereitungszeit*
6–8 MIN. *Grillzeit*

Für 4 Personen

FÜR DIE WÜRZMISCHUNG
1 EL fein gemahlene dunkel geröstete Kaffeebohnen
2 TL grobes Meersalz
1 TL brauner Zucker
½ TL frisch gemahlener schwarzer Pfeffer
¼ TL gemahlener Piment (nach Belieben)

4 Rib-Eye-Steaks ohne Knochen, je 250–300 g und etwa 2 ½ cm dick, überschüssiges Fett entfernt
Olivenöl

1. In einer kleinen Schüssel die Zutaten für die Würzmischung vermengen.

2. Eine Zwei-Zonen-Glut für starke Hitze vorbereiten (siehe Seite 14–15).

3. Die Steaks auf beiden Seiten dünn mit Öl bestreichen und gleichmäßig mit der Würzmischung bestreuen. Die Steaks 20–30 Min. bei Zimmertemperatur ruhen lassen.

4. Den Grillrost gründlich reinigen. Die Steaks über ***direkter starker Hitze*** bei geschlossenem Deckel 4–5 Min. grillen, bis sie auf der Unterseite das typische Grillmuster zeigen, in dieser Zeit einmal wenden und gegebenenfalls umplatzieren, damit sie gleichmäßig garen. Anschließend die Steaks über ***indirekter starker Hitze*** bei geschlossenem Deckel so lange weitergrillen, bis sie den gewünschten Gargrad erreicht haben, 2–3 Min. für rosa/rot (medium rare), in dieser Zeit einmal wenden. Grillen Sie nach Belieben auch den Fettrand der Steaks. Das intensiviert den Geschmack. Die Steaks vom Grill nehmen und 3–5 Min. nachziehen lassen. Warm servieren.

WÜRZIGE RIB-EYE-STEAK-SPIESSE
MIT SALSA VERDE

20 MIN. *Zubereitungszeit*
5–6 MIN. *Grillzeit*

Für 4–6 Personen

FÜR DIE WÜRZMISCHUNG
2 TL grobes Meersalz, **1 TL** brauner Zucker,
½ TL frisch gemahlener schwarzer Pfeffer
½ TL Knoblauchgranulat, **½ TL** Chilipulver (Gewürzmischung)

4 Rib-Eye-Steaks ohne Knochen, je etwa 350 g und 2 ½–3 cm dick
Olivenöl

FÜR DIE SALSA VERDE
1 große Handvoll frische Basilikumblätter mit zarten Stielen
1 große Handvoll frische glatte Petersilienblätter mit zarten Stielen
2 Sardellenfilets
1 mittelgroße Knoblauchzehe, geschält
6 EL Olivenöl, **1 EL** Rotweinessig
1 TL fein gehackte Jalapeño-Chilischote ohne Kerne
¼ TL grobes Meersalz
1 kräftige Prise frisch gemahlener schwarzer Pfeffer

12 Holzspieße, mind. 30 Min. gewässert

1. In einer großen Schüssel die Zutaten für die Würzmischung vermengen.

2. Die Steaks in 2 ½–3 cm große Würfel schneiden, dabei überschüssiges Fett entfernen. Die Fleischwürfel in die Schüssel geben und sorgfältig in der Würzmischung wenden. So viel Öl dazugeben und gut durchmischen, bis die Fleischwürfel dünn mit Öl überzogen sind. Das Fleisch mit ein wenig Abstand zueinander auf die Holzspieße stecken. 20–30 Min. bei Zimmertemperatur ruhen lassen.

3. Eine Zwei-Zonen-Glut für starke Hitze vorbereiten (siehe Seite 14–15).

4. Für die Salsa in der Küchenmaschine die Kräuter mit den Sardellen und dem Knoblauch fein hacken. Die restlichen Zutaten hinzufügen und die Küchenmaschine 1–2 Min. laufen lassen, bis sich alle Zutaten gut verbunden haben. Zwischendrin anhaftende Reste an der Schüsselwand nach unten schieben und wieder in die Mischung einarbeiten.

5. Den Grillrost gründlich reinigen. Die Spieße über **direkter starker Hitze** bei geschlossenem Deckel grillen, bis das Fleisch den gewünschten Gargrad erreicht hat, rechnen Sie 5–6 Min. für rosa/rot (medium rare), dabei einmal wenden und gegebenenfalls umplatzieren, damit es gleichmäßig gart. Die Spieße warm mit der Salsa Verde servieren.

JAPANISCHES RINDFLEISCH
»YAKINIKU«

25 MIN. *Zubereitungszeit*
2 STD. *Gefrierzeit*
5 MIN. *Grillzeit*

Für 4–6 Personen

1½ kg ausgelöster Rinderbraten aus der Hochrippe

FÜR DIE EINGELEGTEN GURKEN
4 EL Reisessig
1 EL frisch gepresster Zitronensaft
1 EL Zucker
1 TL grobes Meersalz
2 längliche dünne Gurken (vorzugsweise japanische), je etwa 120–180 g, gewaschen und trockengetupft

FÜR DIE DIP-SAUCE
4 EL weißes Miso (Sojabohnenpaste)
4 EL Mirin (süßer japanischer Reiswein)
3 EL Sojasauce
1 EL frisch gepresster Zitronensaft
2 TL Zucker
¼ TL frisch gemahlener schwarzer Pfeffer

1 TL grobes Meersalz
½ TL frisch gemahlener schwarzer Pfeffer
1 kg gegarter weißer Reis (entspricht etwa 400 g rohem Reis)

1. Um das Fleisch in dünne Scheiben schneiden zu können, den Braten in Frischhaltefolie oder Papier wickeln und 2 Std. in das Gefrierfach legen.

2. Für die eingelegten Gurken den Essig mit dem Zitronensaft, dem Zucker und dem Salz in einer mittelgroßen Schüssel verrühren, bis sich Zucker und Salz aufgelöst haben. 4 EL Wasser unterrühren. Von den Gurken die Enden abschneiden und wegwerfen. Die Gurken längs in feine Scheiben schneiden, je etwa 7 cm lang und 5 mm dick. Gurkenscheiben in die Essigmischung einlegen und 2 Std. bei Zimmertemperatur ziehen lassen, gelegentlich umrühren. Vor dem Servieren die Gurken abgießen.

3. In einer zweiten mittelgroßen Schüssel die Zutaten für die Dip-Sauce mit 4 EL Wasser so lange verrühren, bis sich das Miso aufgelöst hat. In einzelnen Schälchen anrichten.

4. Das angefrorene Fleisch aus dem Gefrierfach nehmen und quer in etwa 5 mm dicke Scheiben schneiden. Nebeneinander auf ein Backblech legen und vor dem Grillen 20 bis 30 Min. bei Zimmertemperatur ruhen lassen.

5. Eine Zwei-Zonen-Glut für starke Hitze vorbereiten (siehe Seite 14–15).

6. Kurz vor dem Grillen die Fleischscheiben gleichmäßig mit Salz und Pfeffer würzen. Den Grillrost gründlich reinigen. Das Fleisch in zwei Durchgängen über **direkter starker Hitze** bei geöffnetem Deckel jeweils 2–2½ Min. grillen, bis es rosa/rot (medium rare) ist, dabei ein- bis zweimal wenden. Die gegrillten Scheiben in 2½ cm breite Streifen schneiden und zusammen mit dem Reis, den Sie in einzelnen Schalen anrichten können, der Dip-Sauce und den Gurken auf einer großen Servierplatte servieren.

GEGRILLTER RIPPENBRATEN
AU JUS

15 MIN.
Zubereitungszeit
1–1½ STD.
Ruhezeit
2½–3 STD.
Grillzeit

Für 6–8 Personen

3 ½ kg Rinderbraten aus der Hochrippe mit 4–5 Knochen
3 große Knoblauchzehen
1 EL grobes Meersalz
1 TL frisch gemahlener schwarzer Pfeffer

2 große Handvoll Eichenholz-Chips, mind. 30 Min. gewässert

1. Den Braten auf seine Längsseite stellen und die Knochen vom Fleisch schneiden (siehe Abb. unten).

2. Die Fettauflage auf etwa 5 mm zurückschneiden. Den Knoblauch schälen und in dünne Scheiben schneiden. Das Fett überall mit kleinen Einschnitten versehen, dabei aber nicht ins Fleisch schneiden, und die Knoblauchscheiben hineinschieben. Den Braten gleichmäßig mit Salz und Pfeffer würzen. Zuletzt die Knochen mit Küchengarn zurück an den Braten binden (siehe Abb. unten) und das Fleisch vor dem Grillen 1–1 ½ Stunden bei Zimmertemperatur ruhen lassen.

3. Eine Zwei-Zonen-Glut für mittlere Hitze vorbereiten (siehe Seite 14–15). Eine große Tropfschale auf den freien Bereich des Kohlerosts stellen und zur Hälfte mit warmem Wasser füllen.

4. Den Grillrost gründlich reinigen. Den Braten über **direkter mittlerer Hitze** bei geschlossenem Deckel 8–10 Min. scharf anbraten, dabei immer wieder wenden, bis er auf beiden Seiten goldbraun ist. Wenn Flammen hochschlagen, das Fleisch vorübergehend über indirekte Hitze legen.

5. Wenn der Braten schön gebräunt ist, legen Sie ihn mit der Knochenseite nach unten über indirekte Hitze. Anschließend die Chips abtropfen lassen und auf die heiße Glut geben, bis sie zu rauchen beginnen. Dann den Deckel schließen und den Braten über **indirekter schwacher Hitze** weitergrillen, bis er nach 2 ½–3 Std. rosa/rot (medium rare) ist und eine Kerntemperatur von 52 °C hat. Für ein gleichmäßiges Garen den Braten in dieser Zeit ein- bis zweimal drehen. Um die schwache Hitze zu halten, nach Bedarf alle 30–45 Min. 8–10 frische Briketts nachlegen. Das Fleisch sollte bei weitaus geringerer Hitze fertig garen als beim Anbraten. Beginnen Sie nach 2 Std. Grillzeit, die Kerntemperatur mit einem Fleischthermometer zu prüfen.

6. Den Braten vom Grill nehmen, locker in Alufolie schlagen und 20–30 Min. nachziehen lassen. Währenddessen steigt die Kerntemperatur um 2–5 Grad und der Fleischsaft im Inneren verteilt sich gleichmäßig im ganzen Braten.

7. Den Braten behutsam aus der Folie heben, dabei den angesammelten Fleischsaft in einer kleinen Schüssel auffangen. Küchengarn und Knochen entfernen. Den Braten quer in Scheiben schneiden, anrichten und mit dem Bratensaft beträufelt servieren.

Wenn Sie die Knochen vom Fleisch trennen und sie vor dem Grillen mit Küchengarn zurück an den Braten binden, nimmt das Fleisch trotzdem die herrlichen Aromen der Knochen auf, lässt sich jedoch später leichter tranchieren. ① *Den Braten mit den Rippenknochen nach oben auf die Längsseite stellen. Mit einem großen scharfen Messer möglichst dicht an den Knochen entlang schneiden und die Knochen vollständig abtrennen.* ② *Mit einem kleinen scharfen Messer die Fettauflage mit Einschnitten versehen und die Knoblauchscheiben in die Einschnitte schieben.* ③ *Die Knochen in ihre ursprüngliche Position bringen und mit Küchengarn am Fleisch festbinden.*

FAJITAS

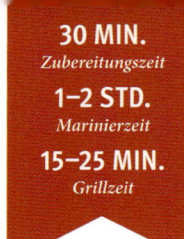

30 MIN. *Zubereitungszeit*
1–2 STD. *Marinierzeit*
15–25 MIN. *Grillzeit*

Für 8–10 Personen

FÜR DIE GUACAMOLE

4 reife Avocados, das Fruchtfleisch zerdrückt
2 EL fein gehacktes frisches Koriandergrün oder Basilikumblätter
1 ½ EL frisch gepresster Limettensaft
1 TL grobes Meersalz
¼ TL frisch gemahlener schwarzer Pfeffer

FÜR DIE MARINADE

3 große Knoblauchzehen, geschält
1 Handvoll frisches Koriandergrün oder Basilikumblätter
4 EL frisch gepresster Orangensaft
3 EL Olivenöl
1 EL Limettensaft
2 TL reines Chilipulver
1 TL Senfpulver
1 TL getrockneter Oregano
1 TL grobes Meersalz
1 TL gemahlener Kreuzkümmel
½ TL gemahlene Koriandersamen

700 g Flank-Steak (aus der Dünnung geschnitten), etwa 2 cm dick
700 g ausgelöste Hähnchenschenkel ohne Haut
2 mittelgroße rote Paprikaschoten, gewaschen und geputzt, in breite flache Stücke geschnitten
2 mittelgroße gelbe Paprikaschoten, gewaschen und geputzt, in breite flache Stücke geschnitten
2 mittelgroße rote Zwiebeln, geschält, in etwa 1 cm dicke Scheiben geschnitten
Olivenöl
10 Weizentortillas, Ø je 20–25 cm
500 ml stückige rote Salsa (Glas)
Tabasco

1. In einer mittelgroßen Schüssel die Zutaten für die Guacamole mit einer Gabel gründlich vermischen. Die Oberfläche bis zum Servieren mit Frischhaltefolie abdecken.

2. Für die Marinade Knoblauch und Kräuter in der Küchenmaschine fein hacken. Die restlichen Marinadezutaten hinzufügen und glatt pürieren.

3. Steak- und Hähnchenfleisch getrennt in je eine mittelgroße Schüssel geben und jeweils mit der Hälfte der Marinade übergießen. Beide Fleischsorten gründlich in der Marinade wenden, damit sie gleichmäßig mit ihr überzogen sind. Schüsseln mit Frischhaltefolie abdecken und 1–2 Std. in den Kühlschrank stellen.

4. Eine Zwei-Zonen-Glut für mittlere Hitze vorbereiten (siehe Seite 14–15).

5. Die Paprikastücke und die Zwiebelscheiben auf beiden Seiten dünn mit Öl bestreichen. Den Grillrost gründlich reinigen. Die Gemüse über *direkter mittlerer Hitze* bei geschlossenem Deckel grillen, bis sie weich sind, dabei einmal wenden und gegebenenfalls umplatzieren, damit sie gleichmäßig garen. Rechnen Sie für die Paprikastücke mit einer Grillzeit von 5–8 Min., für die Zwiebelscheiben 8–10 Min. Vom Grill nehmen und die Paprikastücke in 1 cm breite Streifen schneiden.

6. Steak- und Hähnchenfleisch aus der Marinade nehmen und abtropfen lassen (die Marinade wird nicht mehr gebraucht). Beide Fleischsorten gleichzeitig über *direkter mittlerer Hitze* bei geschlossenem Deckel 8 bis 10 Min. grillen, bis das Steak rosa/rot (medium rare) und das Hähnchenfleisch schön gebräunt und durchgegart ist. In dieser Zeit alle Fleischstücke einmal wenden und gegebenenfalls umplatzieren, damit sie gleichmäßig garen. Vom Grill nehmen und das Steak 2–3 Min. ruhen lassen. Inzwischen jeweils einen Stapel von 5 Tortillas in Alufolie schlagen und die Päckchen gleichzeitig über *direkter mittlerer Hitze* 2–5 Min. grillen, bis die Tortillas durchgewärmt sind, dabei die Päckchen einmal wenden.

7. Das Steak längs halbieren und quer zur Faser in etwa 5 mm dicke Scheiben schneiden. Hähnchenfleisch ebenfalls in 5 mm dicke Scheiben schneiden. Tortillas, Paprika, Zwiebeln, Guacamole und Salsa jeweils in einzelnen Schalen und Schüsseln, Steak und Hähnchen getrennt auf Servierplatten anrichten und warm servieren. Bei Tisch stellt sich jeder seine Fajita selbst zusammen, indem die verschiedenen Zutaten mittig auf eine Tortilla gegeben und nach Belieben noch mit Tabasco beträufelt werden.

FLANK-STEAK
MIT BOHNENSALAT

25 MIN. *Zubereitungszeit*
1–8 STD. *Ruhezeit (nach Belieben)*
8–10 MIN. *Grillzeit*

Für 4 Personen

FÜR DIE WÜRZMISCHUNG

1 TL reines Chilipulver
1 TL gemahlener Kreuzkümmel
1 TL getrockneter Oregano
1 TL grobes Meersalz
½ TL frisch gemahlener schwarzer Pfeffer
1 kräftige Prise gemahlener Zimt (nach Belieben)

FÜR DEN SALAT

1 kleine Dose (400 g) schwarze Bohnen, die Bohnen abgespült und abgetropft
2 mittelgroße Tomaten, entkernt und in kleine Würfel geschnitten
1 mittelgroße gelbe Paprikaschote, gewaschen und geputzt, in kleine Würfel geschnitten
1 kleine rote Zwiebel, geschält, fein gewürfelt
2–3 Frühlingszwiebeln, nur die weißen und hellgrünen Teile in feine Scheiben geschnitten
2 EL Olivenöl
1 EL frisch gepresster Limettensaft
1 TL fein gehackter Knoblauch

1 Flank-Steak (aus der Dünnung geschnitten), 700–900 g und 2 cm dick
Olivenöl
grobes Meersalz
frisch gemahlener schwarzer Pfeffer

1. In einer kleinen Schüssel die Zutaten für die Würzmischung vermengen.

2. In einer mittelgroßen Schüssel die Zutaten für den Salat mit ¾ TL der Würzmischung behutsam, aber gründlich vermischen. Nach Belieben den Salat mind. 1 Std. oder bis zu 8 Std. bei Zimmertemperatur durchziehen lassen, damit sich die Aromen verbinden.

3. Eine Zwei-Zonen-Glut für starke Hitze aus Mesquite-Holzkohle vorbereiten (siehe Seite 14–15).

4. Das Steakfleisch rundum dünn mit Öl bestreichen und gleichmäßig mit der restlichen Würzmischung bestreuen. 20–30 Min. bei Zimmertemperatur ruhen lassen.

5. Den Grillrost gründlich reinigen. Das Fleisch über **direkter starker Hitze** bei geschlossenem Deckel grillen, bis es den gewünschten Gargrad erreicht hat, für rosa/rot (medium rare) braucht es 8–10 Min. In dieser Zeit einmal wenden und bei Bedarf umplatzieren, damit es gleichmäßig gart. Vom Grill nehmen und 3–5 Min. nachziehen lassen. Den Salat mit Salz und Pfeffer abschmecken.

6. Auf einem Tranchierbrett das Steak quer zur Faser in 5 mm dicke Scheiben schneiden. Je dünner die Scheiben sind, desto zarter ist das Fleisch. Die Steakscheiben auf einzelnen Tellern anrichten, mit dem auf dem Tranchierbrett aufgefangenen Fleischsaft beträufeln und warm mit dem Bohnensalat servieren.

STEAK-SALAT
MIT ESTRAGON-VINAIGRETTE

10 MIN.
Zubereitungszeit

Für 4 Personen

500 g übrig gebliebenes gegrilltes Steakfleisch (vorzugsweise Falsches Filet, Flank- oder Skirt-Steak)

FÜR DIE VINAIGRETTE
1 TL fein gehackter Knoblauch
1 TL fein geriebener frischer Ingwer
1 ½ TL Reisessig
½ TL grobes Meersalz
1 EL Dijon-Senf
1 EL gehackte frische Estragonblätter
125 ml Olivenöl

200 g gemischter Blattsalat (Romana, Rucola, Radicchio oder eine beliebige andere Kombination)
1 rote Zwiebel, geschält, in feine Halbringe geschnitten
8 Stängel Estragon, die Blätter abgezupft
180 g Ziegenkäse, zerbröckelt

1. Das Steakfleisch etwa 30 Min. vor dem Servieren aus dem Kühlschrank nehmen. Überschüssiges Fett entfernen und das Fleisch quer zur Faser schräg in dünne Scheiben schneiden.

2. Für die Vinaigrette in einer mittelgroßen Schüssel Knoblauch, Ingwer, Essig und Salz mischen und 5–10 Min. ruhen lassen. Anschließend mit einem kleinen Schneebesen Senf und gehackten Estragon unterrühren. Das Olivenöl unter ständigem Rühren mit dem Schneebesen nach und nach einarbeiten, bis sich alles zu einer Emulsion verbunden hat.

3. In einer großen Schüssel die Salatblätter mit 2–3 EL der Vinaigrette anmachen. Den Salat auf einzelnen Tellern auslegen und mit Zwiebelringen und Estragonblätter garnieren. Die Steakscheiben auf den Salattellern anrichten und ein wenig Vinaigrette über das Fleisch löffeln (vielleicht wird nicht die gesamte Vinaigrette gebraucht). Zuletzt den zerbröckelten Ziegenkäse darüberstreuen.

PFEFFERIGE STEAK-TORTILLAS
MIT PICO DE GALLO

15 MIN.
Zubereitungszeit
1 STD.
Ruhezeit (nach Belieben)
5–7 MIN.
Grillzeit

Für 4 Personen

FÜR DIE PICO-DE-GALLO-SALSA

400 g Tomaten, entkernt, in kleine Würfel geschnittene
2 rote Zwiebeln, geschält, in kleine Würfel geschnitten
3 EL fein gehacktes frisches Koriandergrün
2 EL frisch gepresster Limettensaft
1 TL fein gehackte Serrano-Chilischote (Kerne und Trennhäute nicht entfernt)
¾ TL grobes Meersalz

FÜR DIE WÜRZMISCHUNG

1 ½ TL schwarze Pfefferkörner
1 ½ TL Kreuzkümmelsamen
1 ½ TL grobes Meersalz
¾ TL reines Chilipulver
¾ TL Knoblauchgranulat

700 g Skirt-Steak (aus dem Zwerchfell geschnitten), etwa 1 cm dick, überschüssiges Fett entfernt
Olivenöl
12 Mais- oder Weizentortillas, Ø je 15–20 cm

1. In einer mittelgroßen Schüssel die Zutaten für die Salsa gründlich vermischen. Die Salsa nach Belieben 1 Std. bei Zimmertemperatur durchziehen lassen.

2. Für die Würzmischung Pfefferkörner und Kreuzkümmelsamen im Möser zerstoßen oder in einer Gewürzmühle mahlen. In eine kleine Schüssel geben und mit den restlichen Gewürzen vermengen.

3. Eine Zwei-Zonen-Glut für starke Hitze aus Mesquite-Holzkohle vorbereiten (siehe Seite 14–15).

4. Das Steak halbieren oder dritteln, damit es auf den Grill passt. Das Fleisch auf beiden Seiten dünn mit Öl einpinseln, dann gleichmäßig mit der Würzmischung bestreuen. Vor dem Grillen 20–30 Min. bei Zimmertemperatur ruhen lassen. Einen Stapel von je 6 Tortillas in Alufolie einschlagen.

5. Den Grillrost gründlich reinigen. Die Steaks über **direkter starker Hitze** bei geschlossenem Deckel grillen, bis sie außen leicht gebräunt sind und den gewünschten Gargrad erreicht haben, rechnen Sie 5–7 Min. für rosa/rot (medium rare), dabei ein- bis zweimal wenden und für ein gleichmäßiges Garen gegebenenfalls auf dem Rost umplatzieren. Zur gleichen Zeit die Tortillas in den Folienpäckchen über **indirekter mittlerer Hitze** 4–6 Min. durchwärmen, dabei die Päckchen einmal wenden. Steaks und Tortillas vom Grill nehmen und das Fleisch 3–5 Min. nachziehen lassen (die Tortillas in der Folie warm halten).

6. Die Steaks quer zur Faser in feine Scheiben schneiden, in die warmen Tortillas füllen und mit Salsa bedecken. Lassen Sie dabei den Saft der Salsa zurück in die Schüssel fließen, damit die Tortillas nicht durchweichen. Sofort servieren.

DER WEBER SPEZIAL TIPP

Charcoal Fanatics
HOLZKOHLE-FAN

JIM MINION

Jim Minion war Vorstandsmitglied der »Kansas City Barbeque Society«, eine maßgebliche Institution für viele der angesehensten Barbecue-Wettbewerbe in den USA. Er war außerdem ein erfolgreicher Koch, was eine Vielzahl von Auszeichnungen belegt. Allerdings ist Jim wohl am bekanntesten für seine besondere Art im Umgang mit dem Weber® Smokey Mountain Cooker™, denn mit seiner »Minion-Methode« muss bei diesem Räuchergrill für sage und schreibe 20 Stunden keine Holzkohle nachgelegt werden: ein großer Vorteil für die Grillprofis von Barbecue-Wettbewerben, bei denen das Fleisch über Nacht zubereitet werden muss, damit es rechtzeitig fertig ist. Ihnen wird mit Jims Methode, die im folgenden Rezept detailliert beschrieben wird, immerhin ein wenig Schlaf geschenkt.

LIVE FIRE WISDOM

In vielen Rezepten können Sie lesen, dass eine Rinderbrust mit der Fettseite nach oben gegart werden sollte. Auf diese Weise, so heißt es, könne das Fett langsam schmelzen und in das Fleisch einziehen, was es erst saftig und schmackhaft machen würde. Jim ist da ganz anderer Meinung. Er behauptet, dass das Fett von oben unmöglich in das Fleisch eindringen kann und dass die angestrebte Saftigkeit bereits im Fleisch selbst steckt, genauer gesagt im Bindegewebe. Erreicht das Bindegewebe nämlich eine Kerntemperatur von 70 °C, schmilzt es und gibt seine Feuchtigkeit an das Fleisch ab. Daher ist es besser, meint Jim, eine Rinderbrust mit der Fettseite nach unten zu garen, um das Fleisch vor der aufsteigenden Hitze des Räuchergrills zu schützen.

① *Auf der Oberseite der Rinderbrust die weiche Fettauflage nicht wegschneiden. Auf der Unterseite das harte Fett am spitz zulaufenden Ende entfernen.*
② *Die Würzmischung verleiht dem Fleisch nicht nur zusätzlichen Geschmack, sie verhilft auch zu einer herrlichen Kruste.*

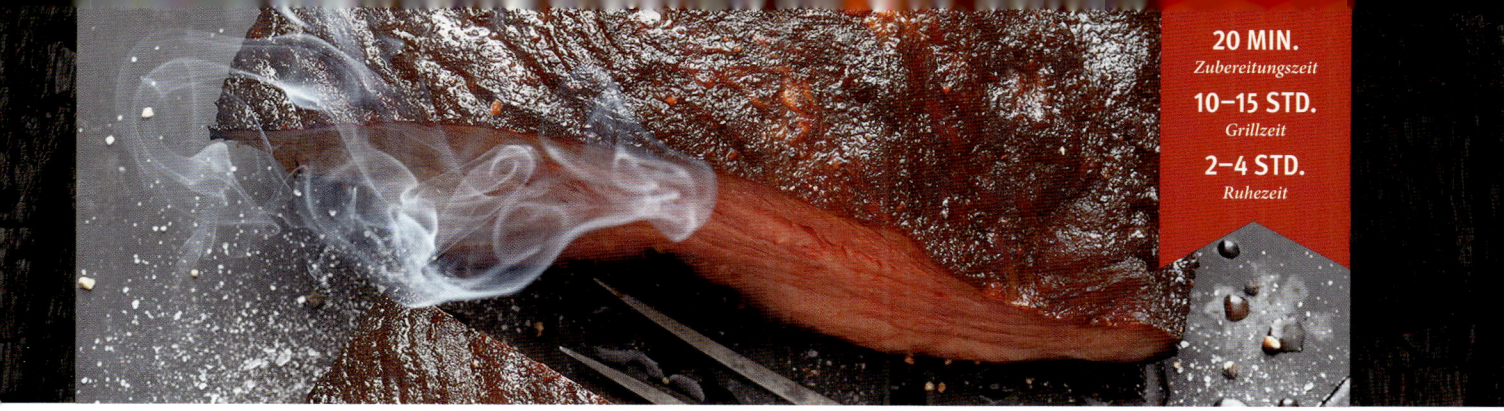

20 MIN. Zubereitungszeit
10–15 STD. Grillzeit
2–4 STD. Ruhezeit

JIMS GERÄUCHERTE RINDERBRUST

Für 8–10 Personen

3 ½–4 ½ kg ausgelöste Rinderbrust am Stück

FÜR DIE WÜRZMISCHUNG

2 EL Zucker
2 EL frisch gemahlener schwarzer Pfeffer
2 EL edelsüßes Paprikapulver
2 EL reines Chilipulver
2 TL Zwiebelsalz
2 TL Knoblauchsalz
2 TL Selleriesalz
2 TL Gewürzsalz

3 faustgroße Chunks Apfel-, Kirsch-, Eichen- oder Mesquiteholz, nicht gewässert

1. Die Rinderbrust mit der weichen Fettauflage nach unten auf eine Arbeitsfläche legen. Das harte Fett am spitz zulaufenden Ende und die dünne Haut an der Unterseite entfernen (siehe Seite 220).

2. In einer mittelgroßen Schüssel die Zutaten für die Würzmischung vermengen. Das Fleisch gleichmäßig damit bestreuen, in Frischhaltefolie wickeln und bis zum Grillen in den Kühlschrank legen.

3. Einen Anzündkamin mit frischen Briketts bis zum Rand füllen und die Briketts auf den Rost der Brennkammer eines **Weber® Smokey Mountain Cooker™** geben. Anschließend 15–20 frische Briketts im Anzündkamin anzünden. Sobald sich Flammen gebildet haben, die Briketts vorsichtig auf die nicht angezündeten Briketts in der Brennkammer geben. Die ungewässerten Chunks darauflegen, dann die unteren Lüftungsschieber vollständig öffnen.

4. Den Mittelteil des Räuchergrills aufsetzen, den Wasserbehälter mit Wasser füllen, dann beide Grillroste auflegen. Den oberen Grillrost gründlich reinigen. Die Rinderbrust direkt aus dem Kühlschrank mit der Fettseite nach unten auf den oberen Grillrost legen. Den Deckel mit vollständig geöffneten Lüftungsschiebern aufsetzen, anschließend ein Thermometer in einen der Schieber stecken; Sie können damit die Temperatur im Inneren des Grills kontrollieren. Die unteren Lüftungsschieber etwa zur Hälfte schließen; die Temperatur im Räuchergrill wird jetzt abnehmen. Wenn sie 120 °C erreicht hat, die unteren Schieber zu drei Vierteln schließen.

5. Man rechnet für die Garzeit einer Rinderbrust etwa 1 ¼–1 ½ Std. pro 450 g, in diesem Fall also zwischen 10–15 Std. Die Kerntemperatur des Fleisches ist jedoch der beste Indikator für den erwünschten Gargrad, der hier bei 88 °C an der dicksten Stelle des Brustfleisches erreicht ist. Regulieren Sie von Zeit zu Zeit die Temperatur mit Hilfe der unteren Lüftungsschieber, sie sollte konstant zwischen 110 °C und 120 °C liegen, und füllen Sie nach Bedarf nach der Hälfte der Zeit warmes Wasser nach.

6. Die fertige Rinderbrust vom Grill nehmen und fest in eine doppelte Lage extrastarke Alufolie einschlagen. Für 2–4 Std. in einer trockenen, verschlossenen Kühlbox nachziehen lassen. In dieser Zeit gart das Fleisch weiter und wird dabei noch zarter, bleibt aber heiß.

7. Die Rinderbrust behutsam aus der Folie nehmen und den angesammelten Fleischsaft in einer Schüssel auffangen. Setzen Sie ein langes Tranchiermesser zwischen oberen und unteren Teil der Brust an und trennen Sie die beiden Muskeln voneinander. Von beiden Stücken überschüssiges Fett entfernen und das Fleisch des unteren Teils quer zur Faser in Scheiben schneiden. Den oberen Teil in kleine Stücke schneiden. Die Rinderbrust warm mit dem aufgefangenen Fleischsaft servieren.

BURGER
MIT STEINPILZEN, TOMATEN UND PESTO-MAYONNAISE

15 MIN.
Zubereitungszeit
30 MIN.
Einweichzeit
8–10 MIN.
Grillzeit

Für 4 Personen

- **15 g** getrocknete Steinpilze
- **700 g** Hackfleisch vom Rind (Fettanteil 20 %)
- **2 TL** fein gehackter Knoblauch
- **1 TL** grobes Meersalz
- **½ TL** frisch gemahlener schwarzer Pfeffer
- **½ TL** Aceto balsamico
- **5 EL** Mayonnaise
- **2 EL** Basilikum-Pesto (aus dem Glas)
- **4** Burger-Brötchen, aufgeschnitten
- **1 Handvoll** gekrauste Salatblätter
- **1 reife Tomate**, in 5 mm dicke Scheiben geschnitten

1. Auf dem Herd in einem kleinen Topf 500 ml Wasser zum Kochen bringen. Die getrockneten Pilze einrühren, den Topf vom Herd nehmen und die Pilze etwa 30 Min. einweichen. Die Pilze abgießen und behutsam ausdrücken, anschließend fein hacken und dabei harte Stiele entfernen.

2. In einer mittelgroßen Schüssel Hackfleisch, Pilze, Knoblauch, Salz, Pfeffer und Essig behutsam, aber gründlich vermengen. Aus der Masse vier gleich große, etwa 2 cm dicke Pattys formen und mit dem Daumen in der Mitte jeweils eine flache Vertiefung drücken; dadurch wölben sich die Pattys während des Grillens nicht und garen gleichmäßig.

3. In einer kleinen Schüssel Mayonnaise und Pesto mischen.

4. Eine Zwei-Zonen-Glut für starke Hitze vorbereiten (siehe Seite 14–15).

5. Den Grillrost gründlich reinigen. Pattys über **direkter starker Hitze** bei geschlossenem Deckel 8–10 Min. grillen, bis sie halb durch (medium) sind, dabei einmal wenden, sobald sie sich vom Rost lösen lassen, und für ein gleichmäßiges Garen gegebenenfalls auf dem Rost umplatzieren. Zum Warmhalten die Pattys über indirekte Hitze legen. Bei geöffnetem Deckel die Burger-Brötchen mit den Schnittflächen nach unten über direkter Hitze in etwa 20–30 Sek. goldbraun rösten.

6. Die untere Hälfte der Brötchen jeweils mit etwas Pesto-Mayonnaise bestreichen, dann mit ein paar Salatblättern und Tomatenscheiben belegen und jeweils 1 Patty darauflegen. Die restliche Pesto-Mayonnaise auf den Pattys verstreichen und die oberen Brötchenhälften aufsetzen. Die Burger warm servieren.

15 MIN.
Zubereitungszeit
10–12 MIN.
Grillzeit

CHILI-CHEESEBURGER
MIT AVOCADO

Für 4 Personen

900 g Hackfleisch vom Rind (Fettanteil 20 %)
4 EL grob geriebene rote Zwiebel
3 EL fein gehackte frische glatte Petersilie oder Koriandergrün
2 EL fein gehackte Jalapeño-Chilischoten, mit Kernen
1 ½ TL grobes Meersalz
½ TL Knoblauchpulver
¼ TL frisch gemahlener schwarzer Pfeffer
1 reife Avocado
4 dünne Scheiben milder Cheddar
(vorzugsweise kalifornischer Pepper Jack)
4 Burger-Brötchen, aufgeschnitten
4 Salatblätter (nach Belieben)

1. In einer Schüssel Hackfleisch, Zwiebel, Kräuter, Chilis, Salz, Knoblauchpulver und Pfeffer behutsam, aber gründlich vermengen. Aus der Masse vier gleich große, etwa 2 ½ cm dicke Pattys formen und in der Mitte mit dem Daumen jeweils eine flache Vertiefung drücken; dadurch wölben sich die Pattys während des Grillens nicht und garen gleichmäßig.

2. Die Avocado längs halbieren, den Stein entfernen und die Avocado schälen. Das Fruchtfleisch längs in etwa 5 mm dicke Spalten schneiden.

3. Eine Zwei-Zonen-Glut für starke Hitze vorbereiten (siehe Seite 14–15).

4. Den Grillrost gründlich reinigen. Die Pattys über **direkter starker Hitze** bei geschlossenem Deckel 10–12 Min. grillen, bis sie halb durch (medium) sind, dabei einmal wenden, sobald sie sich vom Rost lösen lassen, und für ein gleichmäßiges Garen gegebenenfalls umplatzieren. Während der letzten Minute auf jedem Patty 1 Scheibe Käse schmelzen lassen und die Brötchen mit den Schnittflächen nach unten über direkter Hitze in 20–30 Sek. goldbraun rösten. Die Cheeseburger mit Avocadospalten und nach Belieben mit Salatblättern zusammenbauen und warm servieren.

TIPP

Geriebene Zwiebel enthält viel Feuchtigkeit und macht die Burger besonders saftig.

KLASSISCHE CHEESEBURGER
MIT BARBECUE-GEWÜRZEN

10 MIN. *Zubereitungszeit*
8–10 MIN. *Grillzeit*

Für 4 Personen

650 g Hackfleisch vom Rind (Fettanteil 20 %)

FÜR DIE WÜRZMISCHUNG
1 TL grobes Meersalz
½ TL reines Chilipulver
½ TL brauner Zucker
½ TL Knoblauchgranulat
½ TL Paprikapulver
¼ TL Selleriesamen
¼ TL gemahlener Kreuzkümmel
1 kräftige Prise frisch gemahlener schwarzer Pfeffer

4 dünne Scheiben milder Cheddar
  (vorzugsweise kalifornischer Monterey Jack)
4 Burger-Brötchen, aufgeschnitten
Ketchup (nach Belieben)
Senf (nach Belieben)

1. In einer Schüssel das Hackfleisch mit den Gewürzen der Würzmischung vermengen, sodass die Gewürze gleichmäßig im Fleisch verteilt sind. Aus der Masse vier gleich große, 2 cm dicke Pattys formen und in der Mitte mit dem Daumen jeweils eine flache Vertiefung drücken; dadurch wölben sich die Pattys während des Grillens nicht und garen gleichmäßg.

2. Eine Zwei-Zonen-Glut für starke Hitze vorbereiten (**s**iehe Seite 14–15).

3. Den Grillrost gründlich reinigen. Die Pattys über **direkter starker Hitze** bei geschlossenem Deckel 8 bis 10 Min. grillen, bis sie halb durch (medium) sind, dabei einmal wenden, sobald sie sich vom Rost lösen lassen, und bei Bedarf umplatzieren. Die Pattys über indirekte Hitze legen und auf jedem 1 Scheibe Käse schmelzen lassen. Bei geöffnetem Deckel die Brötchen mit den Schnittflächen nach unten über direkter Hitze 20–30 Sek. rösten, bis sie goldbraun sind. Die unteren Brötchenhälfte nach Belieben mit Ketchup und Senf bestreichen, darauf jeweils 1 Patty legen, die oberen Brötchenhälften aufsetzen und die Burger warm servieren.

HOT DOGS
MIT MAYONNAISE-KRAUTSALAT

10 MIN.
Zubereitungszeit
1–24 STD.
Ruhezeit (nach Belieben)
5–6 MIN.
Grillzeit

Für 8 Personen

FÜR DEN KRAUTSALAT
¼ kleiner Weißkohl
5 EL Mayonnaise
2 EL süßsaures Gurkenrelish (gut sortierter Supermarkt)
1 EL Apfelessig
½ TL Selleriesamen
¼ TL grobes Meersalz
¼ TL frisch gemahlener schwarzer Pfeffer

8 Hot-Dog-Würstchen vom Rind
8 Hot-Dog-Brötchen, auf-, aber nicht durchgeschnitten
Ketchup (nach Belieben)
Senf (nach Belieben)

1. Vom Weißkohl den Strunk herausschneiden und wegwerfen. Den Kohl mit einem Messer oder Gemüsehobel in feine Streifen schneiden und die Streifen auf 1 cm einkürzen. In eine mittelgroße Schüssel füllen. In einer kleinen Schüssel Mayonnaise, Relish, Essig, Selleriesamen, Salz und Pfeffer vermengen und mit dem Kohl vermischen. Die Schüssel abdecken und bis zum Servieren kalt stellen. Besser entfalten sich die Aromen, wenn Sie den Krautsalat mind. 1 Std. oder bis zu 24 Std. durchziehen lassen.

2. Eine Zwei-Zonen-Glut für mittlere Hitze vorbereiten (siehe Seite 14–15).

3. Den Grillrost gründlich reinigen. Die Würstchen über *direkter mittlerer Hitze* bei geöffnetem Deckel 5–6 Min. grillen, bis sie gebräunt sind, dabei einmal wenden und nach Bedarf umplatzieren, damit sie gleichmäßig garen. Während der letzten 30 Sek. die Brötchen mit den Schnittflächen nach unten über direkter Hitze rösten. Zwischen die Brötchenhälften jeweils etwas Krautsalat geben, darauf 1 Würstchen legen und nach Belieben Ketchup und Senf hinzufügen. Die Hot Dogs warm servieren.

RINDERBRATEN
MIT AVOCADO-SAUCE

20 MIN.
Zubereitungszeit
30–45 MIN.
Grillzeit

Für 4–6 Personen

FÜR DIE WÜRZPASTE
1 EL körniger Senf
1 EL Olivenöl
1 EL frisch gemahlener schwarzer Pfeffer
2 TL Worcestersauce
1 TL grobes Meersalz

1–1 ¼ kg Rinderbraten (Bürgermeister-/Pastorenstück), etwa 4 cm dick, überschüssiges Fett entfernt

FÜR DIE SAUCE
1 reife Avocado, halbiert, Stein entfernt
1 Stück Salatgurke, etwa 10 cm lang, Kerne entfernt
4 EL Sauerrahm (20 %)
Saft von **1** Limette
1 kleine Knoblauchzehe, geschält
½ TL Worcestersauce
½ TL Tabasco
½ TL grobes Meersalz
¼ TL frisch gemahlener schwarzer Pfeffer

1. In einer mittelgroßen Schüssel die Zutaten für die Paste glatt rühren. Das Fleisch gleichmäßig damit bestreichen und vor dem Grillen 20–30 Min. bei Zimmertemperatur ruhen lassen.

2. Das Fruchtfleisch der Avocado aus der Schale löffeln und in der Küchenmaschine mit den restlichen Zutaten zu einer glatten, dicklichen Sauce verarbeiten.

3. Eine Zwei-Zonen-Glut für mittlere Hitze vorbereiten (siehe Seite 14–15).

4. Den Grillrost gründlich reinigen. Das Fleisch über ***direkter mittlerer Hitze*** bei geschlossenem Deckel 10–15 Min. grillen, dabei gelegentlich wenden und drehen, bis es auf beiden Seiten schön gebräunt ist. Anschließend über ***indirekter mittlerer Hitze*** bei geschlossenem Deckel bis zum gewünschten Gargrad weitergrillen, 20–30 Min. für rosa/rot (medium rare). Vom Grill nehmen und 10 Min. nachziehen lassen. Den Braten quer zur Faser in Scheiben schneiden und warm mit der Avocado-Sauce servieren.

GEGRILLTE LAMMKARREES
AUS DEM HOLZRAUCH MIT ANIS-KNOBLAUCH-PASTE

10 MIN. *Zubereitungszeit*
15–20 MIN. *Grillzeit*

Für 4 Personen

FÜR DIE WÜRZPASTE
3 EL Olivenöl
2 EL gemahlene Anissamen
1 EL fein gehackter Knoblauch
1 EL Anisschnaps
2 TL grobes Meersalz
2 TL frisch gemahlener schwarzer Pfeffer

2 Lammkarrees, je 500–650 g, die Rippenknochen sauber abgeschabt

1 große Handvoll Hickory- oder Eichenholz-Chips, mind. 30 Min. gewässert

1. In einer kleinen Schüssel die Zutaten für die Würzpaste verrühren.

2. In die Fettauflage der Lammkarrees jeweils 3–4 Einschnitte von 1 cm Tiefe schneiden. Das Fleisch (nicht die Knochen) rundum mit der Würzpaste bestreichen, dabei auch Paste in die Einschnitte reiben. Die Rippenknochen mit Alufolie umwickeln, damit sie beim Grillen nicht verkohlen. Die Lammkarrees 30 Min. bei Zimmertemperatur ruhen lassen.

3. Eine Zwei-Zonen-Glut für mittlere Hitze vorbereiten (siehe Seite 14–15).

4. Die Chips abtropfen lassen und auf die Glut legen. Den Grillrost gründlich reinigen. Wenn die Chips zu rauchen beginnen, die Karrees zuerst mit der Fettseite nach unten über **direkter mittlerer Hitze** bei geschlossenem Deckel etwa 5 Min. scharf anbraten, dabei einmal wenden, bis sie rundum schön gebräunt sind. Für ein gleichmäßiges Garen die Karrees in dieser Zeit gegebenenfalls auch umplatzieren. Wenn Flammen hochschlagen, die Karrees vorübergehend über indirekte Hitze legen, bis die Flammenbildung abgeklungen ist.

5. Die rundum gebräunten Karrees legen Sie anschließend mit der Knochenseite nach unten über **indirekte mittlere Hitze** und grillen sie dort bei geschlossenem Deckel weiter, bis der gewünschte Gargrad erreicht ist, etwa 10–15 Min. für rosa/rot (medium rare). In dieser Zeit die Karrees gelegentlich drehen, damit sie gleichmäßig garen.

6. Die Karrees vom Grill nehmen, locker mit Alufolie abdecken und 5 Min. nachziehen lassen. Anschließend die Alufolie entfernen, die Karrees zwischen den Knochen in Koteletts schneiden und warm servieren.

STEAKS AUS DER LAMMKEULE
MIT GERÖSTETEN FENCHELSAMEN

20 MIN. *Zubereitungszeit*
8–10 MIN. *Grillzeit*

Für 4 Personen

FÜR DIE WÜRZMISCHUNG
1 ½ TL Fenchelsamen
2 TL fein gehacktes frisches Fenchelgrün
2 TL grobes Meersalz
1 TL fein gehackter Knoblauch
½ TL frisch gemahlener schwarzer Pfeffer

150 g entsteinte grüne spanische Oliven, gehackt
4 EL in feine Würfel geschnittene geröstete rote Paprikaschote (Glas)
100 g Fenchelknolle, in feine Würfel geschnitten (nur der harte Strunk ist nicht essbar)
3 ½ EL Olivenöl
3 TL Rotweinessig
grobes Meersalz
frisch gemahlener schwarzer Pfeffer
2 Steaks aus der Lammkeule, je etwa 500 g und 2 ½ cm dick
1 Bio-Zitrone, in 1 cm dicke Scheiben geschnitten, Kerne entfernt
2 EL fein gehackte frische glatte Petersilie

1. Für die Würzmischung in einer kleinen Pfanne auf dem Herd die Fenchelsamen ohne Fett bei mittlerer Hitze 2–4 Min. rösten, bis sie aromatisch duften, dabei die Pfanne gelegentlich rütteln und schwenken, damit die Samen nicht verbrennen. Die gerösteten Samen abkühlen lassen, anschließend in einer Gewürzmühle oder sauberen Kaffeemühle fein mahlen. ½ TL der gemahlenen Fenchelsamen für die Olivenmischung beiseitestellen. In einer kleinen Schüssel die restlichen gemahlenen Fenchelsamen mit den übrigen Würzzutaten vermengen.

2. In einer mittelgroßen Schüssel die Oliven mit der Paprikaschote, dem Fenchel, 2 EL Olivenöl, 2 TL Essig und den beiseitegestellten gemahlenen Fenchelsamen vermischen. Mit Salz und Pfeffer abschmecken.

3. Eine Zwei-Zonen-Glut für starke Hitze vorbereiten (siehe Seite 14–15).

4. Die Steaks auf beiden Seiten zuerst mit dem restlichen Essig, dann mit 1 EL Olivenöl einreiben und gleichmäßig mit der Würzmischung bestreuen. Die Zitronenscheiben mit ½ EL Olivenöl bestreichen.

5. Den Grillrost gründlich reinigen. Die Lammsteaks über *direkter starker Hitze* bei geschlossenem Deckel grillen, bis sie den gewünschten Gargrad erreicht haben, sie benötigen 8–10 Min. für rosa/rot (medium rare), dabei einmal wenden und für ein gleichmäßiges Garen gegebenenfalls umplatzieren. Während der letzten 2 Min. die Zitronenscheiben über *direkter starker Hitze* auf einer Seite grillen, bis sie gebräunt sind und das Fruchtfleisch weich ist. Steaks und Zitronen vom Grill nehmen und die Steaks 3–5 Min. nachziehen lassen. Die Steaks in Scheiben schneiden. Die Petersilie mit der Olivenmischung vermengen und über die Steaks löffeln. Mit den gegrillten Zitronenscheiben garnieren und die Lammsteaks warm servieren.

LAMMKOTELETTS
MIT SENFGLASUR UND GERÖSTETEN PINIENKERNEN

20 MIN.
Zubereitungszeit
8–10 MIN.
Grillzeit

Für 4 Personen

FÜR DIE GLASUR
4 EL Dijon-Senf
4 EL Olivenöl
4 EL geriebener Parmesan
½ TL grobes Meersalz
¼ TL frisch gemahlener schwarzer Pfeffer

4 Lendenkoteletts vom Lamm, je etwa 120 g und 3 ½ cm dick, überschüssiges Fett entfernt
70 g Pinienkerne
2 EL fein gehackte frische glatte Petersilie
2 EL geriebener Parmesan

1. In einer mittelgroßen Schüssel die Zutaten für die Glasur verrühren.

2. Die Lammkoteletts auf beiden Seiten mit der Glasur bestreichen. Vor dem Grillen 20–30 Min. bei Zimmertemperatur ruhen lassen.

3. In einer mittelgroßen Pfanne die Pinienkerne auf dem Herd bei mittlerer Hitze in 5–7 Min. ohne Fett goldbraun rösten, dabei gelegentlich umrühren. Die Kerne auf ein Schneidbrett geben und grob hacken. In eine kleine Schüssel füllen und mit der Petersilie und dem Käse vermischen.

4. Eine Zwei-Zonen-Glut für mittlere Hitze vorbereiten (siehe Seite 14–15).

5. Den Grillrost gründlich reinigen. Die Koteletts über *direkter mittlerer Hitze* bei geschlossenem Deckel grillen, bis sie schön gebräunt sind und den gewünschten Gargrad erreicht haben, rechnen Sie 8–10 Min. für rosa/rot (medium rare). In dieser Zeit ein- bis zweimal wenden und gegebenenfalls umplatzieren, damit sie gleichmäßig garen. Sollten Flammen hochschlagen, die Koteletts vorübergehend über indirekte Hitze legen. Die fertigen Koteletts auf Tellern anrichten, mit der Pinienkernmischung bestreuen und warm servieren.

LAMMKEULE
MIT MINZE UND KREUZKÜMMEL

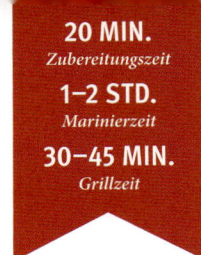

20 MIN. *Zubereitungszeit*
1–2 STD. *Marinierzeit*
30–45 MIN. *Grillzeit*

Für 6 Personen

FÜR DIE WÜRZPASTE
2 TL Kreuzkümmelsamen
1 TL schwarze Pfefferkörner
3 große Knoblauchzehen, geschält
1 TL grobes Meersalz
1 TL getrockneter Oregano
½ TL Chiliflocken
2 EL Olivenöl
1 EL frisch gepresster Zitronensaft

1 ausgelöste Lammkeule, etwa 1 ¼ kg
1 große Handvoll frische Minzeblätter

FÜR DIE SAUCE
250 g Sauerrahm (20 %)
4 EL Dijon-Senf
1 EL fein gehackte frische Minzeblätter
½ TL grobes Meersalz

1. Für die Würzpaste die Kreuzkümmelsamen und Pfefferkörner in einem Mörser zerstoßen. Knoblauch, Salz, Oregano und Chiliflocken dazugeben und alles fein zerstoßen. Öl und Zitronensaft hinzufügen und die Mischung zu einer Paste verarbeiten.

2. Die Lammkeule auf beiden Seiten behutsam von überschüssigem Fett und Sehnen befreien. Die Keule mit der aufgeschnittenen Seite nach oben auf eine saubere Arbeitsfläche legen. Wichtig ist, dass das Fleisch überall eine gleichmäßige Dicke von 2 ½–3 cm hat; sehr dicke Teile müssen deshalb gegebenenfalls abgeschnitten und separat gegrillt werden, dickere Fleischpartien schneiden Sie schräg ein und klappen sie schmetterlingförmig auf (siehe Seite 223). Die Hälfte der Würzpaste auf die Innenseite der Keule streichen, die andere Hälfte auf die Außenseite. Die Minzeblätter mittig auf der Innenseite verteilen. Das Lammfleisch eng aufrollen und im Abstand von 3 ½ cm mit Küchengarn wie einen Rollbraten in Form binden. Die losen Fadenenden abschneiden. Mit Frischhaltefolie abdecken und 1–2 Std. im Kühlschrank marinieren.

3. Eine Zwei-Zonen-Glut für mittlere Hitze vorbereiten (siehe Seite 14–15).

4. Für die Sauce die Zutaten in einer kleinen Schüssel glatt rühren. Die Sauce und das Lammfleisch vor dem Grillen 20–30 Min. bei Zimmertemperatur ruhen lassen.

5. Den Grillrost gründlich reinigen. Das Lammfleisch zunächst mit der Fettseite nach unten über **direkter mittlerer Hitze** bei geschlossenem Deckel 10–15 Min. grillen, dabei ein- bis zweimal wenden, bis es auf allen Seiten goldbraun ist. Für ein gleichmäßiges Garen das Fleisch gelegentlich drehen. Anschließend über **indirekter mittlerer Hitze** bei geschlossenem Deckel weitergrillen, bis es den gewünschten Gargrad erreicht hat, für rosa/rot (medium rare) braucht es 20–30 Min. Das Fleisch in dieser Zeit gelegentlich drehen, damit es gleichmäßig gart. Vom Grill nehmen und 10 Min. nachziehen lassen. Das Küchengarn entfernen. Das Lammfleisch quer in 1 cm dicke Scheiben schneiden und warm oder raumtemperiert zusammen mit der Sauce servieren.

KEBABS VOM LAMM
MIT TOMATEN-TSATSIKI

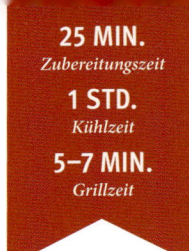

25 MIN. *Zubereitungszeit*
1 STD. *Kühlzeit*
5–7 MIN. *Grillzeit*

Für 4 Personen

FÜR DIE KEBABS
650 g Hackfleisch vom Lamm
4 EL fein gehackte Frühlingszwiebeln
2 TL Rotweinessig
1 TL fein gehackter Knoblauch
¾ TL grobes Meersalz
½ TL frisch gemahlener schwarzer Pfeffer
¼ TL gemahlener Kreuzkümmel
1 kräftige Prise gemahlener Zimt (nach Belieben)

FÜR DAS TSATSIKI
250 g Sahnejoghurt (10 %; vorzugsweise griechischer)
100 g reife Tomaten, fein gewürfelt
4 EL geraspelte Möhren
2 EL fein gehackte frische glatte Petersilie
2 TL Olivenöl
½ TL fein gehackter Knoblauch
¼ TL grobes Meersalz
1 kräftige Prise frisch gemahlener schwarzer Pfeffer

Olivenöl

16 Holzspieße, mind. 30 Min. gewässert

1. In einer mittelgroßen Schüssel die Zutaten für die Kebabs gut vermischen. Aus der Masse 16 kleine Rollen formen, etwa 7 ½ cm lang und 2 ½ cm dick. Abdecken und mindestens 1 Std. in den Kühlschrank stellen.

2. Für das Tsatsiki den Joghurt in einer kleinen Schüssel cremig rühren und die restlichen Zutaten untermischen. Abdecken und bis zum Servieren kalt stellen.

3. Die Lammfleischröllchen aus dem Kühlschrank nehmen. 2 Röllchen an ihren Längsseiten nebeneinanderlegen und auf einer Seite im Abstand von etwa 2 ½ cm vom Rollenende entfernt einen Holzspieß durchstechen. Im gleichen Abstand einen zweiten Spieß parallel auf der anderen Seite durchstechen. Die restlichen Fleischröllchen genauso auf doppelte Spieße stecken. Die Röllchen auf allen Seiten dünn mit Öl bestreichen.

4. Eine Zwei-Zonen-Glut für starke Hitze vorbereiten (siehe Seite 14–15).

5. Den Grillrost gründlich reinigen. Die Kebabs über *direkter starker Hitze* bei geschlossenem Deckel 5–7 Min. grillen, dabei zwei- bis dreimal wenden und für ein gleichmäßiges Garen bei Bedarf umplatzieren, bis sie auf allen Seiten schön gebräunt, im Kern aber noch leicht rosa und saftig sind. Wenn Flammen hochschlagen, die Kebabs über indirekter Hitze fertig garen. Warm mit dem Tomaten-Tsatsiki servieren. Dazu schmeckt Couscous.

SCHWEIN

102	Boerewors
103	Mit Pflaumen gefüllte Grillwürste
104	Bratwürste mit pikantem Paprika-Zwiebel-Gemüse
106	Curry-Wurst-Spieße
107	Würstchen im Schlafrock
108	Baby Back Ribs – Kotelettrippchen vom Schwein
110	Klassische Baby Back Ribs
112	Holzkohle-Fan: Amy Anderson
112	Ribs vom Ranch House BBQ
114	Über Kirschholz geräucherte vietnamesische Spareribs
116	Holzkohle-Fan: Dave Biondi
116	Daves Spareribs im neuen Memphis-Stil
118	Schweinefilets auf Cajun-Art mit Bohnensalat
120	Schweinefilet texanisch
121	Schweinenackensteaks mit Kürbiskernen
122	Schweinekoteletts mit Balsamico-Paste
123	Schweinekoteletts mit Gorgonzola
124	Filetkoteletts mit Whisky-Barbecue-Sauce
126	In Orangensaft und Ingwer marinierte Stielkoteletts
127	Eingelegte Schweinesteaks mit süßem Papaya-Relish
128	Mango-Schweinefleisch-Spieße
129	Gegrillte Schinken-Käse-Panini
130	Schinkensteaks mit Honig-Senf-Glasur und Bohnen-Salsa
131	Grillschinken mit Orangen-Glasur
132	Gegrilltes Spanferkel

Charcoal Fanatics

BOEREWORS

20 MIN. *Zubereitungszeit*
8–10 MIN. *Grillzeit*

Für 4 Personen

500 g Schweinefleisch
500 g Rindfleisch
200 g Frühstücksspeck
1 Knoblauchzehe
2 EL Worcestersauce
3 EL Weißweinessig
1 TL gemahlene Koriandersamen
½ TL Cayennepfeffer
1 EL gehackte frische Thymianblättchen
1 Prise geriebene Muskatnuss
1 TL Pfeffer
1 EL Salz

Naturdarm (die Würstchen sollen einen Durchmesser von 2 cm haben)

1. Das Schweinefleisch mit dem Rindfleisch und dem Speck durch die grobe Scheibe (4 mm) eines Fleischwolfs drehen. Die Knoblauchzehe schälen und fein hacken.

2. In einer großen Schüssel alle Zutaten mit der Fleischfarce gründlich vermengen und durchkneten und das Wurstbrät kräftig abschmecken.

3. Eine Zwei-Zonen-Glut für mittlere Hitze vorbereiten (siehe Seite 14–15).

4. Das Wurstbrät, zum Beispiel mit einem Spritzsack, in den Naturdarm füllen und einzelne Würste von 8 cm Länge abbinden. Die Würste mehrmals mit einer Nadel einstechen, damit sie beim Grillen nicht platzen.

5. Den Grillrost gründlich reinigen. Die Würste über *direkter mittlerer Hitze* bei geschlossenem Deckel etwa 8–10 Min. grillen, dabei einmal wenden und für ein gleichmäßiges Garen gegebenenfalls auf dem Rost umplatzieren, bis sie rundum gebräunt und durchgebraten sind. Warm servieren.

MIT PFLAUMEN GEFÜLLTE
GRILLWÜRSTE

10 MIN.
Zubereitungszeit
15–18 MIN.
Grillzeit

Für 4 Personen

4 große grobe Schweinsbratwürste (gebrüht)
16 getrocknete Pflaumen
Dijon-Senf
8 Scheiben Frühstücksspeck

Zahnstocher (nach Bedarf), mind. 30 Min. gewässert

1. Mit einem scharfen Messer die Würste der Länge nach vorsichtig bis kurz vor den Enden ein-, aber nicht durchschneiden, sodass später die Pflaumen in den Einschnitten mühelos Platz finden. Falls die Würste zu dünn sind, können Sie die Pflaumen auch längs halbieren.

2. Die Einschnitte innen großzügig mit Senf bestreichen, anschließend jeweils mit 4 Pflaumen füllen. Die Speckscheiben mit der flachen Messerklinge auf dem Schneidbrett etwas in die Länge ziehen, anschließend je 2 Speckscheiben leicht überlappend um die Grillwürste wickeln. Bei Bedarf mit gewässerten Zahnstochern fixieren.

3. Eine Zwei-Zonen-Glut für mittlere Hitze vorbereiten (siehe Seite 14–15).

4. Den Grillrost gründlich reinigen. Die Würste über ***direkter mittlerer Hitze*** bei geschlossenem Deckel 15–18 Min. grillen, dabei nach der Hälfte der Zeit einmal wenden und für ein gleichmäßiges Garen gegebenenfalls auf dem Rost umplatzieren, bis sie rundum schön gebräunt und durchgebraten sind. Warm servieren.

BRATWÜRSTE
MIT PIKANTEM PAPRIKA-ZWIEBEL-GEMÜSE

10 MIN. *Zubereitungszeit*
35–45 MIN. *Grillzeit*

Für 5 Personen

1 große rote Paprikaschote
1 große gelbe Paprikaschote
1 mittelgroße Jalapeño-Chilischote
1 mittelgroße rote Zwiebel, geschält
4 EL Butter
1 TL Fenchelsamen
½ TL grobes Meersalz
¼ TL frisch gemahlener schwarzer Pfeffer
250 ml helles Bier
2 EL scharfer Senf
5 rohe grobe Schweinsbratwürste
5 große Hot-Dog-Brötchen, längs auf-, aber nicht durchgeschnitten

1. Eine Zwei-Zonen-Glut für mittlere Hitze vorbereiten (siehe Seite 14–15).

2. Die Paprikaschoten putzen und waschen, Stielansatz und Kerne der Chilischote entfernen und wegwerfen. Die Paprikaschoten längs in knapp 1 cm breite Streifen schneiden. Die Chilischote fein hacken. Die Zwiebel längs halbieren und jede Hälfte quer in etwa 5 mm dicke Scheiben schneiden.

3. Den Grillrost gründlich reinigen. In einer 23 x 33 cm großen Einweg-Aluschale die Butter über ***direkter mittlerer Hitze*** zerlassen. Paprikaschoten, Chilischote, Zwiebel, Fenchelsamen sowie Salz und Pfeffer hineingeben und mit einer Grillzange gut vermischen. Das Gemüse über ***direkter mittlerer Hitze*** bei geschlossenem Deckel 10–15 Min. garen, bis es weich und stellenweise goldbraun ist, dabei ab und zu umrühren. Sollte es zu schnell bräunen, das Gemüse über indirekter Hitze bei geschlossenem Deckel fertig garen.

4. Sobald das Gemüse weich ist, Bier und Senf hinzufügen und alles mit der Grillzange durchmischen. Das Gemüse über indirekter Hitze warm halten.

5. Die Bratwürste über ***direkter mittlerer Hitze*** bei geschlossenem Deckel etwa 15 Min. grillen, bis sie leicht gebräunt sind, dabei alle paar Minuten wenden und gegebenenfalls auf dem Rost umplatzieren, damit sie gleichmäßig garen. Anschließend die Würste in die Aluschale zum Gemüse geben und mit den Paprikastreifen und Zwiebeln bedecken. Den Deckel wieder schließen und die Bratwürste bei indirekter Hitze 10–15 Min. garen, bis sie durchgebraten sind. Falls das Gemüse in dieser Zeit zu trocken wird, noch ein wenig Bier nachgießen.

6. Jede Bratwurst in einem Brötchen mit dem pikanten Paprika-Zwiebel-Gemüse anrichten und warm servieren.

25 MIN.
Zubereitungszeit
8–10 MIN.
Grillzeit

CURRY-WURST-SPIESSE

Für 4 Personen

3 große Kartoffeln
3 grobe Schweinsbratwürste (gebrüht), je 15 cm lang, Ø je etwa 2 ½ cm
½ mittelgroße rote Paprikaschote

FÜR DIE CURRYSAUCE
100 ml Ketchup
1 TL Currypulver
5 ml Apfelsaft

4 Holzspieße, mind. 30 Min. gewässert

1. Die ungeschälten Kartoffeln 20 Min. vorgaren, abseihen und ausdampfen lassen.

2. Eine Zwei-Zonen-Glut für mittlere Hitze vorbereiten (siehe Seite 14–15).

3. Jede Bratwurst in vier etwa gleich große Stücke schneiden. Die vorgegarten Kartoffeln nach Belieben schälen, anschließend vierteln. Die Paprika putzen, waschen und in 3 cm breite Streifen schneiden. Je 3 Wurststücke abwechselnd mit je 3 Kartoffelstücken und Paprikastreifen auf die Holzspieße stecken.

4. Den Grillrost gründlich reinigen. Die Spieße über **direkter mittlerer Hitze** bei geschlossenem Deckel 8–10 Min. grillen, dabei einmal wenden und für ein gleichmäßiges Garen gegebenenfalls auf dem Rost umplatzieren, bis die Würste rundum goldbraun und durchgebraten sind.

5. Inzwischen für die Currysauce den Ketchup mit dem Currypulver und dem Apfelsaft in einem Topf verrühren und bei schwacher Hitze durchwärmen. Die Spieße warm mit der Sauce servieren.

WÜRSTCHEN
IM SCHLAFROCK

10 MIN. Zubereitungszeit
10–15 MIN. Grillzeit

Für 4 Personen

- **4** belegfertige TK-Blätterteigscheiben
- **1** Ei
- **1 EL** Senf
- **½ EL** Meerrettich (Glas)
- **4 Scheiben** Gouda
- **8 Scheiben** Frühstücksspeck
- **4** Bratwürstchen, etwa 12 cm lang

1. Eine Zwei-Zonen-Glut für mittlere Hitze vorbereiten (siehe Seite 14–15).

2. Die Teigscheiben zu etwa 8 cm großen Quadraten ausschneiden. Das Ei trennen. Die Teigränder mit etwas Eiweiß, die Teigoberfläche dünn mit Senf und Meerrettich bestreichen. Eine Hälfte der Teigscheiben jeweils mit 1 Scheibe Käse und 2 Speckscheiben belegen und diagonal 1 Würstchen, das Sie zuvor mehrmals mit einer Nadel eingestochen haben, daraufsetzen. Gleichmäßig aufrollen, anschließend die Oberseite mit etwas Eigelb bestreichen.

3. Den Grillrost gründlich reinigen. Die Würstchen im Blätterteig über **indirekter mittlerer Hitze** bei geschlossenem Deckel 10–15 Min. grillen, dabei mehrmals wenden und für ein gleichmäßiges Garen gegebenenfalls auf dem Rost umplatzieren, bis die Teigtaschen goldbraun und die Würstchen gar sind.

BABY BACK RIBS
KOTELETTRIPPCHEN VOM SCHWEIN

Allein diese drei Wörter – Baby Back Ribs – lösen in mir Hungergefühle aus. Reich marmoriertes Fleisch von den Kotelettrippen des Schweins, nach Rauch und Gewürzen duftend, befriedigt mich so vollständig, dass ich gern einen ganzen Nachmittag damit zubringe, das kleine Glutbett zu hüten, über dem die Ribs gegrillt werden. Das allein schon ist ein besonderes (Grill-)Erlebnis. Die Krönung aber ist der Moment, wenn man dann zwei Rippen auseinanderzieht, dabei die knusprige, karamellisierte Oberfläche aufreißt und das wunderbar zarte Fleisch in seiner ganzen langsam gegarten Geschmacksharmonie zum Vorschein kommt.

Ich fürchte, eine Menge Leute wissen gar nicht, wie überaus köstlich gegrillte Kotelettrippchen sein können. Sie sollten einmal in die Südstaaten fahren und dort in einer authentischen Barbecue-Bude Baby Back Ribs bestellen … oder sie eben selbst zubereiten. Jedenfalls hat das eine oder andere nichts mit dem zu tun, was wir leider so häufig in Restaurantketten vorgesetzt bekommen: Ribs mit süßlich künstlichen Aromen überzogen. Nachfolgend zeige ich Ihnen ein paar Techniken zur Zubereitung von Ribs, die ich im Laufe der Jahre entwickelt habe. Wie so häufig beim Grillen, gibt es natürlich auch andere Methoden, aber mit dieser hier lernen Sie sozusagen die Basics.

DIE RIBS VORBEREITEN

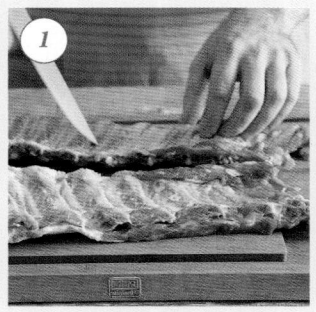 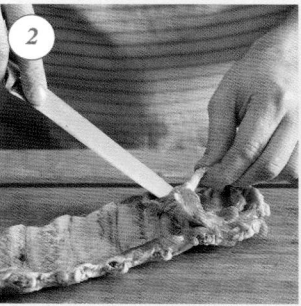 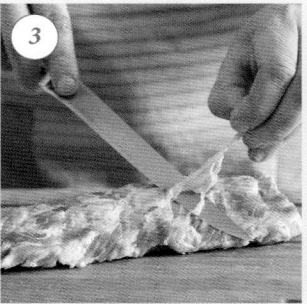 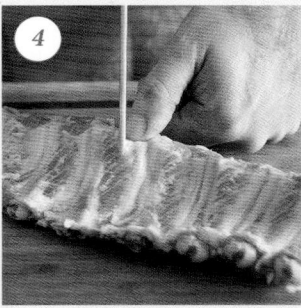

① Wählen Sie Rippenstücke mit reichlich Fleisch, möglichst etwa 2½ cm dick. ② Befreien Sie die Knochenseite vollständig von Fleisch oder Fett. ③ Entfernen Sie auf der Fleischseite Fettklumpen und harte Sehnen. ④ Schieben Sie auf der Knochenseite die Spitze eines Fleischthermometers direkt an einem Knochen unter die Haut.

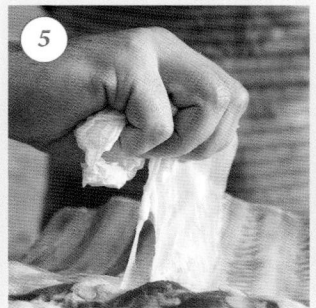  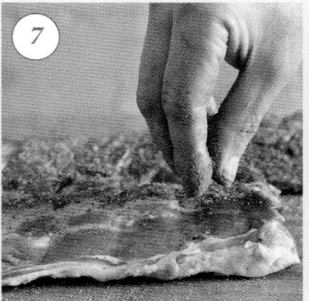 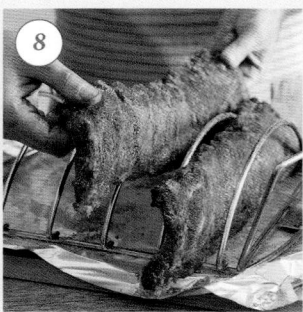

⑤ Halten Sie eine Ecke der Haut mit Küchenpapier fest und ziehen Sie die Silberhaut ab. ⑥ Würzen Sie die Ribs ein wenig auf der Rückseite und vergessen Sie die Ränder nicht! ⑦ Würzen Sie die Ribs großzügig auf der Fleischseite. ⑧ Stecken Sie die Ribs aufrecht so in einen Koteletthalter, dass alle Rippen gleich ausgerichtet sind.

DIE RIBS GRILLEN

Die wahren Könner von Barbecue-Ribs werden bis ans Ende aller Zeiten über ihre Würzmischungen und Saucen streiten, darüber, wann das Räuchern beginnen muss und mit welchem Holz, ob die Ribs in Alufolie gewickelt fertig gegrillt werden sollten und über zahlreiche andere Punkte ihrer Zubereitung. Nur über eine Sache sind sich alle einig: Die Rippenstücke müssen unbedingt bei niedriger Temperatur über mehrere Stunden, also langsam gegart werden. Andernfalls werden Sie auf etwas herumkauen, was so trocken und zäh ist wie der Deckel dieses Buches. Sorgen Sie für eine gleichmäßige Glut auf einer Seite neben den Ribs und halten Sie die Hitze zwischen 120 °C und 150 °C, indem Sie den Lüftungsschieber am Grilldeckel öffnen und schließen.

① Zu Beginn liegen die Knochenseiten der Ribs den glühenden Kohlen zugewandt. ② Die eingeweichten Holzstücke abtropfen lassen und auf die heiße Glut legen. ③ Den Lüftungsschieber des Deckels so regulieren, dass die Grilltemperatur konstant zwischen 120 °C und 150 °C liegt. ④ Etwa jede Stunde 8–10 frische Briketts nachlegen. ⑤ Dann auch behutsam die Asche ausfegen, damit die unteren Lüftungsschieber nicht verstopfen. ⑥ Die Würzsauce (siehe Seite 110), mit der die Ribs während des Grillens bestrichen werden, macht das Fleisch noch saftiger und geschmacksintensiver. ⑦ Die Ribs sind gar, wenn der Großteil der Knochenenden 5–6 mm frei liegt. Wenn Sie ein Rippenstück an einem Ende hochheben, sollte es biegsam und das Fleisch so zart sein, dass es reißt, wenn man die Ribs auseinanderbiegt. ⑧ Zum Schluss werden die Ribs noch mit der Barbecue-Sauce (siehe Seite 110) bestrichen und ein paar Minuten weitergegrillt, bis die Oberfläche schön knusprig ist. Die Gesamtgrillzeit liegt bei 3–4 Std.

KLASSISCHE BABY BACK RIBS

30 MIN. *Zubereitungszeit*
3–4 STD. *Grillzeit*

Für 4–6 Personen

FÜR DIE WÜRZMISCHUNG
- **2 EL** grobes Meersalz
- **2 EL** Paprikapulver
- **4 TL** Knoblauchgranulat
- **4 TL** reines Chilipulver
- **2 TL** frisch gemahlener schwarzer Pfeffer
- **1 TL** gemahlener Kreuzkümmel

4 Baby Back Ribs aus der Kotelettrippe, je 1–1 ¼ kg

FÜR DIE BARBECUE-SAUCE
- **175 ml** Apfelsaft
- **125 ml** Ketchup
- **3 EL** Apfelessig
- **2 TL** Sojasauce
- **1 TL** Worcestersauce
- **1 TL** Melasse (Reformhaus)
- **½ TL** reines Chilipulver
- **½ TL** Knoblauchgranulat
- **¼ TL** frisch gemahlener schwarzer Pfeffer

FÜR DIE WÜRZSAUCE
- **250 ml** Apfelsaft
- **3 EL** Apfelessig
- **2 EL** Butter
- **2 EL** Barbecue-Sauce (siehe oben)

1 Koteletthalter
4 mittelgroße Chunks Hickoryholz, mind. 30 Min. gewässert

1. Die Zutaten für die Würzmischung vermengen.

2. Jeweils auf der Rückseite der Ribs die Spitze eines Fleischthermometers direkt an einem Knochen unter die Haut schieben. Die Haut anheben und lockern, bis sie reißt, dann eine Ecke mit einem Stück Küchenpapier festhalten und die Haut vollständig abziehen. Anschließend die Ribs rundum mit der Würzmischung bestreuen. Die Rippenstücke so in einen Koteletthalter stecken, dass alle Rippen gleich ausgerichtet sind (siehe auch Seite 108).

3. Eine Zwei-Zonen-Glut für schwache Hitze vorbereiten (siehe Seite 14–15). Die Glut sollte gerade ein Drittel des Kohlerosts bedecken. Eine große Tropfschale auf die leere Seite stellen und zur Hälfte mit warmem Wasser füllen.

4. Von dem Hickoryholz 2 Stücke abtropfen lassen und auf die heiße Glut legen. Den Grillrost einsetzen. Den Koteletthalter über *indirekte schwache Hitze* stellen, dabei sollen die Knochenseiten der Ribs der Glut zugewandt sein. Den Deckel schließen, den Lüftungsschieber im Deckel halb schließen und die Ribs 1 Std. räuchern. In dieser Zeit die Hitze zwischen 120 °C und 150 °C durch Öffnen und Schließen des Schiebers halten (siehe auch Seite 109). In der Zwischenzeit die Barbecue- und Würzsauce zubereiten.

5. Die Zutaten für die Barbecue-Sauce in einem kleinen Topf verrühren und auf mittlerer Stufe ein paar Minuten köcheln lassen. Vom Herd nehmen. In einem zweiten kleinen Topf die Zutaten für die Würzsauce mischen. Einige Minuten auf mittlerer Stufe köcheln lassen, bis die Butter geschmolzen ist. Vom Herd nehmen.

6. Nach 1 Std. Grillzeit 8–10 frische Briketts nachlegen und die übrigen 2 Stücke Hickoryholz (abgetropft) auf die Glut legen. Die Ribs mit etwas Würzsauce bestreichen. In den wenigen Minuten, die Sie dafür brauchen, werden sich auch die frischen Briketts leichter entzünden, da der Deckel geöffnet ist. Die Ribs bei geschlossenem Deckel 1 Std. zwischen 120 °C und 150 °C weiterräuchern.

7. Nach 2 Std. Grillzeit erneut 8–10 frische Briketts nachlegen. Die Ribs vorsichtig aus dem Koteletthalter nehmen und auf einer sauberen Arbeitsfläche großzügig mit der Würzsauce bestreichen. Die Ribs wieder gleich ausgerichtet in den Halter stecken, diesmal jedoch so, dass die bisher nach unten gerichteten Seiten nach oben zeigen. Ribs, die schneller zu garen scheinen, stecken Sie jetzt in den hinteren Teil des Halters, also weiter von der Glut entfernt. Die Ribs 1 weitere Std. bei 120–150 °räuchern.

8. Nach 3 Std. Grillzeit machen Sie die erste Garprobe: Die Ribs sind fertig, wenn der Großteil der Knochenenden 5–6 mm frei liegt, die Ribs sich beim Anheben an einer Ecke in der Mitte biegen und das Fleisch leicht reißt. Andernfalls müssen sie weitergegart werden, wobei nicht alle Ribs gleichzeitig fertig werden. Beachten Sie, dass die Gesamtgrillzeit 3–4 Std. beträgt. Die fertigen Ribs mit ein wenig Barbecue-Sauce bestreichen und nach Belieben ein paar Minuten über direkte Hitze legen, bis sie knusprig sind. Auf ein Backblech geben, fest in Alufolie einschlagen und 10–15 Min. nachziehen lassen. Die Ribs warm mit der restlichen Barbecue-Sauce servieren.

DER WEBER SPEZIAL TIPP

AMY ANDERSON

Anfangs nahm Amy Anderson bei amerikanischen Barbecue-Wettstreits alleine teil. Sie nannte sich »Smokin' Bullet«, weil ihr bevorzugter Grill »The Bullet« war – ein Weber® Smokey Mountain Cooker™ Räuchergrill. Das war vor etwa 20 Jahren. Dann trat Amy unter dem Namen »Mad Momma & the Kids« zusammen mit ihrer Mutter auf und gewann im Jahr 2000 die Weltmeisterschaft in Irland. Als nächste kam Melanie Tapia dazu, und Amy und ihre Mitstreiterinnen siegten bei den Landesmeisterschaften in Washington, Kalifornien, Arizona und Idaho – jedes Mal mit dem »Bullet«-Grill.

LIVE FIRE WISDOM

Amy und Melanie, die inzwischen ihr eigenes Restaurant, das Ranch House BBQ, betreiben, raten bei der Zubereitung ihrer preisgekrönten Ribs im Stil der amerikanischen Nordwestküste dazu, einige Stücke trockenes Kirsch- und Apfelholz zusammen mit ein wenig Mesquiteholz auf die Glut zu legen. Eine süße, milde Kombination, die die Würzmischung und Sauce dieses Rezepts wunderbar ergänzt.

RIBS
VOM RANCH HOUSE BBQ

Für 4–6 Personen

4 Baby Back Ribs aus der Kotelettrippe

FÜR DIE WÜRZMISCHUNG
2 EL Gewürzsalz (vorzugsweise von Lawry's)
1 EL Zucker
1 EL reines Chilipulver
1 EL edelsüßes Paprikapulver
1 TL frisch gemahlener schwarzer Pfeffer
1 TL Knoblauchpulver
1 TL Zwiebelpulver
1 TL getrocknete italienische Kräutermischung

4 EL Senf

FÜR DIE SAUCE
250 ml Ketchup
80 ml Apfelessig
2 EL brauner Zucker
4 TL Worcestersauce
1 EL Honig
1 EL Melasse (Reformhaus)
½ TL Knoblauchpulver

4 faustgroße Chunks Apfel-, Kirsch- und Mesquiteholz, nicht gewässert

1. Einen Räuchergrill (siehe Seite 24–25) vorbereiten, indem Sie 3 Anzündwürfel in der Brennkammer anzünden. Dann den Anzündkamin eineinhalbmal mit unangezündeten Briketts füllen und die Briketts gleichmäßig in der Brennkammer verteilen. Die unteren Lüftungsschieber vollständig öffnen, bis nach etwa 20 Min. die Briketts mit weißer Asche bedeckt sind.

2. In der Zwischenzeit jeweils auf der Knochenseite der Ribs die Spitze eines Fleischthermometers direkt an einem Knochen unter die Haut schieben. Die Haut anheben und lockern, bis sie reißt, dann eine Ecke mit einem Stück Küchenpapier festhalten und die Haut vollständig abziehen (siehe Seite 108).

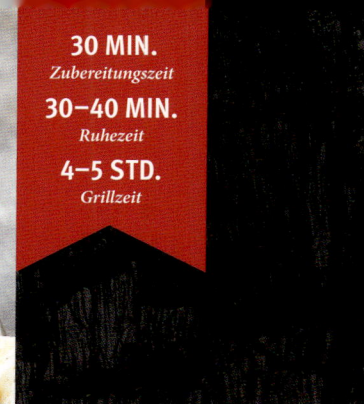

30 MIN. Zubereitungszeit
30–40 MIN. Ruhezeit
4–5 STD. Grillzeit

3. In einer Schüssel die Zutaten für die Würzmischung vermengen. Beide Seiten der Ribs mit ein wenig Senf bestreichen, anschließend gleichmäßig mit der Würzmischung bestreuen. Die Ribs 30–40 Min. bei Zimmertemperatur ruhen lassen.

4. Wenn die Briketts mit weißer Asche überzogen sind, den Wasserbehälter einsetzen und zu drei Vierteln mit warmem Wasser füllen. Die beiden Grillroste auflegen. Den Deckel schließen, den Lüftungsschieber am Deckel vollständig öffnen und ein Thermometer in eine der Öffnungen stecken. Sobald die Temperatur auf 175 °C oder höher gestiegen ist, die unteren Lüftungsschieber vollständig schließen. Die Temperatur wird langsam auf 110 bis 120 °C zurückgehen. Jetzt die unteren Lüftungsschieber halb öffnen und 2 Holzstücke auf die Glut legen. Die Tür sofort wieder schließen, damit die Hitze gehalten wird.

5. Die Ribs in einen Koteletthalter stecken und diesen mittig auf den oberen Grillrost setzen, dabei gegebenenfalls die Enden der Ribs so wegbiegen, dass sie auf den Rost passen. Den Deckel schließen. Prüfen Sie jetzt noch einmal, ob die unteren Lüftungsschieber mindestens zur Hälfte geöffnet sind. Die Ribs 3 ½–4 Std. räuchern, bei einer möglichst konstanten Temperatur von 110–120 °C, bis einige Knochenenden etwa 1 ¼ cm frei liegen. Nach 2 Std. Räuchern die restlichen Holzstücke auf die Glut legen. Wenn die Hitze zu stark steigt, die unteren Lüftungsschieber noch etwas mehr schließen, wenn sie zu sehr sinkt, die Lüftungsschieber weiter öffnen. Sobald Sie die Lüftungsschieber ganz öffnen müssen, 8–10 im Anzündkamin vorgeglühte und mit weißer Asche überzogene Briketts nachlegen.

6. Während die Rippenstücke räuchern, die Sauce zubereiten. Dafür die Zutaten in einem kleinen Topf zu einer glatten Sauce verrühren und auf dem Herd bei mittlerer Hitze ein paar Minuten köcheln lassen, dabei gelegentlich umrühren. Den Topf vom Herd nehmen.

7. Wenn mehrere Knochenenden der Rippen frei liegen, die Ribs mit ein wenig Sauce bestreichen. Dafür den Koteletthalter aus dem Räuchergrill nehmen und den Deckel sofort wieder schließen, damit die Hitze gehalten wird. Die Rippenstücke auf eine saubere Arbeitsfläche legen und jeweils beide Seiten dünn mit der Sauce bestreichen. Anschließend die Ribs zurück in den Halter stecken, diesmal jedoch so, dass die bisher nach unten gerichteten Seiten nach oben zeigen. Den Koteletthalter wieder auf den Grillrost stellen und die Ribs weitere 30–60 Min. räuchern, bis das Fleisch butterzart ist und leicht reißt, wenn Sie zwei Rippen auseinanderbiegen. Nach Belieben die Ribs noch einmal mit etwas Sauce bestreichen, vom Grill nehmen und und warm servieren.

ÜBER KIRSCHHOLZ GERÄUCHERTE
VIETNAMESISCHE SPARERIBS

25 MIN. *Zubereitungszeit*
12–24 STD. *Marinierzeit*
3–4 STD. *Grillzeit*

Für 4–6 Personen

FÜR DIE MARINADE
- **60 ml** vietnamesische Fischsauce (Nuoc Mam)
- **60 ml** frisch gepresster Orangensaft
- **4 EL** fein gehacktes frisches Koriandergrün
- **3 EL** Vollrohrrohzucker
- **2 EL** Sojasauce
- **2 TL** fein abgeriebene Schale von 1 Bio-Limette
- **1 EL** frisch gepresster Limettensaft
- **1 EL** fein gehackter Knoblauch
- **1 EL** fein gehackter frischer Ingwer

- **2** Schälrippchen (Spareribs), je etwa 1 ¼–1 ½ kg
- **5 EL** grob gehacktes frisches Koriandergrün

- **4 kleine Handvoll** Kirschholz-Chips, mind. 30 Min. gewässert

1. Die Zutaten für die Marinade verrühren.

2. Das über den Knochen hängende Fleisch der Spareribs abschneiden und wegwerfen, anschließend die Ribs wie in Step 4 und 5 auf Seite 108 beschrieben vorbereiten.

3. Die Spareribs in einen sehr großen, wiederverschließbaren Plastikbeutel legen und mit der Marinade übergießen. Die Luft aus dem Beutel streichen und den Beutel fest verschließen. Mehrmals wenden, damit die Ribs gleichmäßig von der Marinade überzogen sind. Die Spareribs über Nacht oder bis zu 24 Std. im Kühlschrank marinieren und gelegentlich wenden.

4. Eine Zwei-Zonen-Glut für schwache Hitze vorbereiten (siehe Seite 14–15). Eine Tropfschale auf die leere Seite des Kohlerosts stellen und die Schale zur Hälfte mit warmem Wasser füllen.

5. Die Spareribs vor dem Grillen 20–30 Min. Zimmertemperatur annehmen lassen. Aus dem Beutel nehmen und die Marinade in einen kleinen Topf gießen. Die Marinade auf dem Herd aufkochen, dann 30 Sek. sanft köcheln lassen. Vom Herd nehmen und beiseitestellen.

6. Die Hälfte der Chips abtropfen lassen und auf die Glut geben. Den Grillrost gründlich reinigen. Wenn die Chips zu rauchen beginnen, die Spareribs mit der Knochenseite nach unten über **indirekter schwacher Hitze** 1 Std. räuchern.

7. Nach 1 Std. 8–10 frische Briketts auf der Glut verteilen. Die andere Hälfte der Chips abtropfen lassen und auf die Glut geben. Die Spareribs mit der Marinade bestreichen und bei geschlossenem Deckel 2–3 Std. weiterräuchern, bis das Fleisch ganz zart ist und die Knochenenden 5–6 mm frei liegen. In dieser Zeit die Ribs alle 30 Min. mit Marinade bestreichen und gegebenenfalls auf dem Rost umplatzieren und jede Stunde 8–10 frische Briketts nachlegen.

8. Die fertigen Spareribs vom Grill nehmen, mit Alufolie abdecken und 10–15 Min. nachziehen lassen. In einzelne Portionen schneiden, mit dem Koriandergrün bestreuen und servieren.

SPARERIBS NACH ST-LOUIS-ART VORBEREITEN

① Das spitz zulaufende Ende der Rippenstücke, das kaum Fleisch hat, abschneiden. ② Die zähen Fleischteile an der Seite, die sich unterhalb der waagerecht verlaufenden Fettauflage befinden, ebenfalls abschneiden. ③ Die Fleischseite der Spareribs von überschüssigem Fett, Bindegewebe und Sehnen befreien. Das über den Knochen hängende Fleisch ebenfalls entfernen.

SCHWEIN

DER WEBER SPEZIAL TIPP

Charcoal Fanatics
HOLZKOHLE-FAN

DAVE BIONDI

Dave Biondi widmet sich in seinem Ruhestand der Beschaulichkeit des Barbecue. Nach 30 Jahren als Bewährungshelfer in einigen schwierigen Wohngegenden um Oakland, Kalifornien, fand er, es sei an der Zeit, sich zu entspannen. Er kaufte sich einen kleinen Räuchergrill für den Garten und brachte sich selbst das Grillen von ansehnlichen Spareribs bei. Dann traf er auf einen ähnlich gesinnten Barbecue-Liebhaber, Ric Gilbert, der bei Kochwettbewerben einen Preis nach dem anderen gewann. Ric lud Dave in sein Team ein und entfachte damit seine unstillbare Leidenschaft nach dem perfekten Barbecue.

LIVE FIRE WISDOM

Dave hat dieses Rezept nach einer kulinarischen Reise durch die legendären Barbecue-Restaurants von Memphis, Tennessee, entwickelt. Dort werden die Spareribs traditionell »trocken« bereitet, das heißt, sie werden kurz vor dem Servieren mit einer essighaltigen Sauce begossen und mit einer trockenen Würzmischung überzogen. Dave tendiert zu der wachsenden Vorliebe in Memphis zu »nassen« Spareribs, die großzügig mit einer milden, süßen Barbecue-Sauce auf Tomatenbasis bestrichen werden. Was allen großartigen Spareribs jedoch gemeinsam ist, ist das Räuchern. Für Daves Rezept sollten Sie Eichen- und Apfelholz verwenden – auf keinen Fall aber Hickory, da sein dominantes Aroma Daves wunderbar ausgewogene Sauce überdecken würde.

DAVES SPARERIBS
IM NEUEN MEMPHIS-STIL

Für 6 Personen

3 Schälrippchen (Spareribs), je 1 ¼–1 ½ kg
250 ml Apfelsaft
Saft von **1** Zitrone

FÜR DIE WÜRZMISCHUNG

1 EL brauner Zucker
1 EL grobes Meersalz
1 EL Paprikapulver
1 EL reines Chilipulver
½ EL gemahlener Kreuzkümmel
½ EL Knoblauchgranulat
1 TL Senfpulver
¼ TL Cayennepfeffer
¼ TL frisch gemahlener schwarzer Pfeffer

FÜR DIE SAUCE

500 ml Ketchup
100 g brauner Zucker
60 ml Apfelessig
2 EL Senf
2 TL frisch gemahlener schwarzer Pfeffer
2 TL grobes Meersalz
1 TL Worcestersauce
1 TL Knoblauchgranulat
Saft von **½** Zitrone

125 ml Apfelsaft (in eine Sprühflasche gefüllt)

3 faustgroße Chunks Eichen-/Apfelholz, nicht gewässert

40 MIN.
Zubereitungszeit

3–6 STD.
Marinierzeit

5–6 STD.
Grillzeit

1. Das über den Knochen hängende Fleisch der Spareribs abschneiden und wegwerfen. Auf der Rückseite die Spitze eines Fleischthermometers direkt an einem Knochen unter die Haut schieben. Die Haut anheben und lockern, bis sie reißt, dann eine Ecke mit einem Stück Küchenpapier festhalten und die Haut vollständig abziehen (siehe Seite 108). Die Spareribs in einen großen Bräter oder ein tiefes Backblech legen, mit dem Apfel- und Zitronensaft übergießen und einige Male im Saft wenden, damit sie gleichmäßig überzogen sind. Abdecken und 1–2 Std. kalt stellen.

2. In einer Schüssel die Zutaten für die Würzmischung vermengen.

3. Die Spareribs aus dem Kühlschrank nehmen. Den Saft abgießen (er wird nicht mehr gebraucht) und die Spareribs rundum mit der Würzmischung bestreuen. Im Bräter oder Backblech abgedeckt weitere 2–4 Std. kalt stellen. 1 Std. vor dem Grillen aus dem Kühlschrank nehmen.

4. Einen **Weber® Smokey Mountain Cooker™** Räuchergrill auf 110–120 °C bringen (siehe Seite 24–25). Die Eichen-/Apfelholzstücke auf die heiße Glut legen.

5. Die Grillroste gründlich reinigen. Die Spareribs mit der Knochenseite nach unten so auf die beiden Roste im Räuchergrill legen, dass sie in einer Lage daraufpassen. Die Garzeit beträgt ab jetzt um die 5–6 Std. Die Ribs sind fertig, wenn die Knochenenden 5–6 mm frei liegen (an manchen Knochen werden es sogar bis zu 2 ½ cm sein) und das Fleisch ganz leicht reißt, wenn Sie die Ribs mit der Grillzange an einem Ende anheben. In der Zwischenzeit die Sauce zubereiten.

6. In einem mittelgroßen Topf alle Zutaten für die Sauce bis auf den Zitronensaft vermischen und auf dem Herd bei schwacher Hitze etwa 20 Min. köcheln lassen, gelegentlich umrühren. Den Zitronensaft zufügen und weitere 5 Min. köcheln lassen. Den Topf vom Herd nehmen.

7. Nach etwa 3 Std. Räucherzeit sollten Sie damit beginnen, alle 30 Min. die Fleischseite der Spareribs mit Apfelsaft zu besprühen, dann bräunen sie besser. Sobald die Spareribs aussehen, als würden sie auf einer Seite verkohlen, die Ribs vom Grill nehmen (schließen Sie schnell wieder den Deckel, um die Hitze zu halten), einzeln in Alufolie schlagen und zurück in den Räuchergrill legen. Etwa 30 Min., bevor sie gar sind, auf beiden Seiten mit etwas Sauce bestreichen.

8. Die fertigen Spareribs auf einem Schneidbrett einige Minuten nachziehen lassen. In einzelne Portionen schneiden und warm mit der restlichen Sauce servieren.

30 MIN. *Zubereitungszeit*
15–20 MIN. *Grillzeit*

SCHWEINEFILETS
AUF CAJUN-ART MIT BOHNENSALAT

Für 4–6 Personen

FÜR DEN SALAT
- **2 EL** Öl (vorzugsweise Erdnussöl)
- **2 dicke Scheiben** Frühstücksspeck, in 1 cm große Würfel geschnitten
- **100 g** Zwiebeln, fein gewürfelt
- **1 Stange** Sellerie, fein gewürfelt
- **1 kleine** rote Paprikaschote, fein gewürfelt
- **1 Dose** rote Bohnen (etwa 280 g Abtropfgewicht), die Bohnen abgespült und abgetropft
- **1 Dose** Pinto- bzw. Wachtelbohnen (etwa 280 g Abtropfgewicht), die Bohnen abgespült und abgetropft
- **2 EL** Dijon-Senf, **2 EL** Zucker
- **1 EL** Apfelessig, **½ TL** Tabasco
- **¼ TL** grobes Meersalz
- **3 EL** fein gehackte frische glatte Petersilie

FÜR DIE WÜRZMISCHUNG
- **2 TL** fein gehackte frische Thymianblättchen
- **1½ TL** grobes Meersalz
- **Je 1 TL** Knoblauch- und Zwiebelgranulat
- **1 TL** Paprikapulver
- **1 TL** brauner Zucker
- **¾ TL** frisch gemahlener schwarzer Pfeffer
- **¼ TL** Cayennepfeffer

- **2** Schweinefilets am Stück, je etwa 500 g, küchenfertig vorbereitet
- **2 EL** Dijon-Senf
- Öl (vorzugsweise Erdnussöl)

1. Das Öl in einer Pfanne (Ø 26 cm) auf mittlerer Stufe erhitzen und den Speck darin unter gelegentlichem Rühren etwa 2 Min. braten. Die Zwiebeln hinzufügen und in 3–4 Min. unter gelegentlichem Rühren glasig dünsten. Sellerie und Paprika dazugeben und 2–3 Min. mitdünsten, ab und zu umrühren. Die restlichen Zutaten für den Salat bis auf die Petersilie untermischen. Etwa 5 Min. weitergaren, dabei ab und zu umrühren. Die Pfanne vom Herd nehmen und den Salat auf Zimmertemperatur abkühlen lassen. In eine Schüssel geben und mit Salz abschmecken. Kurz vor dem Servieren mit der Petersilie bestreuen.

2. In einer kleinen Schüssel die Zutaten für die Würzmischung vermengen. Die Filets rundum mit Senf bestreichen, anschließend kräftig mit der Würzmischung einreiben und zuletzt dünn mit Öl bepinseln. Vor dem Grillen 20–30 Min. bei Zimmertemperatur ruhen lassen.

3. Eine Zwei-Zonen-Glut für mittlere Hitze vorbereiten (siehe Seite 14–15).

4. Den Grillrost gründlich reinigen. Die Filets über **direkter mittlerer Hitze** bei geschlossenem Deckel 15–20 Min. grillen, bis sie außen gleichmäßig schön gebräunt, innen aber noch leicht rosa sind und eine Kerntemperatur von rund 65 °C haben. In dieser Zeit etwa alle 5 Min. wenden und gegebenenfalls umplatzieren, damit sie gleichmäßig garen. Die Filets vom Grill nehmen und 3–5 Min. nachziehen lassen. Vor dem Servieren quer zur Faser in Scheiben schneiden und warm mit dem mit Petersilie bestreuten Bohnensalat servieren.

SCHWEINEFILET KÜCHENFERTIG VORBEREITEN

① *Die sehnenreiche Auflage des Filets heißt Silberhaut. Mit der Spitze eines scharfen Messers ein Ende der Silberhaut ablösen.* ② *Das abgelöste Ende mit den Fingern festhalten und mit dem Messer die Haut abtrennen.* ③ *Das küchenfertige Filet sollte möglichst vollständig von der Silberhaut befreit sein.*

SCHWEINEFILET
TEXANISCH

15 MIN. *Zubereitungszeit*
MIND. 1 STD. *Marinierzeit*
15 MIN. *Grillzeit*

Für 4 Personen

FÜR DIE MARINADE
1 gestrichener TL Kreuzkümmelsamen
1 gehäufter TL Fenchelsamen
2 Gewürznelken
1 gestrichener EL Paprikapulver
abgeriebene Schale und Saft von **1** Bio-Orange
10 Zweige frischer Thymian, die Blättchen abgezupft
4 Knoblauchzehen, geschält, grob gehackt
150 ml Ketchup
70 ml Balsamico-Essig

2 Schweinefilets am Stück, je etwa 500 g
10 Stängel frisches Koriandergrün, Blätter abgezupft

2 Weber® Doppelspieße

1. Kreuzkümmel, Fenchelsamen und Nelken im Mörser zerstoßen und mit den restlichen Zutaten zu einer Marinade vermischen. Die Filets in einen großen, wiederverschließbaren Plastikbeutel legen und mit der Marinade übergießen. Die Luft aus dem Beutel streichen und den Beutel fest verschließen. Mehrmals wenden, damit die Filets gleichmäßig von der Marinade überzogen sind. Mind. 1 Std. marinieren lassen.

2. Eine Zwei-Zonen-Glut für mittlere Hitze vorbereiten (siehe Seite 14–15).

3. Das Fleisch aus der Marinade nehmen und abtropfen lassen (die Marinade wird nicht mehr gebraucht). Die Filets an den Längsseiten nebeneinanderlegen und quer mit den beiden Doppelspießen durchstechen.

4. Den Grillrost gründlich reinigen. Das Fleisch über **direkter mittlerer Hitze** bei geöffnetem Deckel in 7 Min. rundum Farbe annehmen lassen, dann über **indirekter mittlerer Hitze** bei geschlossenem Deckel etwa 8 Min. grillen, bis es im Kern noch leicht rosa ist. In dieser Zeit die Filets bei Bedarf auf dem Rost umplatzieren, damit sie gleichmäßig garen. Fertige Filets vom Grill nehmen.

5. Die Filets nach Belieben auf einer Servierplatte anrichten, mit dem Koriandergrün bestreuen und servieren.

SCHWEINENACKENSTEAKS
MIT KÜRBISKERNEN

5 MIN.
Zubereitungszeit
5–10 MIN.
Grillzeit

Für 4 Personen

FÜR DIE WÜRZMISCHUNG
80 g Kürbiskerne
20 g weiße Sesamsamen
1 TL grobes Meersalz
20 g schwarze Pfefferkörner, zerstoßen

20 ml Olivenöl
10 g Dijon-Senf

4 Schweinenackensteaks, je 250–300 g und etwa 2 ½ cm dick

1. In einer kleinen Schüssel die Zutaten für die Würzmischung vermengen.

2. Eine Zwei-Zonen-Glut für starke Hitze vorbereiten (siehe Seite 14–15).

3. Das Öl mit dem Senf verrühren. Die Steaks auf beiden Seiten dünn damit bestreichen, anschließend in einer flachen Schale in der Würzmischung wenden, bis sie vollständig davon bedeckt sind. Die Steaks vor dem Grillen 20–30 Min. bei Zimmertemperatur ruhen lassen.

4. Den Grillrost gründlich reinigen. Die Steaks über ***direkter starker Hitze*** bei geschlossenem Deckel 3–5 Min. grillen, in dieser Zeit einmal wenden und für ein gleichmäßiges Garen gegebenenfalls auf dem Rost umplatzieren. Dann über ***indirekter starker Hitze*** bei geschlossenem Deckel 2 bis 5 Min. weitergrillen, bis sie gar sind.

5. Die Steaks vom Grill nehmen und 3–5 Min. nachziehen lassen. Warm servieren.

SCHWEINEKOTELETTS
MIT BALSAMICO-PASTE

10 MIN. *Zubereitungszeit*
12 MIN. *Grillzeit*

Für 4 Personen

4 Schweinekoteletts, je 3 cm dick
50 g schwarze Pfefferkörner
4 Knoblauchzehen, geschält, grob gehackt
20 g frischer Thymian, Blättchen abgezupft
1 frische rote Chilischote, grob gehackt
20 ml Balsamico-Essig
90 ml Olivenöl

1. Eine Zwei-Zonen-Glut für mittlere Hitze vorbereiten (siehe Seite 14–15).

2. Die Koteletts von überschüssigem Fett befreien, den Fettrand mit einem scharfen Messer jeweils dreimal einschneiden.

3. Pfefferkörner, Knoblauch, Thymian und Chili in einem Mörser grob zerstoßen. Essig und Öl zugeben und alles zu einer Paste verarbeiten. Die Koteletts auf beiden Seiten mit der Paste bestreichen.

4. Den Grillrost gründlich reinigen. Die Koteletts über *direkter mittlerer Hitze* bei geschlossenem Deckel auf beiden Seiten jeweils 3 Min. grillen, anschließend über *indirekter mittlerer Hitze* bei geschlossenem Deckel in etwa 6 Min. gar ziehen lassen.

SCHWEINEKOTELETTS
MIT GORGONZOLA

10 MIN. *Zubereitungszeit*
12–15 MIN. *Grillzeit*

Für 4 Personen

4 Schweinekoteletts
Olivenöl
Meersalz und frisch gemahlener schwarzer Pfeffer
80 g Rucola, gewaschen und verlesen
200 g Gorgonzola, in 4 Scheiben geschnitten

1. Eine Zwei-Zonen-Glut für starke Hitze vorbereiten (siehe Seite 14–15).

2. Die Koteletts auf beiden Seiten dünn mit Olivenöl bestreichen und mit Salz und Pfeffer würzen.

3. Den Grillrost gründlich reinigen. Die Koteletts über *direkter starker Hitze* bei geschlossenem Deckel je nach Dicke etwa 7–10 Min. grillen, bis sie fast durchgegart sind. In dieser Zeit einmal wenden und für ein gleichmäßiges Garen gegebenenfalls auf dem Rost umplatzieren. Die Koteletts anschließend über *indirekte starke Hitze* legen. Die Rucolablätter auf das Fleisch geben und jedes Kotelett mit 1 Gorgonzolascheibe belegen. Die Koteletts 5 Min. bei geschlossenem Deckel indirekt weitergrillen, bis der Käse geschmolzen ist.

FILETKOTELETTS
MIT WHISKY-BARBECUE-SAUCE

10 MIN. *Zubereitungszeit*
8–12 MIN. *Grillzeit*

Für 4 Personen

FÜR DIE WÜRZMISCHUNG
2 TL Paprikapulver
1 TL brauner Zucker
1 TL grobes Meersalz
½ TL frisch gemahlener schwarzer Pfeffer
½ TL Knoblauchgranulat
½ TL Zwiebelgranulat
¼ TL gemahlener Kreuzkümmel
1 kräftige Prise gemahlene Gewürznelken
Cayennepfeffer

FÜR DIE SAUCE
5 EL fertige Steaksauce
5 EL Ketchup
4 EL Scotch Whisky
2 EL Dijon-Senf
2 EL brauner Zucker
½ TL Zwiebelgranulat

grobes Meersalz
frisch gemahlener schwarzer Pfeffer

4 Filetkoteletts vom Schwein, je 300–350 g und etwa 3 cm dick
Erdnussöl

1 große Handvoll Hickoryholz-Chips, mind. 30 Min. gewässert

1. In einer kleinen Schüssel die Zutaten für die Würzmischung vermengen.

2. In einem kleinen Topf mit schwerem Boden die Zutaten für die Sauce verrühren. Auf dem Herd bei starker Hitze aufkochen, anschließend bei schwacher Hitze 20 Min. unter häufigem Rühren köcheln lassen. Die Sauce mit Salz und Pfeffer abschmecken.

3. Die Koteletts auf beiden Seiten dünn mit Öl bestreichen und kräftig mit der Würzmischung einreiben. Vor dem Grillen 20–30 Min. bei Zimmertemperatur ruhen lassen.

4. Eine Zwei-Zonen-Glut für starke Hitze vorbereiten (siehe Seite 14–15).

5. Die Chips abtropfen lassen und über die Glut streuen. Den Grillrost gründlich reinigen. Die Koteletts über **direkter starker Hitze** bei geschlossenem Deckel 6–8 Min. scharf anbraten, bis sie das typische Grillmuster annehmen, dabei einmal wenden und bei Bedarf auf dem Rost umplatzieren, damit sie gleichmäßig garen. Anschließend die Koteletts über **indirekter starker Hitze** bei geschlossenem Deckel 2–4 Min. weitergrillen, bis das Fleisch innen rosa und saftig ist. Vom Grill nehmen und 3–5 Min. nachziehen lassen. In der Zwischenzeit die Sauce über direkter Hitze aufwärmen. Die Koteletts warm mit der Sauce servieren.

IN ORANGENSAFT UND INGWER MARINIERTE
STIELKOTELETTS

10 MIN. *Zubereitungszeit*
1–2 STD. *Marinierzeit*
5–10 MIN. *Grillzeit*

Für 4 Personen

FÜR DIE MARINADE
250 ml frisch gepresster Orangensaft
2 TL geriebener frischer Ingwer
1 TL fein gehackter Knoblauch
1 TL dunkles Sesamöl, **½ TL** grobes Meersalz
¼ TL Chiliflocken

4 Stielkoteletts vom Schwein mit Rippenknochen, je etwa 2 cm dick
Öl
½ TL grobes Meersalz
¼ TL frisch gemahlener schwarzer Pfeffer

1. In einer mittelgroßen Schüssel die Zutaten für die Marinade verrühren.

2. Die Koteletts in einen großen, wiederverschließbaren Plastikbeutel legen und mit der Marinade übergießen. Die Luft aus dem Beutel streichen und den Beutel fest verschließen. Mehrmals wenden, damit das Fleisch gleichmäßig von Marinade überzogen ist. Den Beutel flach in ein Gefäß legen und die Koteletts 1–2 Std. im Kühlschrank marinieren, gelegentlich wenden.

3. Eine Zwei-Zonen-Glut für starke Hitze vorbereiten (siehe Seite 14–15).

4. Die Koteletts aus dem Beutel nehmen, die Marinade zurückbehalten. Das Fleisch auf beiden Seiten mit Küchenpapier trockentupfen und gegebenenfalls Ingwer- und Knoblauchreste entfernen. Die Koteletts rundum dünn mit Öl bestreichen und gleichmäßig mit Salz und Pfeffer würzen. Vor dem Grillen 20–30 Min. bei Zimmertemperatur ruhen lassen. In der Zwischenzeit die Marinade in einem kleinen Topf auf dem Herd bei starker Hitze aufkochen und 30 Sek. köcheln lassen. Den Topf vom Herd nehmen.

5. Den Grillrost gründlich reinigen. Die Koteletts über *direkter starker Hitze* bei geschlossenem Deckel 3–5 Min. grillen, bis sie schön gemustert, aber nicht verkohlt sind, dabei ein- bis zweimal wenden und gegebenenfalls umplatzieren, damit sie gleichmäßig garen. Dann die Koteletts über *indirekter starker Hitze* bei geschlossenem Deckel 2–5 Min. weitergrillen, bis das Fleisch sich fest anfühlt, im Kern aber noch ein wenig rosa ist. In dieser Zeit die Koteletts erneut ein- bis zweimal wenden, ab und zu mit der Marinade bestreichen und für ein gleichmäßiges Garen umplatzieren. Die Koteletts warm servieren.

EINGELEGTE SCHWEINESTEAKS
MIT SÜSSEM PAPAYA-RELISH

20 MIN. *Zubereitungszeit*
2 STD. *Einlegezeit*
10–15 MIN. *Grillzeit*

Für 6 Personen

5 EL Zucker
5 EL grobes Meersalz
6 Schweinesteaks aus der Lende, je etwa 180 g und 3 cm dick

FÜR DAS RELISH
5 EL Zucker, **60 ml** Reisessig
4 EL in feine Scheiben geschnittene Frühlingszwiebeln, nur die weißen und hellgrünen Teile
2 EL frisch gepresster Limettensaft
1 TL fein gehackte Jalapeño-Chilischote
½ TL gemahlener Kreuzkümmel, **½ TL** grobes Meersalz
1 kräftige Prise frisch gemahlener schwarzer Pfeffer
etwa 900 g reifes Papayafruchtfleisch, 1 cm groß gewürfelt
1 mittelgroße rote Paprikaschote, fein gewürfelt
4 EL fein gehackte frische Basilikumblätter

Öl
1 TL grobes Meersalz
¾ TL frisch gemahlener schwarzer Pfeffer

1. In einer großen Schüssel Zucker und Salz in 1 ½ l kaltem Wasser verrühren, bis sie sich aufgelöst haben. Die Steaks einlegen, abdecken und 2 Std. kalt stellen.

2. Für das Relish in einem großen Topf Zucker, Essig, Frühlingszwiebeln, Limettensaft, Chili, Kreuzkümmel, Salz und Pfeffer vermischen. Aufkochen, Papaya und Paprika dazugeben und durchmischen. Bei mittlerer Hitze etwa 5 Min. unter gelegentlichem Rühren köcheln lassen, bis die Papaya sehr weich, aber noch nicht matschig ist. Auf Zimmertemperatur abkühlen lassen. Das Basilikum untermischen, abschmecken und das Relish beiseitestellen.

3. Eine Zwei-Zonen-Glut für mittlere Hitze vorbereiten (siehe Seite 14–15).

4. Die Steaks aus der Lake nehmen (sie wird nicht mehr gebraucht). Auf beiden Seiten mit Küchenpapier trockentupfen, anschließend dünn mit Öl bestreichen und gleichmäßig mit 1 TL Salz und ¾ TL Pfeffer würzen.

5. Den Grillrost gründlich reinigen. Die Steaks über **direkter mittlerer Hitze** bei geschlossenem Deckel 10–15 Min. grillen, dabei einmal wenden und für ein gleichmäßiges Garen auf dem Rost umplatzieren. Am Ende soll das Fleisch noch leicht rosa sein und eine Kerntemperatur von 65 °C haben. Die Steaks warm mit dem Relish servieren.

MANGO-SCHWEINEFLEISCH-
SPIESSE

20 MIN.
Zubereitungszeit

5–8 MIN.
Grillzeit

Für 4–6 Personen

250 ml frisch gepresster Orangensaft
2 EL Honig
fein abgeriebene Schale und **2 EL** Saft von **1** Bio-Limette
½ TL fein geriebener frischer Ingwer
¼ TL grobes Meersalz
1 EL in feine Streifen geschnittene frische Minzeblätter
900 g ausgelöste Schweinelendenkoteletts, überschüssiges Fett entfernt, in 2 ½–3 ½ cm große Würfel geschnitten
2 EL Olivenöl
Je 1 TL reines Chilipulver und grobes Meersalz
½ TL gemahlener Kreuzkümmel
Je ½ TL Knoblauchgranulat und getrockneter Oregano
¼ TL frisch gemahlener schwarzer Pfeffer
2 große Mangos, je 350–450 g, geschält, in 1–2 ½ cm große Stücke geschnitten

16 Holzspieße, mind. 30 Min. gewässert

1. In einem kleinen Topf Orangensaft, Honig, Limettenschale und -saft, Ingwer und Salz vermischen. Auf dem Herd bei mittlerer Hitze 20–30 Min. sanft köcheln lassen, bis die Mischung auf 125 ml eingekocht und sirupartig ist. Die Sauce abkühlen lassen, dann die Minze unterrühren.

2. Das Fleisch in einer Schüssel gleichmäßig mit dem Öl überziehen. Die Gewürze vermengen, das Fleisch damit bestreuen und gründlich durchmischen.

3. Das Fleisch abwechselnd mit der Mango auf Spieße stecken. 20–30 Min. bei Zimmertemperatur ruhen lassen.

4. Eine Zwei-Zonen-Glut für starke Hitze vorbereiten (siehe Seite 14–15).

5. Den Grillrost gründlich reinigen. Die Spieße über *direkter starker Hitze* bei geschlossenem Deckel 5–8 Min. grillen, bis das Fleisch im Kern noch ganz leicht rosa ist, dabei einmal wenden und bei Bedarf umplatzieren. Mit der Sauce beträufelt warm servieren.

GEGRILLTE SCHINKEN-KÄSE-PANINI

10 MIN. *Zubereitungszeit*
5–8 MIN. *Grillzeit*

Für 4 Personen

- 4 Panini-Brötchen
- 2–3 EL körniger Senf
- 6 dünne Scheiben (etwa 180 g) italienischer Provolone
- 12 dünne Scheiben (etwa 220 g) italienischer luftgetrockneter Schinken
- 2 geröstete rote Paprikaschoten (Glas), in 2 ½ cm breite Streifen geschnitten
- 2–3 Handvoll frische Basilikumblätter, in grobe Streifen geschnitten
- Olivenöl

1. Eine Zwei-Zonen-Glut für schwache Hitze vorbereiten (siehe Seite 14–15).

2. Die Brötchen aufschneiden. Die Schnittflächen mit Senf bestreichen. Die Käsescheiben halbieren und die unteren Brötchenhälften damit belegen. Den Schinken in kleinere Stücke schneiden, auf dem Käse verteilen, dann Paprika und Basilikum darauflegen. Jeweils mit der oberen Brötchenhälfte bedecken und kräftig andrücken.

3. Die Brötchen auf beiden Seiten dünn mit Öl bestreichen. Den Grillrost gründlich reinigen. Die Panini auf den Rost legen und mit einem geeigneten Gegenstand, etwa einer gusseisernen Pfanne, beschweren. Über *direkter schwacher Hitze* bei geöffnetem Deckel 5–8 Min. grillen, dabei jedes Panino einmal wenden und für ein gleichmäßiges Garen gegebenenfalls auf dem Rost umplatzieren. Am Ende sollen die Panini auf beiden Seiten schön geröstet und der Käse geschmolzen sein.

4. Die Brötchen auf ein Schneidbrett legen und quer halbieren oder, wenn sie als Vorspeisen gereicht werden, in kleinere Stücke schneiden. Warm servieren.

SCHINKENSTEAKS
MIT HONIG-SENF-GLASUR UND BOHNEN-SALSA

15 MIN. *Zubereitungszeit*
1–2 STD. *Ruhezeit*
8–12 MIN. *Grillzeit*

Für 4 Personen

FÜR DIE SALSA

1 Dose (450 g) Augenbohnen oder kleine weiße Bohnen, die Bohnen abgespült und abgetropft
200 g Tomaten, entkernt, fein gewürfelt
4 EL fein geschnittene Frühlingszwiebeln
2 EL fein gehackte frische glatte Petersilie
2 EL frisch gepresster Limettensaft
2 EL Olivenöl
½ TL grobes Meersalz
¼ TL frisch gemahlener schwarzer Pfeffer

FÜR DIE GLASUR

2 EL Olivenöl
1 EL Honig
1 EL Dijon-Senf
¼ TL Chilipulver (Gewürzmischung)

2 Scheiben geräucherter Kochschinken, je etwa 550 g und gut 1 cm dick

1. In einer mittelgroßen Schüssel die Zutaten für die Salsa gründlich vermischen und möglichst 1–2 Std. bei Zimmertemperatur durchziehen lassen, damit sich die Aromen gut verbinden. Nach Belieben nachwürzen.

2. Eine Zwei-Zonen-Glut für mittlere Hitze vorbereiten (siehe Seite 14–15).

3. In einer kleinen Schüssel Öl, Honig, Senf und Chilipulver glatt rühren.

4. Den Grillrost gründlich reinigen. Die Schinkenscheiben über **direkter mittlerer Hitze** bei geschlossenem Deckel 6–8 Min. grillen, dabei ein- bis zweimal wenden und auf dem Rost drehen, bis sie auf beiden Seiten das typische Grillmuster angenommen haben. Dünn mit der Honig-Senf-Glasur bestreichen und bei geschlossenem Deckel 2–4 Min. weitergrillen, bis die Ränder kross und die Schinkensteaks richtig heiß sind. In dieser Zeit beide Seiten noch ein- bis zweimal glasieren und die Steaks auf dem Rost drehen.

5. Die Schinkensteaks vom Grill nehmen und in einzelne Portionen schneiden. Mit der Salsa – möglichst ohne die angesammelte Flüssigkeit in der Schüssel – anrichten und warm servieren.

15 MIN.
Zubereitungszeit
1¼–2 STD.
Grillzeit

GRILLSCHINKEN
MIT ORANGEN-GLASUR

Für 10–12 Personen

1 geräucherter Kochschinken mit Knochen, 3 ½–4 ½ kg, raumtemperiert

FÜR DIE GLASUR
175 ml frisch gepresster Orangensaft
125 ml Chilisauce, **5 EL** Apfelessig, **2 EL** brauner Zucker
Je 1 EL Dijon-Senf und Sojasauce
½ TL frisch gemahlener schwarzer Pfeffer

2 große Handvoll Pekan- oder Apfelholz-Chips, mind. 30 Min. gewässert

1. Eine Drei-Zonen-Glut für schwache Hitze vorbereiten (siehe Seite 17). Eine große Tropfschale zwischen die beiden Glutbetten stellen und zur Hälfte mit warmem Wasser füllen. Die Chips abtropfen lassen und auf die glühenden Kohlen geben.

2. Den Schinken mit der flachen Seite nach unten in eine 23 x 33 cm große stabile Einweg-Aluschale setzen. Die Schale auf den Grillrost stellen und etwa 250 ml Wasser angießen. Den Deckel schließen und den Schinken über *indirekter schwacher Hitze* etwa 1 Std. räuchern. Die Temperatur sollte anfangs zwischen 150 °C und 175 °C liegen, nach 1 Std. bei etwa 150 °C. Ist die Hitze zu hoch, den Lüftungsschieber am Deckel bis zur Hälfte schließen, fällt sie zu stark ab, den Schieber ganz öffnen.

3. Inzwischen in einem kleinen Topf die Zutaten für die Glasur vermischen und auf dem Herd in 5–10 Min. köchelnd auf 250 ml reduzieren, gelegentlich umrühren.

4. Nach 1 Std. Grillzeit den Schinken oben und an den Seiten mit der Glasur bestreichen. Wenn kaum mehr Wasser in der Aluschale ist, 125 ml zugießen. Den Schinken bei geschlossenem Deckel über *indirekter schwacher Hitze* weitergaren. Das Wasser in der Schale sollte dabei nur leicht sieden, stellen Sie den Lüftungsschieber am Deckel entsprechend ein. Ab jetzt müssen Sie alle 45–60 Min. 10–12 frische Briketts nachlegen. Den Schinken weitergaren und mit Glasur bestreichen, bis seine Kerntemperatur 57 °C erreicht. Sollte er zu stark bräunen, mit Alufolie abdecken und nicht mehr glasieren. Die gesamte Grillzeit beträgt 1¼–2 Std., rechnen Sie etwa 10 Min. pro 450 g. Den fertigen Schinken vom Grill nehmen, lose in ein (neues) Stück Alufolie schlagen und 15–25 Min. nachziehen lassen. Portionieren und warm servieren.

GEGRILLTES
SPANFERKEL

20 MIN.
Zubereitungszeit
1½–2 STD.
Grillzeit

Für 4 Personen

800 g Spanferkel aus der Keule
grobes Meersalz

FÜR DIE WÜRZSAUCE
1 frische rote Chilischote
1 Knoblauchzehe, geschält
50 g Petersilie, die Blätter abgezupft
10 ml Sojasauce
Saft von **1** Limette
50 g Blütenhonig
50 ml Olivenöl
Meersalz und frisch gemahlener schwarzer Pfeffer

80 g Perlzwiebeln
50 g Stangensellerie
100 g Möhren
100 g Petersilienwurzel
Olivenöl

1 große Grillform Weber® Style™

1. Das Fleisch 15 Min. in kräftig gesalzenem Wasser bei mittlerer Hitze auf dem Herd vorgaren. Herausnehmen, abtropfen lassen und in die Schwarte Rauten schneiden.

2. Für die Würzsauce die Chilischote fein würfeln. Die Knoblauchzehe fein hacken, die Petersilienblätter in Streifen schneiden. Chili und Knoblauch mit der Sojasauce, dem Limettensaft und dem Blütenhonig vermischen. Das Olivenöl unterrühren, salzen, pfeffern und die in Streifen geschnittene Petersilie untermengen.

3. Eine Zwei-Zonen-Glut für mittlere Hitze vorbereiten (siehe Seite 14–15).

4. Das Fleisch mit der Würzsauce überziehen, den Rest zum Bestreichen beiseitestellen. Perlzwiebeln, Stangensellerie, Möhren und Petersilienwurzel schälen und in 2 x 2 cm große Stücke schneiden. Öl in die Grillform geben und das Gemüse einfüllen, dann das vorbereitete Fleisch darauflegen. Die Grillform auf den Rost stellen und das Fleisch 1 ½–2 Std. über *indirekter mittlerer Hitze* (achten Sie auf eine konstante Temperatur von 180 °C) und geschlossenem Deckel garen, dabei mehrfach mit der restlichen Würzsauce bepinseln, bis das Fleisch eine Kerntemperatur von 77 °C erreicht hat.

GEFLÜGEL

136 Hähnchenspieße mit Erdnusssauce
138 Hähnchen-Tortillas mit Tomatillo-Salsa
140 Hähnchen-Burritos
141 Gegrillte Hähnchen-Käse-Panini mit Rucola
142 Chinesischer Hähnchensalat
143 Hähnchenbrust mit Rosmarin und Oliven-Mayonnaise
144 Paella mit Hähnchen, Wurst und Garnelen
146 In Tequila marinierte Hähnchenschenkel
147 Gegrillte Hähnchenschenkel Hongkong
148 Holzkohle-Fan: Andy Griffith
149 Andys Jerk-Chicken
150 Hähnchenschenkel mit Alabama-Grillsauce
151 Gegrillte Entenkeulen mit Bourbon-Würzsauce
152 Asia-Entenbrust mit Senfsauce
154 Holzkohle-Fan: John Gerald Gleeson
154 Johns Grillhähnchen mit Würzpaste
156 Barbecue-Hähnchen mit Pfirsich-Chutney
158 Räucherhähnchen
160 Beer-Chan-Chicken
161 Ein ganzes Hähnchen vom Spieß
162 Puten-Burger mit Frühlingszwiebeln und Pilzen
164 Einen Truthahn grillen
166 Saftiger Truthahn vom Grill mit Bratensauce

Charcoal Fanatics

HÄHNCHENSPIESSE
MIT ERDNUSSSAUCE

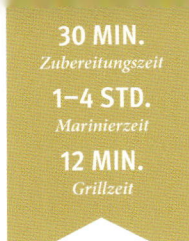

30 MIN.
Zubereitungszeit

1–4 STD.
Marinierzeit

12 MIN.
Grillzeit

Für 4 Personen

FÜR DIE MARINADE
4 EL Erdnussöl
Saft und abgeriebene Schale von **1** Bio-Limette
1 EL Fischsauce
2 TL Chili-Knoblauch-Sauce (z. B. Sriracha; Asia-Laden)
1 TL gemahlene Koriandersamen
1 TL gemahlener Kreuzkümmel

4 Hähnchenbrustfilets, je etwa 250 g

FÜR DEN SALAT
1 Bio-Salatgurke, gewaschen, trockengetupft
1 EL fein gehackte frische Minzeblätter
2 TL frisch gepresster Limettensaft
1 TL Zucker
½ TL grobes Meersalz

FÜR DIE SAUCE
125 g glatte Erdnusscreme
125 ml Kokosmilch, durchgerührt
2 EL frisch gepresster Limettensaft
2 TL Chili-Knoblauch-Sauce (z. B. Sriracha; Asia-Laden)
2 TL Fischsauce

16 Holzspieße, mind. 30 Min. gewässert

1. In einer mittelgroßen Schüssel die Zutaten für die Marinade verrühren.

2. Jede Hähnchenbrust quer in 1 cm breite Streifen schneiden. Die Hähnchenstreifen in der Schüssel vollständig mit der Marinade überziehen. Abdecken und 1–4 Std. in den Kühlschrank stellen.

3. Die Gurke längs vierteln, die Kerne entfernen und das Fruchtfleisch quer in sehr dünne Scheiben schneiden. In einer Schüssel die Gurkenscheiben mit den restlichen Zutaten für den Salat vermengen. Mind. 30 Min. bei Zimmertemperatur ziehen lassen.

4. In einem kleinen Topf die Zutaten für die Sauce vermischen und auf sehr kleiner Stufe 3–5 Min. unter gelegentlichem Rühren mit dem Schneebesen erwärmen, bis eine glatte Sauce entsteht. Die Sauce nicht köcheln lassen! Sollte sie zu dickflüssig sein, 1–2 EL Wasser einarbeiten. Den Topf vom Herd nehmen.

5. Das Hähnchenfleisch aus der Marinade nehmen (sie wird nicht weiterverwendet) und jeweils 2–3 Streifen der Länge nach auf die Spieße stecken.

6. Eine Zwei-Zonen-Glut für starke Hitze vorbereiten (siehe Seite 14–15).

7. Den Grillrost gründlich reinigen. Die Hälfte der Hähnchenspieße auf den Grillrost geben, dabei die bloßen Enden der Spieße über indirekte Hitze legen, damit sie nicht verbrennen. Über *direkter starker Hitze* bei geschlossenem Deckel 6 Min. grillen, dabei die Spieße nach 4 Min. wenden und bei geschlossenem Deckel 2 Min. weitergrillen, bis sich das Fleisch fest anfühlt und durchgebraten ist. Die Spieße bei Bedarf auf dem Rost umplatzieren, damit sie gleichmäßig garen. Die übrigen Spieße genauso grillen. In der Zwischenzeit die Sauce auf dem Herd bei schwacher Hitze erwärmen. Die Hähnchenspieße warm mit dem Salat und der Erdnusssauce servieren.

HÄHNCHEN-TORTILLAS
MIT TOMATILLO-SALSA

25 MIN. *Zubereitungszeit*
2 STD. *Marinierzeit*
15–20 MIN. *Grillzeit*

Für 4–6 Personen

FÜR DIE MARINADE
- **4 EL** frisch gepresster Orangensaft
- **3 EL** frisch gepresster Limettensaft
- **3 EL** Olivenöl
- **2 EL** fein gehacktes frisches Koriandergrün
- **1 EL** fein gehackte Jalapeño-Chilischote
- **1 EL** fein gehackter Knoblauch
- **¾ TL** gemahlener Kreuzkümmel
- **½ TL** grobes Meersalz

4 Hähnchenbrustfilets, je 200–250 g

FÜR DIE SALSA
- **1** mittelgroße Zwiebel, geschält und in 1 cm breite Scheiben geschnitten
- Olivenöl
- **10** mittelgroße, feste Tomatillos (etwa 250 g), die Hülle entfernt, gewaschen
- **1** kleine Jalapeño-Chilischote, das Stielende entfernt
- **1 Handvoll** frische Korianderblätter mit zarten Stielen
- **1** mittelgroße Knoblauchzehe, geschält
- **½ TL** Vollrohrrohzucker
- **½ TL** grobes Meersalz

12 Weizentortillas (Ø 20 cm)
200 g Sauerrahm (20 %)

1. In einer Schüssel die Zutaten für die Marinade gründlich verrühren. Die Hähnchenfilets in einen großen, wiederverschließbaren Plastikbeutel geben und mit der Marinade übergießen. Die Luft aus dem Beutel streichen, den Beutel fest verschließen und mehrmals wenden, damit das Fleisch gleichmäßig von der Marinade überzogen ist. 2 Std. in den Kühlschrank legen.

2. Eine Zwei-Zonen-Glut für starke Hitze vorbereiten (siehe Seite 14–15).

3. Für die Salsa die Zwiebelscheiben auf beiden Seiten dünn mit Öl bestreichen. Den Grillrost gründlich reinigen. Zwiebeln, Tomatillos und Chili über *direkter starker Hitze* bei geschlossenem Deckel 5–8 Min. grillen, bis sie schön gebräunt sind, dabei ein- bis zweimal wenden und gegebenenfalls umplatzieren, damit sie gleichmäßig garen. Die Tomatillos sollen am Ende ganz weich sein. Vom Grill nehmen und zusammen mit den restlichen Salsa-Zutaten in der Küchenmaschine möglichst glatt pürieren. Abschmecken und die Salsa in eine Serviersschüssel geben.

4. Die Grilltemperatur auf mittlere Hitze bringen; gegebenenfalls Holzkohle nachlegen. Das Hähnchenfleisch aus der Marinade nehmen (sie wird nicht weiterverwendet). Einen Stapel von je 6 Tortillas in Alufolie einschlagen. Wenn die gewünschte Temperatur erreicht ist, den Grillrost gründlich reinigen. Die Hähnchenfilets über *direkter mittlerer Hitze* bei geschlossenem Deckel 10–12 Min. grillen, bis sie sich fest anfühlen und durchgegart sind, dabei ein- bis zweimal wenden und bei Bedarf umplatzieren, damit sie gleichmäßig garen. Die Tortillapakete 3–5 Min. über *indirekte mittlere Hitze* legen, bis die Fladen durchgewärmt und weich sind. Fleisch und Tortillas vom Grill nehmen. Die Hähnchenfilets in mundgerechte Stücke schneiden.

5. Die Tortillas aus der Folie wickeln und mit dem Hähnchenfleisch füllen. Warm mit der Tomatillo-Salsa und dem Sauerrahm servieren.

30 MIN.
Zubereitungszeit
10–15 MIN.
Grillzeit

HÄHNCHEN-
BURRITOS

Ergibt 8 Burritos

4 Hähnchenbrustfilets, je etwa 200 g
Olivenöl
½ TL gemahlener Kreuzkümmel, **½ TL** grobes Meersalz
¼ TL frisch gemahlener schwarzer Pfeffer
2 mittelgroße Poblano-Chilischoten
2 EL Butter, **1** große Zwiebel, 1 cm groß gewürfelt
2 TL fein gehackter Knoblauch
225 g Frischkäse
400 g reife Tomaten, fein gewürfelt
4 EL fein gehacktes frisches Koriandergrün
180 g geriebener milder Cheddar
8 Weizentortillas (Ø 20–25 cm)
1 Dose (450 g) schwarze Bohnen,
   die Bohnen abgespült und abgetropft
500 ml Tomaten-Salsa (Glas)

1. Eine Zwei-Zonen-Glut für mittlere Hitze vorbereiten (siehe Seite 14–15).

2. Die Hähnchenfilets auf beiden Seiten dünn mit Öl bestreichen, mit Kreuzkümmel, Salz und Pfeffer würzen. Den Grillrost gründlich reinigen. Das Fleisch über ***direkter mittlerer Hitze*** bei geschlossenem Deckel 8–12 Min. grillen, bis es durchgegart ist, dabei ein bis zweimal wenden und bei Bedarf umplatzieren. Gleichzeitig die Chilis 7–9 Min. unter mehrmaligem Wenden rundum kräftig bräunen. Die Chilis in einer mit Frischhaltefolie abgedeckten Schüssel 10 Min. ausdampfen lassen. Die verkohlte Haut der Chilis abziehen, Stielenden und Kerne entfernen. Chilis 5 mm klein würfeln. Das Hähnchenfleisch in 5 mm breite Streifen schneiden.

3. Die Butter in einem Topf auf mittlerer Stufe zerlassen. Die Zwiebel darin in etwa 5 Min. weich dünsten, ab und zu umrühren. Den Knoblauch 2–3 Min. mitdünsten. Den Käse portionsweise zugeben und glatt rühren. Chilis, Tomaten und Hähnchenstreifen untermengen und 5 Min. garen. Den Koriander einrühren und den Topf vom Herd nehmen.

4. Die Tortillas jeweils mit einer Lage Cheddar bestreuen, dabei einen 1 cm breiten äußeren Rand frei lassen, darauf etwas von der Hähnchen-Käse-Mischung und den Bohnen geben. Die Seiten über die Füllung schlagen und die Tortillas aufrollen. Mit der Nahtseite nach unten über ***direkter mittlerer Hitze*** bei geöffnetem Deckel 2–3 Min. grillen, dabei einmal behutsam wenden, bis der geriebene Käse geschmolzen ist und die Burritos schön gemustert sind. Warm mit Tomaten-Salsa servieren.

GEGRILLTE HÄHNCHEN-KÄSE-PANINI
MIT RUCOLA

15 MIN. *Zubereitungszeit*
8–10 MIN. *Grillzeit*

Für 4 Personen

- **4** Hähnchenbrustfilets, je etwa 150 g
- Olivenöl
- **1 TL** Chilipulver (Gewürzmischung)
- **1 TL** grobes Meersalz
- **½ TL** frisch gemahlener schwarzer Pfeffer
- **3 EL** Mayonnaise
- **2 EL** Dijon-Senf
- **8 Scheiben** italienisches Landbrot, je etwa 1 cm dick
- **2 Handvoll** zarte Rucolablätter
- **4 dünne Scheiben** geräucherter Gouda

1. Eine Zwei-Zonen-Glut für starke Hitze vorbereiten (siehe Seite 14–15).

2. Die Hähnchenbrüste zwischen zwei Lagen Frischhaltefolie auf 1 cm flach klopfen. Das Fleisch auf beiden Seiten dünn mit Öl bestreichen und gleichmäßig mit Chilipulver, Salz und Pfeffer würzen. Den Grillrost gründlich reinigen. Das Fleisch über *direkter starker Hitze* bei geschlossenem Deckel 4–5 Min. grillen, bis es sich fest anfühlt und durchgegart ist. In dieser Zeit einmal wenden und bei Bedarf umplatzieren, damit es gleichmäßig gart.

3. In einer Schüssel Mayonnaise und Senf mischen.

4. Die Brotscheiben in einer Lage auf ein großes Backblech legen. Mit Olivenöl beträufeln, wenden und mit der Senf-Mayonnaise bestreichen. 4 Brotscheiben jeweils mit Hähnchen, Rucola und Käse belegen und die restlichen Brotscheiben mit der Mayonnaiseseite nach unten darauflegen. Die belegten Brote kräftig andrücken. Sie können die Brote bis zu diesem Schritt einige Stunden vor dem Servieren vorbereiten und in Frischhaltefolie gewickelt kalt stellen.

5. Die Panini nebeneinander über *direkte schwache Hitze* legen, mit einem Backblech abdecken und das Blech beschweren, beispielsweise mit einer Gusseisenpfanne. Bei geöffnetem Deckel die Panini in 4–5 Min. goldbraun rösten, dabei mit einem Pfannenheber einmal wenden und die Brote für ein gleichmäßiges Bräunen bei Bedarf umplatzieren (dafür Gusseisenpfanne und Backblech vorsichtig abnehmen und nach dem Wenden die Paninis wieder mit ihnen beschweren). Am Ende soll der Käse geschmolzen sein. Die Panini vom Grill nehmen, halbieren oder vierteln und warm servieren.

CHINESISCHER HÄHNCHENSALAT

30 MIN. *Zubereitungszeit*
10–12 MIN. *Grillzeit*

Für 4 Personen

FÜR DEN SALAT

2 Hähnchenbrustfilets, je etwa 200 g
1 **EL** Erdnussöl
½ **TL** reines Chilipulver, ½ **TL** grobes Meersalz
¼ **TL** frisch gemahlener schwarzer Pfeffer
2 mittelgroße Möhren, grob geraspelt
150 **g** Cashewkerne, grob gehackt
1 **große Handvoll** Sprossen
5 **EL** in feine Scheiben geschnittene Frühlingszwiebeln, nur die weißen und hellgrünen Teile
4 **EL** Schnittlauchröllchen

FÜR DAS DRESSING

2 **EL** Erdnussöl, 1 **EL** Reisessig
2 **TL** Honig
1 **TL** Sojasauce
1 **TL** schwarze Bohnensauce mit Knoblauch (Asia-Laden)
1 **TL** fein gehackter Knoblauch
1 **TL** fein geriebener frischer Ingwer
½ **TL** dunkles Sesamöl
1 **kräftige Prise** Senfpulver
1 **kräftige Prise** frisch gemahlener schwarzer Pfeffer

1. Eine Zwei-Zonen-Glut für mittlere Hitze vorbereiten (siehe Seite 14–15).

2. Das Hähnchenfleisch dünn mit Erdnussöl bestreichen und gleichmäßig mit Chilipulver, Salz und Pfeffer würzen. Den Grillrost gründlich reinigen. Das Fleisch über *direkter mittlerer Hitze* bei geschlossenem Deckel 10–12 Min. grillen, dabei ein- bis zweimal wenden, bis es sich fest anfühlt und durchgegart ist. In dieser Zeit das Fleisch bei Bedarf auf dem Rost umplatzieren, damit es gleichmäßig gart. Vom Grill nehmen und abkühlen lassen.

3. Das abgekühlte Hähnchenfleisch mit den Fingern grob in etwa 5 mm breite und 2 ½ cm lange Stücke zerpflücken. In einer großen Schüssel mit den restlichen Zutaten für den Salat gründlich vermischen.

4. In einer kleinen Schüssel die Zutaten für das Dressing mit dem Schneebesen zu einer glatten Mischung verrühren. Den Salat mit so viel Dressing anmachen, dass alle Zutaten dünn mit Dressing überzogen sind. Sofort servieren oder mit Frischhaltefolie abgedeckt bis zu 8 Std. kalt stellen und anschließend raumtemperiert servieren.

HÄHNCHENBRUST
MIT ROSMARIN UND OLIVEN-MAYONNAISE

15 MIN. *Zubereitungszeit*
1–2 STD. *Marinierzeit*
10–12 MIN. *Grillzeit*

Für 4 Personen

FÜR DIE PASTE
- **4 EL** Olivenöl
- **1 EL** fein gehackte frische Rosmarinblätter (Rosmarinzweige nicht wegwerfen)
- **1 EL** Dijon-Senf
- **1 EL** frisch gepresster Zitronensaft
- **2 TL** fein gehackter Knoblauch
- **1 TL** grobes Meersalz
- **½ TL** gemahlene Fenchelsamen
- **¼ TL** frisch gemahlener schwarzer Pfeffer

4 Hähnchenbrustfilets, je etwa 180 g

FÜR DIE OLIVEN-MAYONNAISE
- **125 ml** Mayonnaise
- **2 EL** dunkle Olivenpaste (Tapenade)
- **1 EL** frisch gepresster Zitronensaft
- **1 TL** fein gehackte frische Rosmarinblätter
- **¼ TL** frisch gemahlener schwarzer Pfeffer

1. In einer kleinen Schüssel die Zutaten für die Paste verrühren. Die abgestreiften Rosmarinzweige beiseitelegen, um sie später auf die Glut zu geben. Die Hähnchenfilets auf beiden Seiten mit der Paste bestreichen und abgedeckt auf einem Teller 1–2 Std. kalt stellen.

2. In einer kleinen Schüssel die Zutaten für die Oliven-Mayonnaise glatt rühren. Abdecken und bis 30 Min. vor dem Servieren in den Kühlschrank stellen.

3. Eine Zwei-Zonen-Glut für mittlere Hitze vorbereiten (siehe Seite 14–15).

4. Den Grillrost gründlich reinigen. Die beiseitegelegten Rosmarinzweige auf die Glut geben. Die Hähnchenfilets über **direkter mittlerer Hitze** bei geschlossenem Deckel 10–12 Min. grillen, bis das Fleisch sich fest anfühlt und durchgegart ist. Die Filets in dieser Zeit ein- bis zweimal wenden und gegebenenfalls auf dem Rost umplatzieren, damit sie gleichmäßig garen. Vom Grill nehmen und warm oder raumtemperiert mit der Oliven-Mayonnaise servieren.

PAELLA
MIT HÄHNCHEN, WURST UND GARNELEN

25 MIN. Zubereitungszeit
ETWA 1 STD. Grillzeit

Für 4–6 Personen

FÜR DIE BRÜHE

150 g Zwiebeln, in 1 cm große Würfel geschnitten
1½ EL in feine Scheiben geschnittener Knoblauch
2 EL Olivenöl
1 EL Tomatenmark
1 Lorbeerblatt
¼ TL Paprikapulver
¼ TL getrockneter Oregano
1½ l Hühnerbrühe
¼ TL grobes Meersalz
¼ TL zerstoßene Safranfäden

4 ausgelöste Hähnchenoberschenkel ohne Haut, je etwa 120 g
4 EL Olivenöl
½ TL grobes Meersalz
¼ TL frisch gemahlener schwarzer Pfeffer
2 große scharfe italienische Salsiccia-Würste, je etwa 170 g
Je 1 große rote und grüne Paprikaschote, in 1 cm große Stücke geschnitten
300 g Risotto-Reis (vorzugsweise Arborio)
15 mittelgroße rohe ungeschälte Garnelen, Darm entfernt
1 EL grob gehackte frische glatte Petersilie

1. Eine Zwei-Zonen-Glut für starke Hitze vorbereiten (siehe Seite 14–15).

2. Für die Brühe in einem grillfesten Topf Zwiebeln und Knoblauch im Öl über *direkter starker Hitze* in 3–5 Min. unter häufigem Rühren glasig dünsten. Tomatenmark, Lorbeerblatt, Paprikapulver und Oregano zufügen und unter ständigem Rühren etwa 1 Min. mitgaren. Hühnerbrühe, Salz und Safran dazugeben und im verschlossenen Topf zum Kochen bringen. Den Deckel abnehmen, den Topf mittig auf den Grillrost schieben und die Brühe etwa 5 Min. köcheln lassen. Anschließend das Lorbeerblatt entfernen, den Topf erneut verschließen, vorsichtig vom Grill nehmen und beiseitestellen.

3. Die Hähnchenschenkel auf beiden Seiten dünn mit 2 EL Olivenöl bestreichen und gleichmäßig mit Salz und Pfeffer würzen. Den Grillrost gründlich reinigen. Das Hähnchenfleisch über *direkter starker Hitze* bei geschlossenem Deckel 4–6 Min. grillen, bis es schön gebräunt, aber noch nicht gar ist. Das Fleisch dabei einmal wenden und für ein gleichmäßiges Garen bei Bedarf umplatzieren. Gleichzeitig die Würste über *indirekter starker Hitze* 8–12 Min. grillen, bis sie fest sind, dabei gelegentlich wenden und gegebenenfalls auf dem Rost umplatzieren. Das Hähnchenfleisch und die Würste auf einem Schneidbrett in 2 cm große Stücke schneiden.

4. Zur Fertigstellung der Paella müssen Sie jetzt wahrscheinlich Holzkohle für starke Hitze nachlegen.

5. Wenn die Glut die erforderliche Temperatur erreicht hat, eine etwa 30 cm große gusseiserne Pfanne über *direkte starke Hitze* stellen. Die restlichen 2 EL Olivenöl in die Pfanne geben und, bevor es zu rauchen beginnt, die Paprikaschoten hinzufügen. Unter gelegentlichem Rühren in 3–4 Min. weich braten. 1¼ l der Brühe in die Pfanne gießen und den Reis gleichmäßig einstreuen – er muss vollständig von der Brühe bedeckt sein. Die Pfanne so auf dem Grillrost platzieren, dass die Brühe nur sanft köchelt, und den Reis bei geschlossenem Grilldeckel 15 Min. garen. In dieser Zeit die Pfanne ein- bis zweimal drehen.

6. Hähnchen- und Wurststücke unter den Reis mischen. Sollte er zu trocken aussehen, die restlichen 250 ml Brühe zugießen und umrühren, damit der Reis nicht am Pfannenboden ansetzt. Die Paella bei geschlossenem Grilldeckel etwa 10 Min. weitergaren, bis der Reis bissfest ist. Die Pfanne in dieser Zeit einmal drehen.

7. Jetzt die Garnelen unterheben, kurz umrühren, den Grilldeckel wieder schließen und die Garnelen 5–7 Min. garen, bis sie im Kern gerade nicht mehr glasig sind und der Reis am Pfannenboden schon ein wenig knusprig wird. Die Pfanne vorsichtig vom Grill nehmen. Die Paella mit Salz und Pfeffer abschmecken und mit der Petersilie bestreuen. Vor dem Servieren etwa 5 Min. abkühlen lassen.

IN TEQUILA MARINIERTE
HÄHNCHENSCHENKEL

10 MIN.
Zubereitungszeit

6–8 STD.
Marinierzeit

30–40 MIN.
Grillzeit

Für 4 Personen

FÜR DIE MARINADE
125 ml frisch gepresster Orangensaft
4 EL Tequila
2 EL frisch gepresster Limettensaft
2 EL Olivenöl
1 EL Tabasco Chipotle Pepper Sauce
1 EL grob gehackter Knoblauch
1½ TL grobes Meersalz
1 TL getrockneter Oregano
¼ TL frisch gemahlener schwarzer Pfeffer

8 Hähnchenoberschenkel mit Knochen, je etwa 150 g, die Haut und überschüssiges Fett entfernt

1. In einer Schüssel die Zutaten für die Marinade verrühren. Das Fleisch in einem großen, wiederverschließbaren Plastikbeutel mit der Marinade übergießen. Die Luft aus dem Beutel streichen und den Beutel fest verschließen. Mehrmals wenden, dann flach in ein geeignetes Gefäß legen und 6–8 Std. kalt stellen. In dieser Zeit die Hähnchenschenkel einmal wenden.

2. Eine Zwei-Zonen-Glut für schwache Hitze vorbereiten (siehe Seite 14–15).

3. Das Fleisch aus der Marinade nehmen, die Marinade in einen kleinen Topf gießen. Auf dem Herd aufkochen und mind. 30 Sek. köcheln lassen. Die Hähnchenschenkel 20–30 Min. vor dem Grillen ruhen lassen.

4. Den Grillrost gründlich reinigen. Die Hähnchenschenkel mit der glatten Seite nach unten über **direkter schwacher Hitze** bei geschlossenem Deckel 30–40 Min. grillen, bis das Fleisch fest und durchgebraten ist, dabei alle 5 Min. wenden und die Schenkel bei Bedarf umplatzieren, damit sie gleichmäßig garen. In den letzten 20 Min. die Schenkel auf beiden Seiten mehrmals mit der aufgekochten Marinade bestreichen. Warm oder raumtemperiert servieren.

GEGRILLTE HÄHNCHENSCHENKEL
HONGKONG

10 MIN. *Zubereitungszeit*
2 STD. *Marinierzeit*
30–40 MIN. *Grillzeit*

Für 4 Personen

- 4 Hähnchenoberschenkel mit Knochen, je etwa 150 g, überschüssiges Fett entfernt
- 4 Hähnchenunterschenkel, je etwa 100–120 g
- 1 TL grobes Meersalz
- ½ TL frisch gemahlener schwarzer Pfeffer

FÜR DIE SAUCE

- 2 EL Hoisin-Sauce (Asia-Laden)
- 2 EL Apfelessig
- 1 ½ EL Dijon-Senf
- 2 TL Sojasauce
- 2 TL Erdnussöl
- ¼ TL frisch gemahlener schwarzer Pfeffer

1. Das Hähnchenfleisch auf beiden Seiten mit Salz und Pfeffer würzen. Abgedeckt 2 Std. kalt stellen. Vor dem Grillen 20–30 Min. Zimmertemperatur annehmen lassen.

2. Inzwischen eine Zwei-Zonen-Glut für mittlere Hitze vorbereiten (siehe Seite 14–15).

3. In einer kleinen Schüssel die Zutaten für die Sauce gründlich verrühren.

4. Den Grillrost gründlich reinigen. Die Hähnchenschenkel mit der glatten Seite nach unten über **direkter mittlerer Hitze** bei geschlossenem Deckel etwa 10 Min. grillen, bis sie goldbraun sind, dabei gelegentlich wenden und auf dem Grillrost umplatzieren.

5. Die Hähnchenschenkel jetzt über **indirekte mittlere Hitze** legen und bei geschlossenem Deckel etwa 10 Min. weitergrillen. Anschließend jede Seite dünn mit der Sauce bestreichen und weitere 10–20 Min. über **indirekter mittlerer Hitze** bei geschlossenem Deckel garen, bis beim Einstechen klarer Fleischsaft austritt und das Fleisch auch am Knochen nicht mehr rosa ist. In dieser Zeit gelegentlich wenden und mit Sauce bestreichen. Die Schenkel gegebenenfalls umplatzieren, damit sie gleichmäßig garen. Warm oder raumtemperiert servieren.

DER WEBER SPEZIAL TIPP

Charcoal Fanatics
HOLZKOHLE-FAN

ANDY GRIFFITH

Der leidenschaftliche Holzkohlegriller Andy Griffith bringt wenig Verständnis auf für blasse Imitationen des berühmten jamaikanischen »Jerk-Chicken«. »Tut mir leid«, meint er, »aber diese leicht gewürzten, über Gas gegrillten Hühnerbrüste haben einfach nichts mit dem zu tun, was ich in einigen Jerk-Hütten auf Jamaika gegessen habe.« Schon in seiner Kinder- und Jugendzeit in South Wales verbrachte Andy von Zeit zu Zeit seine Ferien in der Karibik. »Dort«, sagt er, »durchdringt das umwerfende rauchige Aroma das Fleisch bis zu den Knochen – der Geschmack ist schlicht elektrisierend.«

LIVE FIRE WISDOM

Andys Version von Jerk-Chicken startet mit einer flüssigen Marinade, mit der er die Hähnchenober- und unterschenkel (bitte kein Brustfleisch verwenden) überzieht. Die wirklich wichtigen Gewürze sind Piment, Thymian und natürlich Chilischoten – und die nicht zu knapp! Sein Jerk-Chicken ist scharf, sogar ziemlich scharf. »Aber«, beruhigt Andy, »keine Sorge, mit einem kalten Bier und einem Taschentuch geht's einem wieder gut.« Auf Jamaika wird Jerk traditionell über Pimentholz bereitet. Andy empfiehlt als Ersatz Apfelholz, vorausgesetzt, die Marinade enthält genug Piment. Er räuchert das Hähnchenfleisch bei niedriger Temperatur, danach ist es so zart, dass es förmlich vom Knochen fällt. Um dann aber die Haut kross und knusprig hinzubekommen, wird es abschließend über die heiße Glut gelegt. Auf diese Weise lässt sich das Fleisch auch schnell wieder erwärmen, nachdem man es mehrere Stunden kalt gestellt hat.

① Die Hähnchenschenkel mit Einschnitten versehen, damit die Aromen der Marinade und des Rauchs tief in das Fleisch dringen können.

② Damit die Haut schön knusprig wird, werden die weich gegrillten Hähnchenschenkel 30–60 Min. kalt gestellt und kommen dann noch einmal für 5–10 Min. auf den Grill.

25 MIN. *Zubereitungszeit*
12–15 STD. *Marinierzeit*
ETWA 2 STD. *Grillzeit*

ANDYS
JERK-CHICKEN

Für 4–6 Personen

FÜR DIE MARINADE
125 ml frisch gepresster Orangensaft
125 ml frisch gepresster Limettensaft
1 Bund (8–10) Frühlingszwiebeln, nur die weißen und hellgrünen Teile grob gehackt
2–3 sehr scharfe Chilischoten, Stielansatz und Kerne entfernt
3 große Knoblauchzehen, grob gehackt
1 EL frische Thymianblättchen (oder **2 TL** getrockneter Thymian)
1 EL gemahlener Piment
1 EL grobes Meersalz
2 TL frisch gemahlener schwarzer Pfeffer
1 TL gemahlener Zimt
1 TL Senfpulver
¼ TL frisch geriebene Muskatnuss

1½ kg Hähnchenober- und -unterschenkel mit Knochen und Haut

2 große Handvoll Apfelholz-Chips (oder 2 große Chunks), mind. 30 Min. gewässert

1. Die Zutaten für die Marinade (tragen Sie Gummihandschuhe, wenn Sie die Chilis vorbereiten) in der Küchenmaschine etwa 1 Min. durchmixen, bis die festen Zutaten vollständig zerkleinert sind.

2. Von den Hähnchenschenkeln überschüssiges Fett und herabhängendes Fleisch abschneiden und wegwerfen. Mit einem scharfen Messer jeweils ein paar flache Einschnitte in das Fleisch schneiden. Die Schenkel auf ein großes Backblech mit Rand oder in eine Bratreine legen und gründlich mit der Marinade überziehen. Mit Frischhaltefolie abgedeckt 12–15 Std. im Kühlschrank marinieren.

3. Eine Zwei-Zonen-Glut für schwache Hitze vorbereiten (siehe Seite 14–15). Häufen Sie die Holzkohle so auf eine Seite, dass nicht mehr als ein Drittel des Kohlerosts bedeckt ist. In einem Räuchergrill sollte die Temperatur zwischen 110 und 120 °C liegen. Die Hälfte der Chips (oder 1 Chunk) abtropfen lassen und auf die Glut legen.

4. Das Fleisch aus der Marinade nehmen und 20–30 Min. Zimmertemperatur annehmen lassen. Die Marinade in einen kleinen Topf gießen und abgedeckt kalt stellen.

5. Den Grillrost gründlich reinigen. Wenn das Holz zu rauchen beginnt, die Hähnchenschenkel mit der Hautseite nach unten über *indirekter schwacher Hitze* bei geschlossenem Deckel 1 Std. grillen. Danach müssen Sie bei einem Holzkohlegrill wahrscheinlich 8–10 frische Briketts (oder die entsprechende Menge Kohlestücke) nachlegen.

6. Die Marinade aus dem Kühlschrank nehmen, auf dem Herd zum Kochen bringen und mind. 30 Sek. köcheln lassen. Anschließend die Hähnchenschenkel rundum mit der Marinade bestreichen und mit der Hautseite nach oben auf den Rost legen. Die restlichen Chips (oder das übrige Holzstück) abtropfen lassen und auf die Glut geben. Das Fleisch bei geschlossenem Deckel 45–60 Min. über *indirekter schwacher Hitze* weitergrillen, bis es durchgegart ist. Das Hähnchenfleisch ist jetzt butterzart, aber die Haut der Schenkel ist noch gummiartig. Die Schenkel vom Grill nehmen, etwas abkühlen lassen und vor dem Servieren 30–60 Min. kalt stellen.

7. Eine Zwei-Zonen-Glut für mittlere Hitze vorbereiten (siehe Seite 14–15).

8. Um die Haut knusprig zu grillen, die Hähnchenschenkel mit der Hautseite nach unten über *direkter mittlerer Hitze* bei geschlossenem Deckel 5–10 Min. grillen, dabei ein- bis zweimal wenden und für ein gleichmäßiges Bräunen gegebenenfalls umplatzieren, bis das Fleisch durchgewärmt und die Haut schön gebräunt und knusprig ist. Warm servieren.

HÄHNCHENSCHENKEL
MIT ALABAMA-GRILLSAUCE

15 MIN. *Zubereitungszeit*
30–40 MIN. *Grillzeit*

Für 4–6 Personen

FÜR DIE SAUCE
1 große Zwiebel, geschält
2 mittelgroße Knoblauchzehen, geschält
4 EL Butter
125 ml trockener Weißwein
250 ml Salatmayonnaise
1 kleine Handvoll grob gehackte frische Estragonblätter
4 EL Apfelessig (5 % Säure)
2 EL frisch gepresster Zitronensaft
1 EL Dijon-Senf
1 EL Zucker
½ TL mittelscharfe Chilisauce
1 TL Meersalz
1 TL grob zerstoßener schwarzer Pfeffer

16 Hähnchenunterschenkel, je etwa 100 g
Öl
2 TL grobes Meersalz
½ TL frisch gemahlener schwarzer Pfeffer

1. Zwiebel und Knoblauch ganz fein hacken. In einem Topf die Butter auf mittlerer Stufe zerlassen und die Zwiebel-Knoblauch-Mischung darin unter gelegentlichem Rühren 2–3 Min. dünsten. Mit dem Wein ablöschen, gut umrühren und den Wein in 2–3 Min. auf die Hälfte einkochen lassen, dabei gelegentlich umrühren. Den Topfinhalt etwa 5 Min. abkühlen lassen, dann die restlichen Zutaten für die Sauce unterrühren. Die Sauce sollte zuletzt eine leicht stichfeste Konsistenz haben. Abdecken und vor dem Servieren 1 Std. in den Kühlschrank stellen.

2. Eine Zwei-Zonen-Glut für mittlere Hitze vorbereiten (siehe Seite 14–15). Das Fleisch vor dem Grillen 20–30 Min. Zimmertemperatur annehmen lassen. Rundum mit Öl bestreichen und mit Salz und Pfeffer würzen.

3. Den Grillrost gründlich reinigen. Die Hähnchenschenkel über *indirekter mittlerer Hitze* bei geschlossenem Deckel 30–40 Min. grillen, dabei ab und zu wenden und umplatzieren, bis beim Einstechen klarer Fleischsaft austritt und das Fleisch durchgegart ist. Während der letzten 5–10 Min. das Fleisch dünn mit der Alabama-Grillsauce bestreichen. Die Hähnchenschenkel warm zusammen mit der restlichen Sauce servieren. Saucenreste halten sich bis zu 2 Wochen im Kühlschrank.

GEGRILLTE ENTENKEULEN
MIT BOURBON-WÜRZSAUCE

10 MIN. *Zubereitungszeit*
45–60 MIN. *Grillzeit*

Für 6 Personen

FÜR DIE SAUCE
125 ml Ketchup
4 EL Bourbon Whiskey
2 EL brauner Zucker
1 EL Melasse (Reformhaus)
1 EL Worcestersauce
1 EL Dijon-Senf
1 EL Apfelessig
½ TL Zwiebelgranulat
½ TL grobes Meersalz
¼ TL chinesisches Fünf-Gewürze-Pulver (nach Belieben)

6 Entenkeulen, je etwa 250 g
2 TL grobes Meersalz
1 TL Chilipulver (Gewürzmischung)
1 TL frisch gemahlener schwarzer Pfeffer

1. Die Zutaten für die Sauce in einem kleinen Topf mit 60 ml Wasser verrühren. Auf dem Herd bei starker Hitze kurz aufkochen, die Hitze reduzieren und die Sauce etwa 1 Min. köcheln lassen.

2. Die Entenkeulen gleichmäßig mit Salz, Chilipulver und Pfeffer würzen. Vor dem Grillen 20–30 Min. bei Zimmertemperatur ruhen lassen.

3. Eine Zwei-Zonen-Glut für starke Hitze vorbereiten (siehe Seite 14–15). Eine große Tropfschale auf die leere Seite des Kohlerosts stellen.

4. Den Grillrost gründlich reinigen. Die Entenkeulen mit der Hautseite nach unten über *indirekter starker Hitze* bei geschlossenem Deckel 30 Min. grillen. Anschließend 8–10 frische Briketts (oder die entsprechende Menge Kohlestücke) auf die Glut geben. Die Keulen wenden und für ein gleichmäßiges Garen gegebenenfalls auf dem Rost umplatzieren. Bei geschlossenem Deckel weitergrillen, bis das Fleisch durchgegart ist und seine Kerntemperatur 80 °C beträgt. Rechnen Sie mit einer Gesamtgrillzeit von 45 bis 60 Min. Während der letzten 10 Min. die Keulen auf beiden Seiten immer wieder dünn mit der Sauce bestreichen. Warm servieren.

ASIA-ENTENBRUST
MIT SENFSAUCE

25 MIN. *Zubereitungszeit*
10–12 MIN. *Grillzeit*

Für 4–6 Personen

FÜR DIE WÜRZMISCHUNG
- **1 EL** Paprikapulver
- **1 TL** grobes Meersalz
- **1 TL** gemahlene Koriandersamen
- **1 TL** chinesisches Fünf-Gewürze-Pulver
- **½ TL** gemahlener Ingwer
- **¼ TL** gemahlener Piment
- **¼ TL** Cayennepfeffer

4 ausgelöste fleischige Entenbrüste mit Haut, je etwa 300–350 g und etwa 2 ½ cm dick

FÜR DIE SAUCE
- **4 EL** Dijon-Senf
- **2 EL** Sojasauce
- **1 TL** Honig
- **¼ TL** scharfes Chiliöl

1 Handvoll Apfelholz-Chips, mind. 30 Min. gewässert

1. In einer kleinen Schüssel die Zutaten für die Würzmischung vermengen. Mit einem scharfen Messer die Haut und das darunterliegende Fett der Entenbrüste rautenförmig einschneiden, dabei aber nicht ins Fleisch schneiden. Das Einschneiden erleichtert das Auslassen des Fetts beim Grillen. Überschüssiges Fett und abstehende Haut an den Rändern entfernen und wegwerfen. Die Entenbrüste rundum mit der Würzmischung einreiben und vor dem Grillen bei Zimmertemperatur 20 bis 30 Min. ruhen lassen.

2. Eine Drei-Zonen-Glut für starke Hitze vorbereiten (siehe Seite 16).

3. In einer kleinen Schüssel die Zutaten für die Senfsauce verrühren.

4. Die Chips abtropfen lassen und auf die heiße Glut geben. Den Grillrost gründlich reinigen. Wenn die Chips zu rauchen beginnen, die Entenbrüste mit der Hautseite nach unten über den Bereich mit nur einer Lage Holzkohle auf den Rost legen. Das Fett wird schmelzen und die Haut knusprig gebraten ohne die Gefahr von hochschlagenden Flammen. Das Fleisch bei geschlossenem Deckel 3–4 Min. grillen, bis die Hautseite dunkel gebräunt ist, dabei die Entenbrüste nach Bedarf umplatzieren oder drehen, damit sie gleichmäßig garen. Anschließend wenden und über *direkter starker Hitze* bei geschlossenem Deckel weitere 3–4 Min. grillen, bis die Unterseite ein Grillmuster angenommen hat. Sollten Flammen hochschlagen, das Fleisch vorübergehend über indirekte Hitze legen. Zuletzt die Entenbrüste auf die andere Seite des Grillrosts schieben, so nah wie möglich an die Glut, aber nicht direkt darüber. Über *indirekter starker Hitze* bei geschlossenem Deckel etwa 4 Min. weitergrillen, bis das Fleisch rosa (medium rare) gebraten ist, dabei einmal wenden. Vom Grill nehmen, lose mit Alufolie abdecken und 3–4 Min. nachziehen lassen. Das Fleisch quer zur Faser in Scheiben schneiden, auf Tellern anrichten und warm mit der Sauce servieren.

DER WEBER SPEZIAL TIPP

Charcoal Fanatics
HOLZKOHLE-FAN

JOHN GERALD GLEESON

Ungefähr 350 km nördlich vom Trubel der amerikanischen Großstadt Detroit, am Ufer eines unberührten kleinen Sees, hat sich John Gleeson nach einer erfolgreichen Anwaltskarriere in den Ruhestand zurückgezogen. Mit der Zeit hat er ein Gespür dafür entwickelt, welche Art von Holzkohle für die verschiedenen Grillgerichte die richtige ist. Im nachfolgenden Rezept beispielsweise bevorzugt John Briketts, weil sie gleich zu Anfang eine starke Hitze entwickeln und diese nur sehr langsam verlieren (pro Stunde etwa 40 °C). Bei Holzkohle dagegen verläuft der Temperaturverlust schneller, was bedeutet, dass häufiger Kohle nachgelegt werden muss. John verwendet die aromareichere Holzkohle deshalb für schnell garendes Grillgut wie Steaks und Koteletts. Für alles, was länger braucht als 30 Minuten, nutzt er Briketts, oft zusammen mit Holzchips.

LIVE FIRE WISDOM

Für Geflügel schätzt John das Aroma von Apfelholz-Chips, aber auch die holzigen Zweige von Rosmarin oder Thymian. Es entwickelt sich jeweils ein delikates Rauch-aroma, das dem zarten Hähnchenfleisch zusätzlich Geschmack verleiht, es aber nicht dominiert.

(1) *Die gemahlene Orangenschale können Sie auch durch den Abrieb von Bio-Orangen ersetzen. 1 TL gemahlene Orangenschale entspricht etwa dem Abrieb von 1 Orange.*

15 MIN. Zubereitungszeit
50–60 MIN. Grillzeit

JOHNS GRILLHÄHNCHEN
MIT WÜRZPASTE

Für 4–6 Personen

FÜR DIE WÜRZPASTE
5 EL Olivenöl
2 EL Dijon-Senf
1 EL gemahlene reine Orangenschale
2 TL grobes Meersalz
1 ½ TL getrockneter Thymian
1 TL getrockneter Salbei
1 TL getrockneter Majoran
½ TL frisch gemahlener schwarzer Pfeffer

4 kleine küchenfertige Hähnchen, je etwa 800 g
1 große Bio-Orange, in 4 Spalten geschnitten

1 kleine Handvoll Apfelholz-Chips, mind. 30 Min. gewässert

1. In einer kleinen Schüssel die Zutaten für die Würzpaste vermischen.

2. Die Hähnchen innen und außen unter fließendem kaltem Wasser waschen und mit Küchenpapier trockentupfen. Die Flügel auf den Rücken drehen. Die Hähnchen außen mit der Paste bestreichen. Jeweils den Saft 1 Orangenspalte in die Bauchhöhlen ausdrücken, anschließend die Orangenspalte hineingeben. Die Hähnchen mit Küchengarn dressieren (siehe Seite 226).

3. Eine geteilte Drei-Zonen-Glut für starke Hitze vorbereiten (siehe Seite 17) und zwischen den beiden Kohlehaufen eine große Tropfschale stellen.

4. Den Grillrost gründlich reinigen. Die Chips aus dem Wasser nehmen, abtropfen lassen und auf einen der beiden Kohlehaufen geben. Die Hähnchen nebeneinander über **indirekte starke Hitze** legen und bei geschlossenem Deckel 50–60 Min. grillen, bis beim Einstechen klarer Fleischsaft austritt und das Fleisch auch am Knochen nicht mehr rosa ist. Für ein gleichmäßiges Garen und Bräunen in dieser Zeit zwei- bis dreimal wenden und auf dem Rost umplatzieren.

5. Die durchgegarten Hähnchen vom Grill nehmen und 5–10 Min. nachziehen lassen. Das Küchengarn entfernen. Die Hähnchen vor dem Servieren nach Belieben tranchieren oder die ganzen Hähnchen auf einem Reisbett anrichten. Warm servieren. Im Sommer passt zu Johns Hähnchen am besten ein knackiger Blattsalat, den Sie mit einem leichten, frischen Dressing anmachen.

BARBECUE-HÄHNCHEN
MIT PFIRSICH-CHUTNEY

25 MIN.
Zubereitungszeit

1¼–1½ STD.
Grillzeit

Für 4 Personen

FÜR DAS CHUTNEY
250 g abgetropfte Dosenpfirsiche, klein geschnitten
5 EL Pfirsichsaft aus der Dose
5 EL Ketchup
2 EL Pfirsichkonfitüre
2 TL Apfelessig
2 TL Senf
½ TL Worcestersauce
¼ TL grobes Meersalz
1 kräftige Prise gemahlener Piment

FÜR DIE WÜRZMISCHUNG
1 TL Paprikapulver
1 TL reines Chilipulver
1 TL grobes Meersalz
1 TL getrockneter Salbei
½ TL Zwiebelgranulat
¼ TL gemahlener Kreuzkümmel
¼ TL frisch gemahlener schwarzer Pfeffer

1 schweres küchenfertiges Hähnchen (Poularde), etwa 2 kg, halbiert, Rückgrat und Flügelspitzen entfernt
Olivenöl

1 kleine Handvoll Pekanholz-Chips (oder 1 Chunk), mind. 30 Min. gewässert

1. In einem mittelgroßen Topf die Zutaten für das Chutney vermischen. Auf dem Herd zum Kochen bringen, die Hitze reduzieren und 10 Min. köcheln lassen. Den Topf vom Herd nehmen und das Chutney abkühlen lassen. Wenn es zu dickflüssig ist, noch 1–2 EL Pfirsichsaft unterrühren.

2. In einer kleinen Schüssel die Zutaten für die Würzmischung vermengen.

3. Die Hähnchenhälften auf beiden Seiten dünn mit Öl bestreichen und gleichmäßig mit der Würzmischung einreiben. Vor dem Grillen 20–30 Min. bei Zimmertemperatur ruhen lassen.

4. Eine Zwei-Zonen-Glut für mittlere Hitze vorbereiten (siehe Seite 14–15).

5. Chips oder Chunk abtropfen lassen und auf die Glut geben. Den Grillrost gründlich reinigen. Wenn das Holz zu rauchen beginnt, die Hähnchenhälften mit der Brustseite nach oben über **indirekte mittlere Hitze** legen, dabei die Schenkel der Glut zuwenden. Den Deckel schließen und das Fleisch räuchern, bis es nach 1¼–1½ Std. an der dicksten Stelle des Schenkels (beim Einstechen aber nicht den Knochen berühren) eine Kerntemperatur von 82 °C erreicht hat. Bei Bedarf die Hälften in dieser Zeit ab und zu drehen, damit sie gleichmäßig bräunen und garen.

6. Um die Hitze zu halten, müssen Sie alle 30–45 Min. 10–12 frische Briketts (oder die entsprechende Menge Kohlestücke) nachlegen. Während der letzten 5–10 Min. die Hautseite der Hähnchenhälften mit etwas Chutney bestreichen. Die fertigen Hälften vom Grill nehmen und 5–10 Min. nachziehen lassen. Tranchieren und warm mit dem Chutney servieren.

RÄUCHERHÄHNCHEN

10 MIN.
Zubereitungszeit

1½–2 STD.
Pökelzeit

1¼–1½ STD.
Grillzeit

Für 2–4 Personen

1 schweres küchenfertiges Hähnchen (Poularde), etwa 2 kg
4 EL plus ½ TL grobes Meersalz
1½ EL Butter, zerlassen
½ TL frisch gemahlener schwarzer Pfeffer

1 große Handvoll Eichenholz-Chips, mind. 30 Min. gewässert

1. Die Flügelspitzen des Hähnchens auf den Rücken drehen. Das Hähnchen außen und innen mit 4 EL Salz würzen – es soll wie mit einer feinen Schneeschicht von Salz bedeckt sein. In Frischhaltefolie wickeln und 1½–2 Std. in den Kühlschrank legen.

2. Das Hähnchen innen und außen unter fließendem kaltem Wasser abspülen und mit Küchenpapier trockentupfen. Außen mit der zerlassenen Butter bestreichen und mit je ½ TL Salz und Pfeffer würzen. Das Hähnchen nicht dressieren. Vor dem Grillen 20–30 Min. Zimmertemperatur annehmen lassen.

3. Eine Zwei-Zonen-Glut für mittlere Hitze vorbereiten (siehe Seite 14–15).

4. Die Chips abtropfen lassen und auf die Glut geben. Den Grillrost gründlich reinigen. Wenn die Chips zu rauchen beginnen, das Hähnchen mit der Brustseite nach oben über *indirekte mittlere Hitze* legen, dabei die Schenkel der Glut zuwenden. Den Deckel schließen und das Hähnchen räuchern, bis es nach 1¼–1½ Std. an der dicksten Stelle eines Schenkels (beim Einstechen aber nicht den Knochen berühren) eine Kerntemperatur von 82 °C erreicht hat. Bei Bedarf den Vogel in dieser Zeit gelegentlich drehen, damit er gleichmäßig bräunt und gart. Um die Hitze zu halten, müssen Sie alle 30–45 Min. 10–12 frische Briketts (oder die entsprechende Menge Kohlestücke) nachlegen.

5. Das fertige Hähnchen vom Grill nehmen und 10 Min. nachziehen lassen. Tranchieren und für Sandwiches mit Pesto, Tomate und Salat das Fleisch nach Belieben in Scheiben schneiden. Warm oder raumtemperiert servieren.

BEER-CHAN-CHICKEN
MIT KNOBLAUCH UND OREGANO

15 MIN.
Zubereitungszeit

2–4 STD.
Marinierzeit

1–1½ STD.
Grillzeit

Für 2–4 Personen

4 kleine Knoblauchzehen, grob gehackt
2 TL getrockneter Oregano
1 TL grobes Meersalz
½ TL Chiliflocken
1 EL Öl
2 TL frisch gepresster Limettensaft
1 küchenfertiges Hähnchen (Poularde), 1½–1¾ kg

1 unbedruckte Dose (0,33 l) Bier, raumtemperiert (oder zusätzlich Weber® Geflügelhalter)

1. Knoblauch, Oregano, Salz und die Chiliflocken im Mörser möglichst fein zerstoßen. Öl und Limettensaft hinzufügen und alles zu einer Paste verrühren.

2. Das Hähnchen unter fließendem kaltem Wasser innen und außen waschen und mit Küchenpapier trockentupfen. Das Hähnchen außen rundum mit der Gewürzpaste bestreichen. Abgedeckt 2–4 Std. kalt stellen.

3. Eine geteilte Drei-Zonen-Glut für mittlere Hitze vorbereiten (siehe Seite 17). Eine große Tropfschale in die Mitte stellen und zur Hälfte mit warmem Wasser füllen.

4. Das Hähnchen vor dem Grillen 20–30 Min. Zimmertemperatur annehmen lassen. Die Dose abwaschen, öffnen und die Hälfte des Biers abgießen. Mit einem Dosenöffner zwei weitere Löcher in den Dosendeckel stanzen. Die Dose auf eine feste Unterlage stellen und die Bauchhöhle des Hähnchens über die Dose stülpen. Die Hähnchenschenkel so nach vorne biegen, dass sie zusammen mit der Dose eine Art Dreifuß bilden und das Hähnchen aufrecht steht. Die Flügelspitzen auf den Rücken drehen.

5. Das Hähnchen auf der Dose über **indirekte mittlere Hitze** stellen und bei geschlossenem Deckel 1–1½ Std. grillen, bis beim Einstechen klarer Fleischsaft austritt und die Kerntemperatur an der dicksten Stelle eines Schenkels (dabei aber nicht den Knochen berühren) 82 °C beträgt. Während des Grillens das Hähnchen für ein gleichmäßiges Bräunen und Garen bei Bedarf vorsichtig drehen. Um die Grilltemperatur zu halten, müssen Sie alle 30–45 Min. 10–12 frische Briketts (oder die entsprechende Menge Kohlestücke) nachlegen. Das fertige Hähnchen auf der Dose vorsichtig vom Grill nehmen, achten Sie dabei vor allem auf das heiße Bier in der Dose! Das Hähnchen etwa 10 Min. nachziehen lassen, bevor Sie es von der Dose heben und tranchieren. Warm servieren.

EIN GANZES HÄHNCHEN
VOM SPIESS

10 MIN. *Zubereitungszeit*
8–12 STD. *Marinierzeit*
1–1½ STD. *Grillzeit*

Für 2–4 Personen

FÜR DIE MARINADE
abgeriebene Schale und Saft von **1** Bio-Zitrone
2 TL Olivenöl
1 TL Currypulver
1 TL Dijon-Senf
1 TL getrockneter Thymian
1 TL Knoblauchgranulat
¾ TL grobes Meersalz
½ TL Cayennepfeffer

1 küchenfertiges Hähnchen (Poularde), 1 ½–1 ¾ kg

1 Rotisserie-Spieß

1. In einer mittelgroßen Schüssel die Zutaten für die Marinade zu einer Paste verarbeiten. Die Flügelspitzen des Hähnchens entfernen. Den Vogel unter fließendem kaltem Wasser innen und außen waschen, mit Küchenpapier trockentupfen und in eine große Schüssel legen. Außen rundum mit der Paste bestreichen und abgedeckt 8–12 Std. im Kühlschrank marinieren.

2. Eine geteilte Drei-Zonen-Glut aus Mesquite-Holzkohle für mittlere Hitze vorbereiten (siehe Seite 17). Eine große Tropfschale zwischen die beiden Kohlehaufen stellen und zur Hälfte mit warmem Wasser füllen.

3. Das Hähnchen mit Küchengarn dressieren (siehe Seite 226) und mittig auf den Rotisserie-Spieß stecken (folgen Sie dabei der Herstelleranweisung). Den Spieß einlegen und den Motor anschalten. Das Hähnchen über *indirekter mittlerer Hitze* bei geschlossenem Deckel 1–1 ½ Std. grillen, bis die Kerntemperatur an der dicksten Stelle eines Schenkels (beim Einstechen aber nicht den Knochen berühren) 82 °C beträgt. In dieser Zeit müssen Sie alle 30–45 Min. 5–6 frische Briketts (oder die entsprechende Menge Kohlestücke) nachlegen.

4. Wenn das Hähnchen gar ist, den Motor abschalten und den Spieß mit Grillhandschuhen abnehmen. Das Hähnchen aufrecht über die Tropfschale halten, damit die in der Bauchhöhle angesammelte Flüssigkeit abfließen kann. Vom Spieß nehmen und etwa 10 Min. nachziehen lassen. Tranchieren und warm servieren.

PUTEN-BURGER
MIT FRÜHLINGSZWIEBELN UND PILZEN

25 MIN.
Zubereitungszeit

2–3 STD.
Kühlzeit

10–15 MIN.
Grillzeit

Für 8 Personen

250 g Shiitake-Pilze
2 EL in feine Scheiben geschnittener Knoblauch
4 EL Olivenöl, plus ein wenig mehr für die Pattys
1 EL fein gehackter frischer Ingwer
½ Bund (etwa 120 g) Frühlingszwiebeln, in feine Scheiben geschnitten
1 ¼ TL grobes Meersalz
½ TL frisch gemahlener schwarzer Pfeffer
1 kg Putenhackfleisch
1 EL fein gehackte frische Thymianblättchen
1 EL Sojasauce
2 TL dunkles Sesamöl
2 TL Senfpulver
8 Burger-Brötchen mit Sesam, aufgeschnitten
Dijon-Senf (nach Belieben)
Tabasco (nach Belieben)

1. Die Pilze mit feuchtem Küchenpapier abreiben. Die Stiele abschneiden und wegwerfen. Die Pilze in etwa 5 mm große Würfel schneiden.

2. In einer Pfanne, die groß genug ist, dass die Pilze später darin in einer Lage Platz haben, den Knoblauch auf mittlerer Stufe unter Rühren 3 Min. im Öl goldbraun braten. Ingwer und Frühlingszwiebeln dazugeben und etwa 1 Min. mitbraten, bis die Frühlingszwiebeln weich werden. Die Pfanne vom Herd nehmen. Mit einem Schaumlöffel den Pfanneninhalt auf ein Backblech geben, dabei möglichst viel von dem aromatischen Öl in der Pfanne lassen. Die Pilze in einer Lage in die Pfanne füllen und mit ½ TL Salz und ¼ TL Pfeffer würzen. Bei mittlerer Hitze unter gelegentlichem Rühren 6–8 Min. braten, bis sie karamellisieren. Die Pilze auf dem Backblech ausbreiten und abkühlen lassen.

3. In einer großen Schüssel das Putenhackfleisch mit der Pilzmischung, Thymian, Sojasauce, Sesamöl, Senfpulver und den restlichen ¾ TL Salz und ¼ TL Pfeffer behutsam, aber gründlich vermengen. Die Masse in 8 gleich große Portionen teilen und aus jeder etwa 2 cm dicke Pattys mit einem Durchmesser von 10 cm formen. Die Pattys abdecken und in 2–3 Std. im Kühlschrank fest werden lassen.

4. Eine Zwei-Zonen-Glut für starke Hitze vorbereiten (siehe Seite 14–15).

5. Die Pattys auf beiden Seiten mit etwas Öl bestreichen. Den Grillrost gründlich reinigen. Pattys über ***direkter starker Hitze*** bei geschlossenem Deckel 6–8 Min. grillen, bis sie schön gebräunt sind. In dieser Zeit einmal wenden, sobald sie sich leicht vom Rost lösen lassen, und bei Bedarf umplatzieren, damit sie gleichmäßig garen. Anschließend über ***indirekter starker Hitze*** bei geschlossenem Deckel 4–6 Min. weitergrillen und bei Bedarf auf dem Grillrost umplatzieren, bis die Kerntemperatur 75 °C beträgt.

6. Die aufgeschnittenen Burger-Brötchen mit den Schnittflächen nach unten etwa 20–30 Sek. bei geöffnetem Deckel über direkter Hitze rösten. Die warmen Pattys in den Brötchen anrichten und nach Belieben zusammen mit Senf und Tabasco servieren.

EINEN TRUT-HAHN GRILLEN

Vor einigen Jahren bin ich von dem geschmacksarmen, im Ofen gebratenen Truthahn auf leicht geräucherten Truthahn vom Grill umgestiegen. Anfangs übernahm ich die Garzeiten im Ofen auch beim Grillen, ich berechnete demnach pro 500 g Fleisch gut 15 Min. bei 160 °C. Der Vogel vom Grill war nicht schlecht, vor allem wegen des leicht rauchigen Aromas, allerdings missfiel mir, dass das Brustfleisch schon zu trocken war, ehe die Keulen überhaupt gar waren. Dann entdeckte ich Nasspökeln mit einer aromatisierten Salzwasserlösung. Sie durchfeuchtet das Fleisch, sodass die Brust heißer gegrillt werden kann als üblich, bevor sie austrocknet.

Der nächste Schritt besteht darin, das Brustfleisch langsamer zu garen als die Keulen. Dafür lege ich den Truthahn mit der Brust nach unten in einen mit Geflügelfond gefüllten Bräter. Auf diese Weise grillt das Schenkelfleisch wie gewohnt, die Brust dagegen wird durch den Bräter und

Wenn Sie die Holzkohle halbkreisförmig auf einer Seite des Kohlerosts arrangieren, erzielen Sie auf dieser Seite höhere Temperaturen. Eine mit warmem Wasser gefüllte Tropfschale hilft dabei, die Hitze der Glut konstant zu halten, die idealerweise zwischen 150 °C und 175 °C liegen sollte.

die Flüssigkeit vor der Hitze geschützt. Nach etwa 1 Std. wende ich den Vogel und grille Brust- und Schenkelfleisch gemeinsam fertig – am Ende ist beides herrlich geräuchert und ungemein saftig. Mit der Bratenflüssigkeit können Sie anschließend eine hervorragende Sauce zubereiten.

AM TAG VOR DEM GRILLEN

① Die Flügelspitzen enthalten kaum Fleisch und verbrennen sehr schnell, schneiden Sie sie deshalb am Gelenk ab. Entfernen Sie den Hals und nehmen Sie die Innereien aus der Bauchhöhle. Alles zusammen wird später für die Bratensauce verwendet und zunächst kalt gestellt. ② Eine Kühlbox teilweise mit Eiswürfeln füllen, anschließend die Box mit einem großen, reißfesten sauberen Plastikbeutel auskleiden. Den Truthahn mit der Brustseite nach unten in den Beutel legen und mit der Lake sowie 3 l Wasser übergießen. ③ Die Seiten des Plastikbeutels so nach oben zusammenführen und verschließen, dass die Flüssigkeit den Truthahn möglichst vollständig bedeckt. Wichtig dabei ist, dass die Brust komplett in der Flüssigkeit liegt, nur ein Teil des Rückens darf gegebenenfalls frei bleiben.

DEN TRUTHAHN INDIREKT GRILLEN

① In einem grillfesten schweren Bräter Geflügelfond mit aromatischem Gemüse und den zurückbehaltenen Truthahnteilen vermengen. Den Vogel mit der Brustseite nach unten einlegen. Den Bräter über indirekte schwache Hitze stellen und Holzchips auf die Glut streuen. ② Nach einer Stunde werden die Keulen, die Flügel und der Rücken goldbraun sein, das Brustfleisch hingegen beginnt erst jetzt zu garen. ③ Den Truthahn wenden und mit der Brustseite nach oben fertig grillen. Sollten Teile des Truthahns zu dunkel werden, diese mit Alufolie abdecken. Der Truthahn ist gar, wenn die Kerntemperatur an der dicksten Stelle eines Schenkels (beim Einstechen aber nicht den Knochen berühren) 80 °C beträgt bzw. das Fleisch am Schenkelansatz nicht mehr rosa ist.

DIE BRATENSAUCE ZUBEREITEN

① Den durchgesiebten Fond aus dem Bräter mit einer Mehlschwitze, einer Mischung aus Mehl und Butter, binden. Den Bratenfond unter kräftigem Rühren mit einem Schneebesen zugießen, damit keine Klümpchen entstehen. ② Die Sauce wird nicht andicken, solange sie nicht den Siedepunkt erreicht. Unter ständigem Rühren aufkochen lassen. ③ Die Hitze reduzieren und die Sauce sanft köcheln lassen, bis sie die gewünschte Konsistenz erreicht hat. Abschmecken und gegebenenfalls nachwürzen.

SAFTIGER TRUTHAHN VOM GRILL
MIT BRATENSAUCE

30 MIN. *Zubereitungszeit*
18–24 STD. *Einlegezeit*
2½–3½ STD. *Grillzeit*

Für 10–12 Personen

FÜR DIE LAKE
- **2 l** Apfelsaft
- **250 g** grobes Meersalz
- **2 EL** getrockneter Rosmarin
- **2 EL** getrockneter Thymian
- **1 EL** getrockneter Salbei
- **1 TL** grob zerstoßener schwarzer Pfeffer

- **1** küchenfertiger Truthahn (Pute), 4 ½–5 ½ kg (TK-Ware aufgetaut)
- **125 ml** zerlassene Butter
- **1 TL** frisch gemahlener schwarzer Pfeffer
- **1 ½ l** Geflügelfond
- **1** große Zwiebel, grob gehackt
- **2** große Möhren, grob gehackt
- **2 Stangen** Sellerie, grob gehackt

FÜR DIE SAUCE
- **1 l** Bratenfond (bestehend aus dem Bratenfond des Bräters und Geflügelfond)
- **4 EL** Butter, **4 EL** Weizenmehl
- **80 ml** trockener Weißwein
- **2 EL** fein gehackte frische glatte Petersilie
- grobes Meersalz
- frisch gemahlener schwarzer Pfeffer

4 kleine Chunks Apfelholz oder **4 kleine Handvoll** Apfelholz-Chips, mind. 30 Min. gewässert

1. In einem großen Topf die Zutaten für die Lake kräftig verrühren, bis sich das Salz aufgelöst hat.

2. Befolgen Sie Step 1 von Seite 164. Anschließend den Truthahn innen und außen unter fließendem kaltem Wasser abspülen. Er muss nicht dressiert werden.

3. Befolgen Sie Step 2 und Step 3 von Seite 164. Anschließend die Kühlbox schließen und den Truthahn 18–24 Std. nasspökeln.

4. Eine halbkreisförmige Glut (siehe Seite 164) für schwache Hitze (zur Messung siehe Seite 15) vorbereiten. Den Truthahn aus der Lake heben (die Lake weggießen). Unter fließendem kaltem Wasser innen und außen abspülen und mit Küchenpapier trockentupfen. Den Vogel außen dünn mit etwas zerlassener Butter bestreichen und pfeffern.

5. Den Geflügelfond in einen grillfesten schweren, etwa 23 x 33 cm großen Bräter gießen. Zwiebel, Möhren, Sellerie sowie die kalt gestellten Truthahnteile hinzufügen und den Vogel mit der Brust nach unten einlegen.

6. Den Bräter so in die Mitte des Grillrosts stellen, dass die Keulen der Glut zugewandt sind. 2 Chunks oder 2 Handvoll Chips abtropfen lassen und auf die Glut legen. Den Truthahn über *indirekter schwacher Hitze* (150–175 °C) bei geschlossenem Deckel 1 Std. garen.

7. Anschließend 10–12 frische Briketts mit einer langstieligen Zange einzeln zwischen die glühenden Briketts legen. Das restliche Holz abtropfen lassen und auf die Glut geben. Den Truthahn vorsichtig im Bräter wenden und mit der Brustseite nach oben über *indirekter schwacher Hitze* und bei geschlossenem Deckel 1 Std. garen.

8. Den Truthahn mit der restlichen zerlassenen Butter bestreichen. Sollten Teile des Vogels zu dunkel werden, diese fest mit Alufolie umwickeln. Erneut 10–12 frische Briketts nachlegen und den Truthahn über *indirekter schwacher Hitze* bei geschlossenem Deckel fertig garen. Rechnen Sie insgesamt mit einer Garzeit von 2 ½–3 ½ Std. Am Ende sollte die Kerntemperatur an der dicksten Stelle des Schenkels 80 °C betragen (dabei nicht den Knochen berühren), die des Brustfleischs 75 °C. Den Truthahn auf ein Schneidbrett heben, locker mit Alufolie abdecken und 20–30 Min. nachziehen lassen (die Kerntemperatur wird jetzt noch um ein paar Grad steigen). Inzwischen die Bratensauce zubereiten (siehe dazu auch Seite 165).

9. Den Fond aus dem Bräter durch ein Sieb passieren (die festen Bestandteile im Sieb anschließend wegwerfen) und entfetten. Mit so viel Geflügelfond auffüllen, dass 1 l Flüssigkeit entsteht. Die Butter und das Mehl im Bräter bei mittlerer Temperatur erhitzen. Sobald die Butter geschmolzen ist, die Mischung mit einem Holzlöffel 5 Min. kräftig verrühren, bis sie die Farbe von Erdnusscreme annimmt. Den Fond und den Wein zugießen, alles zum Kochen bringen und dabei ständig mit einem Schneebesen rühren, um alle Klümpchen aufzulösen. Die Hitze reduzieren und die Sauce ein paar Minuten sanft köcheln lassen, bis sie die gewünschte Konsistenz erreicht hat. Ist sie zu dickflüssig, portionsweise noch etwas Geflügelfond unterrühren. Die Sauce abschmecken und mit der Petersilie bestreuen. Den Truthahn tranchieren und warm mit der Bratensauce servieren.

FISCH

170	Auf Zedernholz gegrillter, glasierter Lachs
172	Fenchelwürziger Lachs mit Gazpacho-Salat
174	Über Hickoryholz geräucherte Makrele
175	Sardinen in Weißweinessig mit Johannisbeeren
176	Bachforelle mit Zitrone und Rosmarin
177	Saiblingfilets mit gegrilltem Gemüse-Konfetti
178	Würziger Zackenbarsch mit Gelber-Paprika-Sauce
179	Schwertfischsteaks mit Mandel-Knoblauch-Butter
180	Curry-Thunfischsteaks mit warmem Spinat-Bohnen-Salat
182	Rotbarsch texanisch mit Chili-Salsa
184	Holzkohle-Fan: Dave Scully
185	Daves Fisch-Tacos
186	Griechischer Meeresfrüchtesalat
187	Gegrillte Garnelen mit süß-saurer Sauce

Charcoal Fanatics

AUF ZEDERNHOLZ GEGRILLTER
GLASIERTER LACHS

10 MIN.
Zubereitungszeit
15–25 MIN.
Grillzeit

Für 6–8 Personen

FÜR DIE GLASUR
1 EL Hoisin-Sauce (Asia-Laden)
1 EL Dijon-Senf
1 EL frisch gepresster Zitronensaft
1 EL Butter, zerlassen
½ TL dunkles Sesamöl

1 großes ganzes Lachsfilet mit Haut, 1–1 ¼ kg, etwa 40 cm lang und 2 cm dick
½ TL grobes Meersalz
¼ TL frisch gemahlener schwarzer Pfeffer

1 Räucherbrett aus Zedernholz, etwa 20 x 40 cm, mind. 1 Std. gewässert (s. S. 27)

1. Eine Zwei-Zonen-Glut für mittlere Hitze vorbereiten (siehe Seite 14–15).

2. In einer kleinen Schüssel die Zutaten für die Glasur glatt rühren.

3. Das Lachsfilet mit der Hautseite nach unten auf ein großes Schneidbrett legen. Mit einer Pinzette alle Gräten aus dem Filet entfernen. Ohne die Haut zu durchtrennen, den Lachs zuerst längs halbieren, dann quer in 6–8 Portionen schneiden. Das Lachsfleisch gleichmäßig mit der Glasur bestreichen, dabei auch ein wenig Glasur in die Schnittstellen streichen. Den Lachs gleichmäßig mit Salz und Pfeffer würzen.

4. Das Räucherbrett auf den Grillrost über **direkte mittlere Hitze** legen und den Deckel schließen. Sobald nach einigen Minuten das Brett zu knistern beginnt und Rauch aus dem Grill steigt, den Lachs mit der Hautseite nach unten mittig auf das Brett legen. Den Deckel schließen und den Lachs 15–25 Min. auf dem Brett garen, bis er gebräunt und sein Fleisch auch im Kern blassrosa ist. Sollte in dieser Zeit die Rauchentwicklung im Grill zu stark sein, löschen Sie mit Wasser aus einer Sprühflasche die Flammen am Holzbrett. Gegebenenfalls müssen Sie das Brett aber auch über indirekte Hitze legen, um weitere hochschlagende Flammen zu vermeiden. Die Grillzeit verlängert sich dadurch.

5. Das Brett mit dem Lachs vorsichtig vom Grill nehmen und auf eine hitzefeste Unterlage legen. Den Lachs im Ganzen direkt auf dem Brett servieren oder portionsweise auf Tellern anrichten. Dazu mit einem Pfannenwender die einzelnen Filets von der Haut abheben. Warm oder raumtemperiert servieren.

FENCHELWÜRZIGER LACHS
MIT GAZPACHO-SALAT

25 MIN.
Zubereitungszeit

1–8 STD./1 STD.
Kühlzeit/Marinierzeit

8–10 MIN.
Grillzeit

Für 6 Personen

FÜR DEN SALAT

2 EL Olivenöl
1 mittelgroße rote Zwiebel, fein gewürfelt
2 TL fein gehackter Knoblauch
400 g Tomaten, fein gewürfelt
1 mittelgroße Zucchini, fein gewürfelt
1 mittelgroße Salatgurke, entkernt, fein gewürfelt
2 mittelgroße rote Paprikaschoten, fein gewürfelt
½ TL grobes Meersalz
1 kräftige Prise frisch gemahlener schwarzer Pfeffer
1 TL Aceto balsamico
2 EL fein gehackte frische Dillspitzen
Tabasco

FÜR DIE WÜRZMISCHUNG

1 TL gemahlene Fenchelsamen
1 TL grobes Meersalz
1 TL reines Chilipulver
½ Selleriesamen
½ TL frisch gemahlener schwarzer Pfeffer

6 Lachsfilets ohne Haut, je etwa 250 g und 2 ½ cm dick
Olivenöl

1. Auf dem Herd das Öl bei mittlerer Hitze in einer großen Pfanne (Ø etwa 30 cm) erhitzen und die Zwiebel darin in 2–3 Min. unter gelegentlichem Rühren glasig dünsten. Den Knoblauch zufügen und 1 Min. mitdünsten, dabei ab und zu umrühren. Tomaten-, Zucchini-, Gurken- und Paprikawürfel dazugeben, salzen und pfeffern und die Mischung unter gelegentlichem Rühren etwa 1 Min. dünsten, bis die Tomaten ein wenig Flüssigkeit abgegeben haben. Die Pfanne vom Herd nehmen, Essig und Dill unterrühren. Den Pfanneninhalt in eine große Schüssel geben und mind. 1 Std. oder bis zu 8 Std. kalt stellen (in dieser Zeit wird sich weiterer Gemüsesaft ansammeln). Die Schüssel etwa 30 Min. vor dem Servieren aus dem Kühlschrank nehmen und den Gazpacho-Salat mit Salz, Pfeffer und Tabasco abschmecken.

2. Inzwischen in einer kleinen Schüssel die Zutaten für die Würzmischung vermengen. Die Lachsfilets auf beiden Seiten gleichmäßig mit Olivenöl bestreichen und mit der Würzmischung bestreuen. Abgedeckt für 1 Std. in den Kühlschrank stellen.

3. Eine Zwei-Zonen-Glut für starke Hitze vorbereiten (siehe Seite 14–15).

4. Den Grillrost gründlich reinigen. Die Lachsfilets über **direkter starker Hitze** bei geschlossenem Deckel grillen, bis sie den gewünschten Gargrad erreicht haben. Rechnen Sie mit 8–10 Min. für medium rare (halb durchgebraten), dabei die Filets nach 6–7 Min. einmal wenden und für ein gleichmäßiges Garen bei Bedarf auf dem Grillrost umplatzieren. Den warmen Lachs auf dem Gazpacho-Salat anrichten und servieren. Nach Belieben etwas von dem in der Schüssel angesammelten Gemüsesaft vorher abgießen.

ÜBER HICKORYHOLZ GERÄUCHERTE
MAKRELE

15 MIN.
Zubereitungszeit
MIND. 1 STD.
Einweichzeit
10–12 MIN.
Grillzeit

Für 4 Personen

4 ganz frische küchenfertige Makrelen, je etwa 250–300 g
1 Zweig frischer Rosmarin, die Blätter abgezupft
40 ml Olivenöl

40–80 g Hickoryholz-Chips (nach Geschmack), mind. 1 Std. in 200 ml Bier eingeweicht

1. Eine Zwei-Zonen-Glut für mittlere Hitze vorbereiten (siehe Seite 14–15).

2. Die Makrelen mit einem scharfen Messer auf beiden Seiten dreimal bis auf die Gräten einschneiden. Die Rosmarinblätter fein hacken und mit dem Olivenöl vermischen. Die Makrelen auf beiden Seiten mit dem Rosmarinöl bestreichen und 20 Min. bei Zimmertemperatur marinieren.

3. Den Grillrost gründlich reinigen. Die Hickory-Chips aus dem Bier nehmen, abtropfen lassen und auf die heiße Glut geben.

4. Die Fische über *indirekter mittlerer Hitze* bei geschlossenem Deckel 5–6 Min. pro Seite grillen, je nach Größe und Dicke der Makrelen auch länger, bis sie gar sind und sich auf Daumendruck fest anfühlen. Auf einzelnen Tellern anrichten und warm servieren.

SARDINEN IN WEISSWEINESSIG
MIT JOHANNISBEEREN

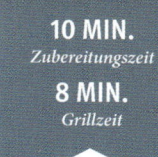

10 MIN. *Zubereitungszeit*
8 MIN. *Grillzeit*

Für 4 Personen

- **100 g** Schwarze Johannisbeeren
- **80 g** Pinienkerne
- **50 g** Petersilie
- **150 g** Schalotten
- **100 ml** Olivenöl
- Salz und frisch gemahlener schwarzer Pfeffer
- **60 ml** Weißweinessig, plus etwas mehr zum Beträufeln
- **600 g** küchenfertige Sardinen ohne Kopf

1. Eine Zwei-Zonen-Glut für mittlere Hitze vorbereiten (siehe Seite 14–15).

2. Die Johannisbeeren behutsam waschen und von den Stängeln zupfen. Die Pinienkerne in einer Pfanne ohne Fett goldbraun rösten. Die Petersilie waschen, trockenschütteln und mit den zarten Stielen fein hacken.

3. Die Schalotten schälen, halbieren und in Halbringe schneiden. 90 ml Olivenöl in eine Pfanne geben und die Schalotten darin bei mittlerer Hitze auf dem Herd andünsten. Salzen, pfeffern und mit dem Essig ablöschen. Die Johannisbeeren zufügen und kurz mitdünsten.

4. Den Grillrost gründlich reinigen. Die Sardinen in den restlichen 10 ml Olivenöl wenden und über ***direkter mittlerer Hitze*** bei geschlossenem Deckel etwa 8 Min. grillen, dabei einmal wenden und für ein gleichmäßigen Garen gegebenenfalls auf dem Rost umplatzieren.

5. Die fertigen Sardinen auf einer Servierplatte anrichten, mit etwas Weißweinessig beträufeln und die warme Johannisbeer-Mischung darübergeben. Zuletzt mit der Petersilie und den Pinienkernen bestreuen und servieren.

20 MIN.
Zubereitungszeit
8–10 MIN.
Grillzeit

BACHFORELLE
MIT ZITRONE UND ROSMARIN

Für 4 Personen

4 küchenfertige Bachforellen, je etwa 250–280 g
1 TL grobes Meersalz
¼ TL frisch gemahlener schwarzer Pfeffer
Olivenöl
2 Bio-Zitronen
1 kleine Handvoll Rosmarinzweige

1 Fischkorb für 4 Forellen oder 2 Fischkörbe für je 2 Forellen

1. Eine Zwei-Zonen-Glut für starke Hitze vorbereiten (siehe Seite 14–15).

2. Die Forellen wie ein Buch aufklappen und innen mit Salz und Pfeffer würzen. Wieder schließen und außen dünn mit Olivenöl bestreichen.

3. Die Enden der Zitronen abschneiden und wegwerfen. Die Zitronen quer in etwa 5 mm dicke Scheiben schneiden. Eine Seite eines Fischkorbs in einer Lage mit der Hälfte der Zitronenscheiben belegen und die Fische daraufsetzen. Die restlichen Scheiben auf die Forellen legen. Den Korb schließen und sichern. Achten Sie darauf, dass dabei die Haut der Fische nicht verletzt wird.

4. Den Deckel des Grills öffnen und die Rosmarinzweige in die Glut werfen. Die Forellen im Korb über **direkter starker Hitze** bei geöffnetem Deckel 8–10 Min. grillen, bis Zitronenscheiben und Forellenhaut schön gebräunt und die Filets auch an der dicksten Stelle durchgegart sind. In dieser Zeit den Fischkorb mehrmals wenden und drehen.

5. Den Korb vom Grill nehmen und behutsam öffnen. Die Zitronenscheiben auf dem Fisch abnehmen und wegwerfen. Mit einem großen Fischwender die Forellen ohne die unteren Zitronenscheiben einzeln aus dem Korb auf einen Servierteller heben und warm servieren.

SAIBLINGFILETS
MIT GEGRILLTEM GEMÜSE-KONFETTI

10 MIN. *Zubereitungszeit*
20–25 MIN. *Grillzeit*

Für 4 Personen

FÜR DAS GEMÜSE-KONFETTI
2 Maiskolben, Hüllblätter entfernt
1 mittelgroße rote Zwiebel, in 1 cm dicke Scheiben geschnitten
Olivenöl
400 g Kirschtomaten, geviertelt
6 EL fein gehackte frische Basilikumblätter
1 EL Champagner-Essig
2 TL fein gehackter Knoblauch
grobes Meersalz
frisch gemahlener schwarzer Pfeffer

4 Saiblingfilets mit Haut, je etwa 250 g und 2 ½ cm dick

1. Eine Zwei-Zonen-Glut für mittlere Hitze vorbereiten (siehe Seite 14–15).

2. Mais und Zwiebelscheiben dünn mit Olivenöl bestreichen. Den Grillrost gründlich reinigen. Beide Zutaten über **direkter mittlerer Hitze** bei geschlossenem Deckel grillen, dabei ab und zu wenden, bis die Zwiebelscheiben nach 8–10 Min. weich und die Maiskolben nach 12–15 Min. goldbraun sind. Vom Grill nehmen und abkühlen lassen.

3. Inzwischen die Glut für starke Hitze vorbereiten. Dafür den Anzündkamin zu einem Viertel mit frischen Briketts füllen und die Briketts gleichmäßig auf der Glut verteilen. Den Grilldeckel für 10–15 Min. geöffnet lassen, bis sie glühen. Die Maiskörner von den Kolben schaben und in in eine mittelgroße Schüssel geben. Die Zwiebelscheiben grob hacken und dazugeben. Die restlichen Zutaten für das Konfetti zufügen, die Zutaten durchmischen und mit Salz und Pfeffer würzen.

4. Die Fischfilets auf beiden Seiten mit Öl bestreichen und mit ¾ TL Salz und ½ TL Pfeffer würzen. Den Grillrost gründlich reinigen. Die Filets mit der Hautseite nach oben über **direkter starker Hitze** bei geschlossenem Deckel 5 bis 6 Min. grillen, wenden und 3–4 Min. weitergrillen, bis sie im Kern leicht rosa sind. Warm mit dem Gemüse servieren.

WÜRZIGER ZACKENBARSCH
MIT GELBER-PAPRIKA-SAUCE

15 MIN.
Zubereitungszeit
15–20 MIN.
Grillzeit

Für 4 Personen

FÜR DIE SAUCE
2 mittelgroße gelbe Paprikaschoten
2 EL Olivenöl, **2 TL** fein gehackter Knoblauch
1 kleine Zwiebel, sehr fein gewürfelt
1 EL Weißweinessig, **1–2 EL** Sahne
grobes Meersalz

FÜR DIE WÜRZMISCHUNG
2 TL Currypulver, **1 TL** gemahlener Piment, **1 TL** gemahlener Kreuzkümmel, **1 TL** frisch gemahlener schwarzer Pfeffer, **1 TL** grobes Meersalz, ¼ **TL** geriebene Muskatnuss

4 Zackenbarschfilets, je 180–230 g und etwa 2 cm dick
Öl

1. Eine Zwei-Zonen-Glut für starke Hitze vorbereiten (siehe Seite 14–15).

2. Die ganzen Paprikaschoten über *direkter starker Hitze* bei geschlossenem Deckel 10–12 Min. grillen, dabei häufig wenden, bis die Haut Blasen wirft und rundum verkohlt ist. In einer mit Frischhaltefolie abgedeckten Schüssel etwa 10 Min. ausdampfen lassen.

3. Von den Paprikaschoten die Haut abziehen, Stiele, Kerne und Trennwände entfernen. Die Schoten grob würfeln. In einer kleinen Pfanne auf mittlerer bis hoher Stufe 2 EL Olivenöl erhitzen. Knoblauch und Zwiebel darin 3–4 Min. unter gelegentlichem Rühren dünsten, dann die Paprika dazugeben und in 3–4 Min. weich dünsten, dabei ab und zu umrühren. Mit dem Essig ablöschen. Das Gemüse im Mixer fein pürieren. Die Pfanne sauber auswischen und das Gemüsepüree zurück in die Pfanne geben. Die Sahne unterrühren und die Sauce mit Salz abschmecken.

4. Gegebenenfalls Holzkohle nachlegen, um die Fischfilets anschließend bei starker Hitze zu grillen.

5. Die Zutaten für die Würzmischung vermengen. Den Fisch auf beiden Seiten dünn mit Öl bestreichen und mit der Würzmischung bestreuen. Wenn die Grilltemperatur erreicht ist, den Grillrost gründlich reinigen. Die Filets über *direkter starker Hitze* bei geschlossenem Deckel 5–8 Min. grillen, dabei nach 3–5 Min. einmal wenden und für ein gleichmäßiges Garen bei Bedarf umplatzieren, bis das Fischfleisch fast blättrig zerfällt und im Kern nicht mehr glasig ist. Die Sauce kurz aufwärmen. Die warmen Filets mit der Sauce servieren.

SCHWERTFISCHSTEAKS
MIT MANDEL-KNOBLAUCH-BUTTER

20 MIN. *Zubereitungszeit*
1–2 STD. *Marinierzeit*
8–10 MIN. *Grillzeit*

Für 4 Personen

FÜR DIE MARINADE
4 EL Olivenöl
Saft und abgeriebene Schale von **1** Bio-Zitrone
2 EL fein gehackte frische Dillspitzen
1 EL fein gehackter Knoblauch, **1 TL** Chiliflocken
¾ **TL** grobes Meersalz
½ **TL** getrockneter Thymian

4 Schwertfischsteaks, je 250–300 g und 2 ½ cm dick
1 Zitrone, in 4 Spalten geschnitten

FÜR DIE BUTTER
3–4 EL blanchierte ganze Mandeln
3 große Knoblauchzehen, geschält
3 EL weiche Butter
1 EL fein gehackte frische Dillspitzen
½ **TL** grobes Meersalz
¼ **TL** frisch gemahlener schwarzer Pfeffer

1 kleine Handvoll Eichenholz-Chips, mind. 30 Min. gewässert

1. In einer kleinen Schüssel die Zutaten für die Marinade verrühren.

2. Die Fischsteaks nebeneinander auf eine Platte legen. Die gesamte Marinade über die Steaks löffeln und die Steaks in der Marinade wenden, bis sie gleichmäßig überzogen sind. Mit Frischhaltefolie abdecken und 1–2 Std. kalt stellen.

3. In einer Pfanne Mandeln und Knoblauchzehen auf mittlerer Stufe ohne Fett 4–6 Min. rösten, bis sie stellenweise dunkel gebräunt sind, dabei gelegentlich umrühren. Herausnehmen und abkühlen lassen, dann in sehr kleine Stücke hacken. In einer kleinen Schüssel mit den übrigen Zutaten vermischen und mit einem Gabelrücken alles kräftig zerdrücken. Abgedeckt mind. 1 Std. kalt stellen.

4. Eine Zwei-Zonen-Glut für starke Hitze vorbereiten (siehe Seite 14–15). Die Chips auf die Glut geben.

5. Von den Fischsteaks überschüssige Marinade und Flüssigkeit abtropfen lassen. Den Grillrost gründlich reinigen. Die Steaks über **direkter starker Hitze** bei geschlossenem Deckel 8–10 Min. grillen, dabei einmal wenden und bei Bedarf auf dem Rost umplatzieren, bis das Fischfleisch im Kern nicht mehr glasig, aber noch saftig ist. Mit etwas Mandel-Knoblauch-Butter auf einzelnen Tellern anrichten und warm mit den Zitronenspalten servieren.

CURRY-THUNFISCHSTEAKS
MIT WARMEM SPINAT-BOHNEN-SALAT

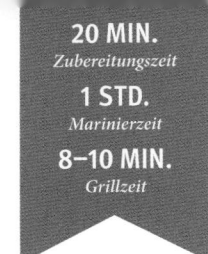

20 MIN. *Zubereitungszeit*
1 STD. *Marinierzeit*
8–10 MIN. *Grillzeit*

Für 4 Personen

FÜR DEN SALAT

4 EL Olivenöl
1 mittelgroße Zwiebel, fein gewürfelt
1 TL fein gehackter Knoblauch
1 TL getrockneter Oregan
4 große Handvoll grob gehacker frischer Spinat
1 Dose (425 g) schwarze Bohnen, die Bohnen abgespült und abgetropft
1 EL frisch gepresster Limettensaft
¼ TL grobes Meersalz

5 EL Sauerrahm (20 %)
1 EL fein gehackte frische Korianderblätter

1 ¼ TL grobes Meersalz
½ TL Currypulver
½ TL reines Chilipulver
¼ TL frisch gemahlener schwarzer Pfeffer
4 Thunfischsteaks, je 180–230 g und etwa 2 ½ cm dick
Olivenöl

1. In einer großen Pfanne (Ø etwa 30 cm) das Öl auf mittlerer Stufe erhitzen. Die Zwiebel darin unter gelegentlichem Rühren 3–4 Min. andünsten. Knoblauch und Oregano zufügen und etwa 1 Min. mitdünsten, bis der Knoblauch zu bräunen beginnt, dabei ab und zu umrühren. Zügig die restlichen Salatzutaten dazugeben, durchmischen und die Pfanne abgedeckt beiseitestellen.

2. In einer kleinen Schüssel Sauerrahm und Koriandergrün verrühren.

3. In einer zweiten kleinen Schüssel Meersalz mit Curry-, Chilipulver und Pfeffer mischen. Die Thunfischsteaks auf beiden Seiten dünn mit Öl bestreichen und gleichmäßig mit der Currymischung würzen. Die Steaks abgedeckt 1 Std. in den Kühlschrank stellen.

4. Eine Zwei-Zonen-Glut für starke Hitze vorbereiten (siehe Seite 14–15).

5. Den Grillrost gründlich reinigen. Die Thunfischsteaks über **direkter starker Hitze** bei geschlossenem Deckel 8–10 Min. grillen, in dieser Zeit einmal wenden und für ein gleichmäßiges Garen gegebenenfalls auf dem Rost umplatzieren, bis die Steaks das typische Grillmuster angenommen haben und das Fischfleisch im Kern gerade nicht mehr glasig ist. Inzwischen den Spinat-Bohnen-Salat auf mittlerer Stufe erwärmen, dabei ab und zu umrühren.

6. Den warmen Salat auf den Steaks anrichten, einen Klecks Sauerrahm daraufgeben und servieren.

ROTBARSCH TEXANISCH
MIT CHILI-SALSA

20 MIN.
Zubereitungszeit

15–18 MIN.
Grillzeit

Für 4 Personen

FÜR DIE WÜRZMISCHUNG
2 TL reines Chilipulver
1 TL grobes Meersalz
½ TL Knoblauchgranulat
½ TL getrockneter Oregano
¼ TL gemahlener Kreuzkümmel
¼ TL frisch gemahlener schwarzer Pfeffer

4 Filets ohne Haut vom Rotbarsch oder Red Snapper, je 180–230 g und etwa 2 cm dick
Olivenöl

FÜR DIE SALSA
4 mittelgroße Eiertomaten, entkernt, geviertelt
1 mittelgroße rote Zwiebel, fein gewürfelt
4 EL frische Korianderblätter mit zarten Stielen
1–2 mittelgroße rote Chilischoten, Stiel und Kerne entfernt, geviertelt
2 mittelgroße Knoblauchzehen, zerdrückt
1 EL Olivenöl
1 EL frisch gepresster Limettensaft
½ TL reines Chilipulver
¼ TL gemahlener Kreuzkümmel

grobes Meersalz
frisch gemahlener schwarzer Pfeffer

1. In einer kleinen Schüssel die Zutaten für die Würzmischung vermengen.

2. Die Fischfilets dünn mit Öl bestreichen und gleichmäßig mit der Würzmischung bestreuen. Abgedeckt kalt stellen.

3. Eine Zwei-Zonen-Glut für starke Hitze vorbereiten (siehe Seite 14–15).

4. In einer großen Schüssel die Zutaten für die Salsa vermischen und in die Mitte eines etwa 60 cm langen Stücks Alufolie häufen. Die Folienseiten darüberschlagen und fest verschließen, sodass ein versiegeltes Päckchen entsteht.

5. Das Folienpäckchen über *direkter starker Hitze* bei geschlossenem Deckel etwa 10 Min. grillen, dabei vorsichtig einmal wenden, bis die Tomaten weich und die Chilis knackig-zart sind. Das Päckchen mit einer Zange vom Grill nehmen, vorsichtig öffnen und den Inhalt 5–10 Min. ausdampfen lassen. Anschließend in der Küchenmaschine oder im Mixer zu einer stückigen Salsa pürieren. Wenn sie Ihnen zu flüssig erscheint, etwas Gemüsesaft abgießen. Mit Salz und Pfeffer abschmecken.

6. Bei Bedarf Holzkohle für starke Hitze nachlegen.

7. Wenn die Glut die erforderliche Temperatur erreicht hat, den Grillrost gründlich reinigen. Die Fischfilets über *direkter starker Hitze* bei geschlossenem Deckel 5–8 Min. grillen, dabei nach 3–5 Min. einmal wenden, bis die Filets fast blättrig zerfallen und im Kern nicht mehr glasig sind. Bei Bedarf die Filets umplatzieren, damit sie gleichmäßig garen. Vom Grill nehmen, auf Tellern anrichten, Salsa darüberlöffeln und warm servieren.

TIPP

Rotbarsch ähnelt dem Red Snapper, hat jedoch eine etwas festere, fleischigere Konsistenz. Auch Filets vom Lengdorsch eignen sich für diese würzig-scharfe Zubereitung. Welche Fischart Sie auch bevorzugen, grillen Sie zunächst eine Seite über sehr heißer Glut ein paar Minuten länger als die andere. So können Sie die Filets wenden, ohne dass sie am Grillrost haften bleiben, obendrein garen die Filets auf diese Weise gleichmäßiger.

DER WEBER SPEZIAL TIPP

Charcoal Fanatics
HOLZKOHLE-FAN

DAVE SCULLY

Als Finanzdirektor in New York führt Dave Scullys hektischer Job ihn seit Jahren kreuz und quer durch die Welt. Doch mit beharrlicher Regelmäßigkeit verbringen Dave und seine Familie den Sommer in einer kleinen Stadt an der Küste von Maine, wo das ruhige Leben sich kaum von dem aus Daves Kindertagen unterscheidet. Daves Kinder gehören zur fünften Generation der Scullys, die ihren Sommer in Maine verbringt. »Hier sind wir verankert«, sagt Dave, »und unser Urlaubsprogramm ist ganz einfach: Wir suchen nach Muscheln, wir segeln und angeln viel, und für das Abendessen wird gewöhnlich der Grill angeworfen und zubereitet, was die Saison gerade hergibt.« Im August etwa tummelt sich der Felsenbarsch in den kalten Gewässern vor Maines schroffer Küste, außerdem werden der heimische Mais und weiße Pfirsiche reif. Der Mais ist so süß, dass man ihn roh essen kann. Dave meint jedoch, dass er vom Grillen über offenem Feuer noch besser schmeckt. Sowohl der Mais als auch die Pfirsiche gehören in Daves selbst kreierte Salsa, die er über den gegrillten Barsch in weichen Tacos löffelt.

LIVE FIRE WISDOM

Die Dicke der Fischfilets, so Dave, bestimmt die Art der Hitze, die Sie beim Grillen verwenden sollten. Wenn die Filets 2 ½ cm oder dünner sind, müssen sie direkt über der Glut gegrillt werden; sind sie dicker als 2 ½ cm, grillen Sie sie seitlich von den glühenden Kohlen, damit sie innen durchgaren können, bevor sie außen verkohlen. Ob mit der direkten oder indirekten Methode, grillen Sie die Filets immer mit der Hautseite nach unten ohne sie zu wenden. Die Haut schützt das empfindliche Fleisch vor der Hitze und hält es in Form. Wenn der Fisch gar ist, heben Sie ihn mit einem Fischwender direkt von der Haut ab auf einen Teller. Falls er dabei zerfällt, ist das kein Grund zur Sorge: Sie müssen ihn anschließend ohnehin zerpflücken.

① Die Filets sind gar (aber noch saftig), wenn das Fleisch im Kern gerade nicht mehr glasig ist. ② Schieben Sie einen Fischwender genau zwischen Fleisch und Haut und heben Sie das Fischfleisch von der Haut ab.

DAVES
FISCH-TACOS

35 MIN. Zubereitungszeit
1 STD. Einweichzeit
12–15 MIN. Grillzeit

Für 6 Personen

FÜR DEN KRAUTSALAT
1 kleiner Kopf Weißkohl (etwa 500 g), geputzt, geviertelt
grobes Meersalz
1 TL fein gehackter Knoblauch
½ TL frisch gemahlener schwarzer Pfeffer
2 EL Rotweinessig, **5 EL** Olivenöl

FÜR DIE SALSA
1 großer weißfleischiger Pfirsich (oder Nektarine),
  in 1 cm große Stücke geschnitten
2 EL fein gehackte frische Minzeblätter
2 EL fein gehackte frische Korianderblätter
1 EL frisch gepresster Limettensaft
1 EL fein gehackte Serrano-Chilischote
grobes Meersalz
2 sehr reife Maiskolben, Hüllblätter entfernt
Olivenöl

6 Filets vom Felsen- oder Wolfsbarsch mit Haut,
  je etwa 230 g und 2 ½ cm dick
1 TL grobes Meersalz
½ TL frisch gemahlener schwarzer Pfeffer
12 Weizentortillas (Ø 20 cm) oder Tacos

1. Aus den Kohlvierteln den Strunk herausschneiden und die Viertel quer in sehr dünne Streifen schneiden. In eine große Schüssel geben, mit 1 EL Salz bestreuen und den Kohl mit Wasser bedecken. 1 Std. beiseitestellen.

2. Das Wasser abgießen, den Kohl trockenschleudern und zurück in die Schüssel geben. In einer kleinen Schüssel Knoblauch, Pfeffer und Essig mit ½ TL Salz verrühren, dann nach und nach das Öl unterschlagen. Etwa 1 Min. weiterrühren, bis sich die Zutaten gut verbunden haben. Den Kohl dünn mit dem Dressing überziehen (vielleicht brauchen Sie nicht das gesamte Dressing).

3. Für die Salsa in einer mittelgroßen Schüssel Pfirsichstücke, Minze, Koriander, Limettensaft, Chili und ¼ TL Meersalz vermengen.

4. Eine Zwei-Zonen-Glut für mittlere Hitze vorbereiten (siehe Seite 14–15).

5. Den Grillrost gründlich reinigen. Die Maiskolben mit etwas Öl bestreichen, anschließend über ***direkter mittlerer Hitze*** bei geschlossenem Deckel 6–7 Min grillen, dabei immer wieder drehen und wenden, bis sie rundum schön gebräunt sind. Vom Grill nehmen und abkühlen lassen. Die Körner herauslösen, in die Schüssel zu den Pfirsichstücken geben und die Salsa mit Salz abschmecken. Die Fischfilets auf beiden Seiten dünn mit Öl bestreichen und die Fleischseite mit Salz und Pfeffer würzen.

6. Wenn die Glut nicht heiß genug ist, einen Anzündkamin zu einem Viertel mit frischen Briketts füllen und die Briketts gleichmäßig auf der Glut verteilen. Das Glutbett sollte groß genug ist, damit später alle Filets über direkter Hitze liegen können. Den Deckel 10–15 Min. geöffnet lassen, dann für etwa 5 Min. schließen.

7. Den Grillrost gründlich reinigen. Die Fischfilets über ***direkter starker Hitze*** bei geschlossenem Deckel 6–8 Min. grillen, dabei nicht wenden, auch wenn die Haut verkohlt, bis das Fleisch fast blättrig zerfällt und auch im Kern nicht mehr glasig ist. Mit einem Fischwender das Fleisch von der Haut abheben und auf einem Teller oder in einer Schüssel mit zwei Gabeln in mundgerechte Stücke zerpflücken. Die Haut sollte sich anschließend mühelos mit einer Grillzange vom Rost ablösen lassen. Den Grillrost gründlich reinigen.

8. Jeweils einige Tortillas gleichzeitig über direkter Hitze bei geöffnetem Deckel 5–10 Sek. erwärmen, mit Fischstücken, Krautsalat und Salsa füllen und warm servieren.

GRIECHISCHER MEERESFRÜCHTESALAT

20 MIN. *Zubereitungszeit*
20–30 MIN. *Marinierzeit*
5 MIN. *Grillzeit*

Für 6 Personen

FÜR DAS DRESSING
6 EL Olivenöl
3 EL Rotweinessig
½ TL fein gehackter Knoblauch
½ TL grobes Meersalz
½ TL getrockneter Oregano
¼ TL Chiliflocken

5 mittelgroße Strauchtomaten
100 g entkernte grüne Oliven, halbiert oder geviertelt
1 Stange Sellerie, in feine Scheiben geschnitten
4 EL fein gewürfelte rote Zwiebeln
450 g kleine Garnelen (Größe 36/45), geschält, Darm entfernt
450 g Jakobsmuschelfleisch
2 EL grob gehackte frische glatte Petersilie

1 Grillpfanne aus Edelstahl

1. In einer kleinen Schüssel die Zutaten für das Dressing verrühren.

2. Die Tomaten quer in 1 cm dicke Scheiben schneiden und auf einem Servierteller auslegen. In einer zweiten kleinen Schüssel Oliven, Sellerie und Zwiebeln mischen.

3. In einer großen Schüssel die Garnelen und Jakobsmuscheln mit 4 EL des Dressing vermengen und abgedeckt 20–30 Min. in den Kühlschrank stellen.

4. Eine Zwei-Zonen-Glut für starke Hitze vorbereiten (siehe Seite 14–15).

5. Die Meeresfrüchte in ein Sieb abgießen, dann in einer Lage in der Grillpfanne verteilen und über **direkter starker Hitze** bei geschlossenem Deckel etwa 5 Min. grillen, bis sie außen leicht fest und innen nicht mehr glasig sind, dabei ein- bis zweimal wenden. Die Pfanne mit Grillhandschuhen vom Grill nehmen und auf einem Backblech abstellen. Die Meeresfrüchte sofort in eine große Schüssel umfüllen, um den Garprozess zu unterbrechen.

6. Die gegrillten Meeresfrüchte auf den Tomatenscheiben verteilen, mit der Oliven-Sellerie-Mischung bestreuen und nach Geschmack Dressing darübergeben. Mit der Petersilie bestreut raumtemperiert servieren.

15 MIN.
Zubereitungszeit

1 STD.
Marinierzeit

3–5 MIN.
Grillzeit

GEGRILLTE GARNELEN
MIT SÜSS-SAURER SAUCE

Für 4–6 Personen

FÜR DIE SAUCE
1 EL Öl (vorzugsweise Erdnussöl)
2 TL fein gehackter Knoblauch
1 TL geriebener frischer Ingwer
3 EL Orangenmarmelade
2 EL Reisessig
1 TL Dijon-Senf
1 TL Fischsauce

½ TL grobes Meersalz
½ TL reines Chilipulver
½ TL Paprikapulver
¼ TL frisch gemahlener schwarzer Pfeffer
900 g Riesengarnelen (Größe 16/20), geschält, Darm entfernt
Öl (vorzugsweise Erdnussöl)

1. Für die Sauce das Öl in einem kleinen Topf auf mittlerer Stufe erhitzen. Den Knoblauch und den Ingwer darin in 30–60 Sek. goldbraun braten, dabei häufig umrühren. Die restlichen Zutaten dazugeben und unter Rühren weitere 30–60 Sek. garen, bis die Marmelade geschmolzen ist. Den Topf vom Herd nehmen.

2. In einer kleinen Schüssel das Salz mit dem Chili- und Paprikapulver sowie dem Pfeffer vermischen. Die Garnelen in eine große Schüssel geben und mit der Würzmischung bestreuen. Die Garnelen mit so viel Öl überziehen, dass sie dünn bedeckt sind, und gut durchmischen. Abgedeckt 1 Std. kalt stellen.

3. Eine Zwei-Zonen-Glut für starke Hitze vorbereiten (siehe Seite 14–15).

4. Den Grillrost gründlich reinigen. Die Garnelen über *direkter starker Hitze* bei geschlossenem Deckel 3–5 Min. grillen, bis sie gebräunt sind und das Fleisch im Kern gerade nicht mehr glasig ist, dabei ein- bis zweimal wenden und für ein gleichmäßiges Garen bei Bedarf auf dem Grillrost umplatzieren. Zur Garprobe 1–2 Garnelen aufschneiden.

5. Die gegrillten Garnelen in eine saubere große Schüssel geben, nach Geschmack mit der Sauce beträufeln und gut vermischen. Sofort servieren.

BEILAGEN

- 190 Gegrillte Maiskolben mit Chili-Butter
- 192 Butterweiche Zwiebeln vom Grill
- 193 Gegrillte Artischockenherzen
- 194 Gegrillter grüner Spargel mit Balsamico
- 195 Gefüllte Kartoffeln mit Wasabi
- 196 Gegrillte Möhren
- 197 Eichelkürbis mit Butterglasur und Knoblauch
- 198 Salat mit gebratenem Speck und gegrillten Tomaten
- 200 Fenchel-Paprika-Salat mit Mozzarella
- 202 Tomatensalat mit gegrillten Auberginen
- 203 Salat mit Kritharaki und gegrilltem Gemüse
- 204 Käse-Nudel-Auflauf mit Chili und Frühlingszwiebeln

GEGRILLTE MAISKOLBEN
MIT CHILI-BUTTER

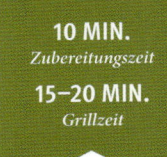

10 MIN. *Zubereitungszeit*
15–20 MIN. *Grillzeit*

Für 4 Personen

FÜR DIE BUTTER
60 g weiche Butter
2 EL fein gehackte frische Oreganoblättchen
½ TL grobes Meersalz
¼ TL reines Chilipulver
1 kräftige Prise Knoblauchgranulat
1 kräftige Prise frisch gemahlener schwarzer Pfeffer

4 Maiskolben mit Hüllblättern

TIPP

Sie können die gebutterten Maiskolben auf dem Grillrost einige Minuten über indirekter Hitze warm halten, während andere Zutaten zu Ende gegrillt werden.

1. Eine geteilte Drei-Zonen-Glut für mittlere Hitze vorbereiten (siehe Seite 17).

2. In einer kleinen Schüssel die Zutaten für die Butter mit dem Rücken einer Gabel zerdrücken und gut vermischen.

3. Die spitzen oberen Enden der Maiskolben einkürzen und die feinen Fäden, die aus den Hüllblättern herausragen, entfernen. Ein bis zwei Schichten der harten äußeren Hüllblätter ebenfalls entfernen.

4. Die Maiskolben vorsichtig nebeneinander auf den Kohlerost zwischen die beiden Glutbetten legen und bei geschlossenem Deckel 15–20 Min. rösten, bis die Hüllblätter stellenweise braun und die Maiskörner weich sind. In dieser Zeit die Kolben mehrmals auf dem Rost umplatzieren und gelegentlich wenden, damit sie gleichmäßig garen. Sollten die äußeren Blätter am Ende verkohlt sein, ist das in Ordnung.

5. Mit einer langstieligen Zange die Maiskolben behutsam vom Rost nehmen. Schützen Sie Ihre Hände mit einem Küchentuch, wenn Sie anschließend von den einzelnen Kolben die Hüllblätter und restlichen Fäden abziehen. Die Körner rundum mit der Chili-Butter bestreichen und die Maiskolben warm servieren.

BUTTERWEICHE ZWIEBELN
VOM GRILL

10 MIN. *Zubereitungszeit*
1¼–1¾ STD. *Grillzeit*

Für 4–6 Personen

6 große Zwiebeln, je etwa 250–280 g, ungeschält
60 g Butter
½ TL grobes Meersalz
¼ TL frisch gemahlener schwarzer Pfeffer
1 TL Sherry-Essig
1 EL fein gehackte frische glatte Petersilie

große Einweg-Aluschale

1. Eine Zwei-Zonen-Glut für mittlere Hitze vorbereiten (siehe Seite 14–15).

2. Die ungeschälten Zwiebeln so auf den Kohlerost legen, dass sie der Glut zugewandt sind. Den Deckel schließen und die Zwiebeln 1–1 ½ Std. rösten, bis sie ganz weich sind. Die Zwiebeln in dieser Zeit gelegentlich umplatzieren und dabei bereits verkohlte Stellen an den Schalen von der Glut abwenden. Die Zwiebeln sind fertig, wenn sie an mehreren Stellen schwarz sind und Sie ein scharfes Messer mühelos in das Fruchtfleisch hineinschieben und wieder herausziehen können. Manche Zwiebeln müssen eventuell länger garen als andere.

3. Jetzt sollten Sie Holzkohle nachlegen, um die Zwiebeln anschließend bei mittlerer Hitze fertig zu grillen.

4. Die Zwiebeln vom Rost nehmen und auskühlen lassen. Einzeln behutsam schälen, dabei nicht die Wurzelenden beschädigen, da sie die Zwiebelschichten zusammenhalten. Anschließend jede Zwiebel durch Stielansatz und Wurzelende halbieren.

5. Wenn die erforderliche Hitze erreicht ist, den Grillrost einsetzen. In der großen Einweg-Aluschale die Butter über **direkter mittlerer Hitze** zerlassen. Die Zwiebelhälften in einer Lage einfüllen, mit Salz und Pfeffer würzen und mit einer Grillzange in der zerlassenen Butter wenden.

6. Die Aluschale über **indirekte mittlere Hitze** stellen und die Zwiebeln bei geschlossenem Deckel etwa 15 Min. bräunen lassen, dabei ein- bis zweimal behutsam wenden. Sollten Sie die Zwiebeln nicht gleich servieren, die Schale mit Alufolie abdecken und die Zwiebeln bis zu 30 Min. über indirekter Hitze warm halten. Die Zwiebeln mit dem Sherry-Essig beträufeln, mit der Petersilie bestreuen und warm servieren.

GEGRILLTE ARTISCHOCKENHERZEN

30 MIN. Zubereitungszeit
5 MIN. Grillzeit

Für 6 Personen

6 große Artischocken, je 300–350 g
Saft von **1** Zitrone
2 EL Olivenöl
½ TL grobes Meersalz

1. Auf dem Herd 8–10 l Salzwasser in einem großen Topf zum Kochen bringen. In einer großen Schüssel den Zitronensaft mit reichlich kaltem Wasser vermischen.

2. Die Stiele der Artischocken bis auf 2 ½ cm einkürzen. Die äußeren Blätter abziehen, bis die gelblichen Innenblätter mit den hellgrünen Blattspitzen freiliegen. Die Blätter oberhalb der Basis abschneiden. Die Artischocken längs durch den Stiel halbieren und die Hälften in das Zitronenwasser legen.

3. Die Artischockenhälften nacheinander aus dem Wasser nehmen und mit einem Teelöffel jeweils die violetten Blätter und das Heu herauskratzen. Dann mit einem kleinen scharfen Messer die rauen Außenränder glätten und die harten Teile des Stiels abschälen. Die vorbereitete Artischockenhälfte zurück ins Zitronenwasser legen.

4. Die Artischocken im kochenden Salzwasser 10 bis 12 Min. garen, bis man mühelos mit einem Messer in sie hineinstechen kann, sie aber nicht zu weich sind. Abseihen und in eine große Schüssel geben. Noch warm behutsam mit dem Öl und Salz vermischen. Die Artischocken können so vorbereitet bis zu 4 Std. kalt gestellt werden. Vor dem Grillen Raumtemperatur annehmen lassen.

5. Eine Zwei-Zonen-Glut für mittlere Hitze vorbereiten (siehe Seite 14–15).

6. Den Grillrost gründlich reinigen. Von den Artischockenherzen das überschüssig Öl zurück in die Schüssel tropfen lassen. Die Artischocken über **direkter mittlerer Hitze** bei geschlossenem Deckel 5 Min. grillen, bis sie leicht gebräunt sind, dabei ein- bis zweimal wenden und bei Bedarf umplatzieren. Nach Belieben die Artischocken in dieser Zeit ein- bis zweimal mit dem Öl aus der Schüssel bestreichen. Warm servieren.

GEGRILLTER GRÜNER SPARGEL
MIT BALSAMICO

5 MIN. *Zubereitungszeit*
5 MIN. *Grillzeit*

Für 6 Personen

120 ml preiswerter Aceto balsamico
1 kg mittelgroße grüne Spargelstangen
65 ml Olivenöl
½ TL grobes Meersalz
¼ TL frisch gemahlener schwarzer Pfeffer

1. Eine Zwei-Zonen-Glut für mittlere Hitze vorbereiten (siehe Seite 14–15).

2. In einem kleinen Topf den Essig auf mittlerer Stufe zum Köcheln bringen. Die Temperatur herunterschalten und den Essig sanft köchelnd in etwa 10 Min. auf die Hälfte reduzieren. Am Ende sollte er so dickflüssig sein, dass er den Rücken eines Löffels überzieht. Achten Sie darauf, dass der Essig nicht zu schnell einkocht, sonst entwickelt er statt einem süßen einen bitteren Geschmack. Den Topf vom Herd nehmen und den Essigsirup auf Zimmertemperatur abkühlen lassen (er wird dabei noch etwas dickflüssiger).

3. Den Spargel putzen. Die Stangen rundum dünn mit Öl bepinseln und mit Salz und Pfeffer würzen. Den Grillrost gründlich reinigen. Die Spargelstangen quer zu den Streben auf den Grillrost legen. Über **direkter mittlerer Hitze** bei geschlossenem Deckel 5 Min. grillen, bis sie schön gebräunt und knackig-zart sind, dabei die Stangen ab und zu drehen und bei Bedarf umplatzieren, damit sie gleichmäßig garen.

4. Den Spargel auf einer Servierplatte oder einzelnen Tellern anrichten. Sollte der Essigsirup zu fest geworden sein, kurz über mittlerer Hitze erwärmen. Den Spargel mit dem Sirup beträufeln und nach Geschmack nochmals salzen. Warm oder raumtemperiert servieren.

TIPP

Wenn Aceto balsamico ganz langsam reduziert wird, entsteht ein süßlich saurer Sirup, der gegrilltem Spargel jede Menge Pep verleiht. Verwenden Sie den sehr geschmacksintensiven Sirup jedoch sparsam.

10 MIN. *Zubereitungszeit*
40–55 MIN. *Grillzeit*

GEFÜLLTE KARTOFFELN
MIT WASABI

Für 4–8 Personen

4 mehligkochende Kartoffeln mit Schale, je 250–280 g, gewaschen, trockengetupft
Öl
200 g Sauerrahm (20 %)
100 g geriebener milder Cheddar (vorzugsweise kalifornischer Monterey Jack)
2 TL Dijon-Senf
1 TL Wasabi (japanische Meerrettichpaste)
1 TL grobes Meersalz
¼ TL frisch gemahlener schwarzer Pfeffer

1. Eine Zwei-Zonen-Glut für mittlere Hitze vorbereiten (siehe Seite 14–15).

2. Die Kartoffeln längs halbieren und die Hälften rundum mit etwas Öl bestreichen. Den Grillrost gründlich reinigen. Die Kartoffeln auf dem Rost über **direkter mittlerer Hitze** bei geschlossenem Deckel 30–40 Min. grillen, bis sie weich sind, dabei drei- bis viermal wenden und für ein gleichmäßiges Garen nach Bedarf umplatzieren. Grillen Sie die Kartoffeln über indirekter Hitze fertig, wenn sie in dieser Zeit statt nur goldbraun sehr dunkel werden. Vom Grill nehmen und abkühlen lassen.

3. Die Kartoffeln mit einem kleinen, scharfen Messer im Abstand von 5 mm von der Schale entfernt rundum einschneiden. Verkohlte Stellen an den Schnittflächen abkratzen oder abschneiden. Mit einem Löffel das Fruchtfleisch herauslösen, dabei den markierten 5 mm breiten äußeren Rand stehen lassen. Das Fruchtfleisch in eine große Schüssel geben. Die ausgehöhlten Kartoffelschalen beiseitestellen, während Sie die Füllung zubereiten.

4. Mit einem Kartoffelstampfer das Fruchtfleisch in der Schüssel zerdrücken. Den Sauerrahm untermischen. Die Hälfte des Käses und die restlichen Zutaten untermengen. Abschmecken und gegebenenfalls mit mehr Wasabi, Salz und Pfeffer würzen. Die Mischung zurück in die Schalen löffeln, dabei leicht anhäufen, und den restlichen Käse darüberstreuen.

5. Holzkohle für mittlere Hitze nachlegen. Wenn die erforderliche Temperatur erreicht ist, die gefüllten Kartoffeln über **indirekter mittlerer Hitze** bei geschlossenem Deckel 10–15 Min. garen, bis der Käse geschmolzen und die Füllung durch und durch heiß ist. Vom Grill nehmen und sofort servieren.

GEGRILLTE MÖHREN

10 MIN.
Zubereitungszeit

ETWA 5 MIN.
Grillzeit

Für 4 Personen

8 mittelgroße junge Möhren, je etwa 15–20 cm lang
60 g Butter
½ TL Rotweinessig
¼ TL frisch geriebene Muskatnuss
½ TL grobes Meersalz
¼ TL frisch gemahlener schwarzer Pfeffer
1 TL fein gehackte frische glatte Petersilie

1. Die Möhren schälen, anschließend in kochendem Wasser 4–6 Min. vorgaren. Abgießen und unter fließendem kaltem Wasser mind. 10 Sek. abbrausen.

2. Eine Zwei-Zonen-Glut für starke Hitze vorbereiten (siehe Seite 14–15).

3. Die Möhren auf eine Arbeitsfläche legen. Die Butter zusammen mit dem Essig und dem Muskat in einem kleinen Topf auf mittlerer Stufe zerlassen, anschließend die Möhren mit etwa der Hälfte der Buttermischung bepinseln und mit der Hälfte des Salzes und Pfeffers würzen.

4. Den Grillrost gründlich reinigen. Die Möhren über **direkter starker Hitze** bei geöffnetem Deckel etwa 5 Min. grillen, bis sie stellenweise gebräunt sind, dabei gelegentlich wenden und umplatzieren, damit sie gleichmäßig garen. Auf einer Servierplatte anrichten, mit der übrigen Butter bestreichen und mit dem restlichen Salz und Pfeffer würzen. Mit der Petersilie bestreut warm servieren.

TIPP

Mit Butter bestrichen und karamellisiert – so schmecken gegrillte junge Möhren perfekt. Hier kommt ein wenig Essig ins Spiel, um ihre natürliche Süße auszugleichen, und die frische Petersilie rundet den Geschmack ab.

EICHELKÜRBIS
MIT BUTTERGLASUR UND KNOBLAUCH

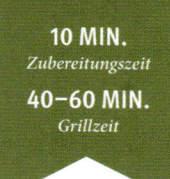

10 MIN.
Zubereitungszeit

40–60 MIN.
Grillzeit

Für 4 Personen

FÜR DIE GLASUR
3 EL Butter
2 EL Vollrohrrohzucker
2 TL fein gehackter Knoblauch
1 TL grobes Meersalz
¼ TL frisch gemahlener schwarzer Pfeffer
¼ TL frisch geriebene Muskatnuss
1 EL Apfelessig

2 kleine Eichelkürbisse (Acorn), je etwa 650 g, Ø etwa 10 cm

1. In einem Topf die Zutaten für die Glasur bis auf den Essig vermischen. Auf mittlerer bis hoher Stufe 2–3 Min. unter gelegentlichem Rühren kochen lassen. Vom Herd nehmen und auf Zimmertemperatur abkühlen lassen.

2. Eine Zwei-Zonen-Glut für starke Hitze vorbereiten (siehe Seite 14–15).

3. Die Kürbisse längs halbieren. Mit einem Löffel die Kerne und das faserige Innere aus den Hälften schaben. Den Essig unter die abgekühlte Glasur rühren und das Kürbisfruchtfleisch mit der Glasur bestreichen.

4. Den Grillrost gründlich reinigen. Die Kürbishälften mit der Schale nach unten über *indirekter starker Hitze* bei geschlossenem Deckel 40–60 Min. grillen, bis die Oberseite gebräunt und das Fruchtfleisch weich ist – ein Messer sollte sich mühelos hineinschieben und wieder herausziehen lassen. Während des Grillens gelegentlich mit der Glasur, die sich in den Kürbishälften angesammelt hat, bestreichen und die Kürbisse nach Bedarf umplatzieren, damit sie gleichmäßig garen und nicht zu schnell bräunen. Vom Grill nehmen und warm servieren.

SALAT
MIT GEBRATENEM SPECK UND GEGRILLTEN TOMATEN

20 MIN. *Zubereitungszeit*
5–7 MIN. *Grillzeit*

Für 4 Personen

225 g Frühstücksspeck in dicken Scheiben, in mundgerechte Stücke geschnitten
Olivenöl
2 EL fein gewürfelte Schalotten
1 ½ EL Sherry-Essig
1 TL fein gehackte frische Thymianblättchen
¼ TL grobes Meersalz
1 kräftige Prise frisch gemahlener schwarzer Pfeffer
500 g Kirschtomaten, Stielansatz entfernt
1 knuspriges Baguettebrötchen, längs aufgeschnitten
1–2 mittelgroße Kopfsalate
2–3 Frühlingszwiebeln, nur die weißen und hellgrünen Teile in feine Scheiben geschnitten

1 Grillpfanne aus Edelstahl für die Zubereitung der Kirschtomaten

1. Eine Zwei-Zonen-Glut für mittlere Hitze vorbereiten (siehe Seite 14–15).

2. In einer großen Pfanne den Speck auf mittlerer Stufe knusprig braten. Mit einem Schaumlöffel herausheben und auf Küchenpapier abtropfen lassen. So viel Olivenöl zum ausgelassenen Fett in die Pfanne gießen und verrühren, dass sich 6 EL ergeben.

3. In einer kleinen Schüssel Schalotten, Essig, Thymian, Salz und Pfeffer verrühren. Das Fett aus der Pfanne in einem gleichmäßigen Strahl unter ständigem Rühren einarbeiten, bis Sie ein Dressing erhalten.

4. Die Tomaten mit etwas Dressing überziehen, anschließend in der Grillpfanne über *direkter mittlerer Hitze* bei geschlossenem Deckel 4–6 Min. grillen, bis die Haut stark zu bräunen und zu platzen beginnt. Zum Wenden der Tomaten die Pfanne kräftig rütteln (dabei Grillhandschuhe tragen). Die Pfanne vorsichtig vom Grill nehmen und die Tomaten in eine Schüssel geben.

5. Die Schnittflächen der Brötchenhälften mit ein wenig Dressing bestreichen und über *direkter mittlerer Hitze* bei geöffnetem Deckel etwa 1 Min. rösten. Vom Grill nehmen, etwas abkühlen lassen und in große Würfel schneiden.

6. Den Salat in Blätter zerteilen, verlesen, waschen und trockenschleudern. Eine Schüssel mit den Salatblättern auslegen. Die Tomaten mit dem angesammelten Saft und die Brotwürfel dazugeben. Das Dressing kurz durchrühren und nach Geschmack über den Salat träufeln. Die Speckstücke dazugeben und den Salat zuletzt mit den Frühlingszwiebeln bestreuen. Sofort servieren.

FENCHEL-PAPRIKA-SALAT
MIT MOZZARELLA

15 MIN. *Zubereitungszeit*
20–25 MIN. *Grillzeit*

Für 6 Personen

FÜR DAS DRESSING
3 EL Olivenöl
1 EL Rotweinessig
1 TL fein gehackter Knoblauch
¾ TL Sardellenpaste
¼ TL Chiliflocken
¼ TL grobes Meersalz

FÜR DEN SALAT
2 Fenchelknollen, je 250–280 g, die grünen Stängel und das fedrige Grün entfernt, den Wurzelansatz nicht abgeschnitten
2 geröstete rote Paprikaschoten (Glas), in 1 cm große Würfel geschnitten
250 g Mozzarella, in 1 cm große Würfel geschnitten
100 g entsteinte schwarze Oliven, abgetropft und grob gehackt
3 EL grob gehackte frische Basilikumblätter

grobes Meersalz
frisch gemahlener schwarzer Pfeffer

1. In einer kleinen Schüssel die Zutaten für das Dressing verrühren.

2. Jede Fenchelknolle längs durch den Wurzelansatz halbieren, dann die Hälften rundum mit ein wenig Dressing bestreichen.

3. In einer Schüssel die restlichen Zutaten für den Salat vermischen.

4. Eine Zwei-Zonen-Glut für mittlere Hitze vorbereiten (siehe Seite 14–15).

5. Den Grillrost gründlich reinigen. Die Fenchelhälften mit der Schnittfläche nach unten über ***direkter mittlerer Hitze*** bei geschlossenem Deckel 5–7 Min. grillen, bis sie schön gebräunt, aber nicht schwarz sind. Dabei gegebenenfalls umplatzieren, damit sie gleichmäßig garen. Die Hälften wenden und weitere 3 Min. grillen. Anschließend über ***indirekte mittlere Hitze*** legen und bei geschlossenem Deckel 12–15 Min. weitergaren, bis sie außen knusprig und innen zart sind. Bei Bedarf in dieser Zeit nochmals umplatzieren. Die Fenchelhälften vom Grill nehmen und abkühlen lassen.

6. Wenn der Fenchel etwas abgekühlt ist, jeweils den Strunk herausschneiden und wegwerfen. Den Fenchel in 1 ½ cm große Stücke schneiden und in die Schüssel zu den Salatzutaten geben. Den Salat nach Geschmack mit dem Dressing anmachen und mit Salz und Pfeffer würzen. Raumtemperiert servieren.

TOMATENSALAT
MIT GEGRILLTEN AUBERGINEN

30 MIN. *Zubereitungszeit*
15–20 MIN. *Grillzeit*

Für 4–6 Personen

FÜR DAS DRESSING
3 EL Olivenöl
2 EL frisch gepresster Zitronensaft
½ EL fein geriebener frischer Ingwer
½ TL fein gehackter Knoblauch
½ TL gemahlener Kreuzkümmel, **½ TL** grobes Meersalz
1 kräftige Prise Cayennepfeffer

300 g Tomaten, entkernt, in 1 cm große Würfel geschnitten
½ TL grobes Meersalz
2 mittelgroße Auberginen, je etwa 450 g
4 EL in feine Scheiben geschnittene Frühlingszwiebeln
4 EL grob gehacktes frisches Koriandergrün oder glatte Petersilie

1. In einer kleinen Schüssel die Zutaten für das Dressing verrühren und 30 Min. bei Zimmertemperatur beiseitestellen.

2. In einer zweiten kleinen Schüssel die Tomaten mit dem Salz vermischen und 20–30 Min. ziehen lassen. Abseihen und die Tomaten in eine große Schüssel geben.

3. Eine Zwei-Zonen-Glut für starke Hitze vorbereiten (siehe Seite 14–15).

4. Den Grillrost gründlich reinigen. Die Auberginen mehrmals mit einer Gabel einstechen, dann über *direkter starker Hitze* bei geschlossenem Deckel 15–20 Min. grillen, dabei gelegentlich wenden, bis die Schalen rundum verkohlt sind und das Fruchtfleisch sehr weich ist. Vom Grill nehmen und auf einem Teller abkühlen lassen.

5. Die Auberginen längs halbieren und mit einem großen Löffel das Fruchtfleisch herauslösen. Die verkohlte Haut wegwerfen, grobe Kerne im Fruchtfleisch entfernen und ebenfalls wegwerfen. Das Fruchtfleisch grob hacken.

6. Auberginen und Frühlingszwiebeln zu den Tomaten geben und behutsam vermischen. Den Salat nach Geschmack mit dem Dressing anmachen und kurz vor dem Servieren mit Koriandergrün oder Petersilie bestreuen.

TIPP

In Indien verleihen glühende Kokosnussschalen gegrilltem Gemüse ein dezentes Raucharoma.

SALAT
MIT KRITHARAKI UND GEGRILLTEM GEMÜSE

20 MIN. *Zubereitungszeit*
10–15 MIN. *Grillzeit*

Für 4–6 Personen

220 g Kritharaki (reisförmige griechische Nudeln)
6 EL Olivenöl, **2 EL** Aceto balsamico
2 TL fein gehackter Knoblauch
2 TL Dijon-Senf
1 TL grobes Meersalz, **1 TL** frisch gemahlener schwarzer Pfeffer
2 Maiskolben, Hüllblätter entfernt
2 mittelgroße Zucchini, längs halbiert
1 mittelgroße rote Paprikaschote, geputzt, geviertelt
150 g Kirsch- oder Datteltomaten
120 g Feta-Käse, zerbröckelt
4 EL grob gehackte frische glatte Petersilie oder Basilikumblätter

1. Eine Zwei-Zonen-Glut für mittlere Hitze vorbereiten (siehe Seite 14–15).

2. Die Nudeln nach Packungsanweisung garen, abseihen und in einer großen Schüssel beiseitestellen.

3. In einer kleinen Schüssel Öl, Essig, Knoblauch, Senf, Salz und Pfeffer zu einem glatten Dressing verrühren. Mais, Zucchini und Paprikaschote mit der Hälfte davon bestreichen, den Rest für den Salat beiseitestellen.

4. Den Grillrost gründlich reinigen. Das Gemüse über *direkter mittlerer Hitze* bei geschlossenem Deckel grillen, dabei immer wieder wenden und für ein gleichmäßiges Garen bei Bedarf umplatzieren. Rechnen Sie für den Mais 10–15 Min., er soll am Ende rundum stellenweise goldbraun sein, für die Zucchini und Paprikaschote 4–6 Min. Die Zucchinihälften sollen schön gebräunt, das Fruchtfleisch im Kern aber noch ein wenig fest sein. Das fertig gegarte Gemüse vom Grill nehmen und abkühlen lassen. Eventuell verkohlte Stellen abkratzen.

5. Von den Maiskolben die Körner abschneiden und in die Schüssel zu den Nudeln geben. Die Kolben anschließend über die Schüssel halten und mit dem Messerrücken die restliche »Maismilch« abschaben. Die Kolben wegwerfen. Zucchini und Paprikaschote quer in 1 ½ cm große Stücke schneiden und ebenfalls in die Schüssel geben. Die Tomaten halbieren oder vierteln und zusammen mit dem Käse und der Petersilie dazugeben. Den Salat nach Geschmack mit dem restlichen Dressing anmachen und mit Salz und Pfeffer abschmecken. Raumtemperiert servieren.

KÄSE-NUDEL-AUFLAUF
MIT CHILI UND FRÜHLINGSZWIEBELN

30 MIN. *Zubereitungszeit*
35–40 MIN. *Grillzeit*

Für 6–8 Personen

- **3–4** mittelgroße Poblano-Chilischoten
- **220 g** gekochter Schinken, in 1 cm dicke Scheiben geschnitten
- **6** Frühlingszwiebeln
- Olivenöl
- **4 EL** Butter, plus Butter für die Auflaufform
- **4 EL** Mehl
- **1 l** kalte Milch
- **350 g** geriebener milder Cheddar (vorzugsweise kalifornischer Monterey Jack)
- **50 g** geriebener Parmesan
- **¾ TL** grobes Meersalz
- **¼ TL** frisch gemahlener schwarzer Pfeffer
- **300 g** kurze glatte Nudeln (vorzugsweise Maccheroncini)
- **8 EL** frisch geriebene Semmelbrösel
- **2 TL** fein gehackte frische Thymianblättchen

1. Eine geteilte Drei-Zonen-Glut für mittlere Hitze vorbereiten (siehe Seite 17).

2. Chilischoten, Schinkenscheiben und Frühlingszwiebeln auf allen Seiten dünn mit Öl bestreichen. Den Grillrost gründlich reinigen. Die Chilis über **direkter mittlerer Hitze** bei geschlossenem Deckel etwa 10 Min. grillen, bis sie rundum verkohlt sind, dabei nach Bedarf wenden. Gleichzeitig die Schinkenscheiben und die Frühlingszwiebeln über **direkter mittlerer Hitze** 4–5 Min. grillen, bis sie leicht gebräunt sind, dabei ein- bis zweimal wenden und gegebenenfalls umplatzieren. Vom Grill nehmen und abkühlen lassen. Die verkohlte Haut der Schoten abziehen, Stiele und Kerne entfernen und das Fruchtfleisch grob hacken. Den Schinken in 1 cm große Würfel schneiden. Frühlingszwiebeln in feine Scheiben schneiden, dabei die Wurzelbüschel abschneiden.

3. Die Butter in einem großen Topf auf mittlerer Stufe zerlassen. Sobald sie aufschäumt, das Mehl einstreuen und unter Rühren in 3–4 Min. zu einer glatten braunen Mehlschwitze verarbeiten. Jetzt die Milch unter ständigem Rühren mit einem Schneebesen zugießen und weiterrühren, damit sich keine Klümpchen bilden. Die Hitze ein wenig erhöhen. Nach und nach 250 g Cheddar, den Parmesan, das Salz und den Pfeffer unterrühren. Wenn der Käse zu schmelzen und die Sauce zu kochen beginnt, auf kleine Stufe schalten und die Sauce 4–5 Min. sanft köcheln lassen. Vom Herd nehmen und die Käsesauce in eine mit Butter gefettete grillfeste Auflaufform (mit 2 ½–3 l Inhalt) gießen.

4. Die Nudeln nach Packungsanweisung garen. 3 Min. vor Ende der Garzeit abseihen und in der Form mit der Käsesauce vermischen. Chilis, Schinken und Frühlingszwiebeln zufügen und durchmischen.

5. In einer kleinen Schüssel die Semmelbrösel mit dem restlichen Cheddar und dem Thymian vermengen. Die Mischung über die Käsenudeln streuen und ein wenig andrücken.

6. Bei Bedarf Holzkohle für mittlerer Hitze nachlegen.

7. Wenn die Glut die erforderliche Temperatur erreicht hat, die Form mittig auf den Grillrost über **indirekte mittlere Hitze** stellen und den Auflauf bei geschlossenem Deckel 25–30 Min. garen, bis die Käsenudeln goldbraun überbacken sind. Die Form in dieser Zeit bei Bedarf drehen, damit alles gleichmäßig gart. Mit Grillhandschuhen vom Grill nehmen und den Auflauf warm servieren.

DESSERTS

208	Himbeer-Kirsch-Auflauf
208	Karamellisierte Pfirsiche mit Lemon Curd und Blaubeeren
210	Ananas mit Rumbutter und Kokosnusseis
211	Bratäpfel vom Grill
212	Gestürzter Pflaumenkuchen
214	Gegrillte Aprikosen mit Sandkuchen und Mandelblättchen
216	In der Schale gegrillte Bananen mit Himbeersorbet
217	Mango-Eistorte mit Kokosraspel

15 MIN.
Zubereitungszeit
40–60 MIN.
Grillzeit

HIMBEER-KIRSCH-AUFLAUF

Für 6–8 Personen

8 EL Zucker
1 EL Speisestärke
350 g entsteinte TK-Süßkirschen, angetaut (oder 300 g entsteinte frische Kirschen)
350 g TK-Himbeeren, angetaut (oder 250–350 g frische Himbeeren)
70 g Weizenmehl
½ TL Backpulver
¼ TL Salz
120 g kalte Butter, 1 cm groß gewürfelt
1 Ei (Größe L)
500 ml Vanilleeis

1. Mit Holzkohlebriketts eine geteilte Drei-Zonen-Glut für mittlere Hitze vorbereiten (siehe Seite 17).

2. In einer großen Schüssel 5 EL Zucker mit der Speisestärke mischen. Mit den Früchten und gegebenenfalls dem aufgetauten Saft vermengen und alles in eine 23 x 33 cm große stabile Einweg-Aluschale geben.

3. Mehl, Backpulver, Salz und die restlichen 3 EL Zucker in der Küchenmaschine vermischen. Die Butterwürfel hinzufügen und mehrmals kurz durchmixen, bis sie etwas kleiner und von der Mehlmischung überzogen sind. Zuletzt das Ei ganz kurz untermixen. Mit einem Löffel 6 gleich große Teighäufchen in regelmäßigen Abständen auf die Früchte setzen.

4. Die Aluschale so auf den Grillrost stellen, dass sich keine glühenden Briketts darunter befinden. Den Auflauf über *indirekter mittlerer Hitze* bei geschlossenem Deckel 40 bis 60 Min. backen, bis die Früchtemischung leise blubbert und die Teigoberfläche goldgelb ist. In dieser Zeit die Schale hin und wieder drehen, damit alles gleichmäßig gart.

5. Die Schale mit Grillhandschuhen vorsichtig vom Rost nehmen und den Auflauf 20–30 Min. abkühlen lassen. Warm mit dem Vanilleeis servieren.

KARAMELLISIERTE PFIRSICHE
MIT LEMON CURD UND BLAUBEEREN

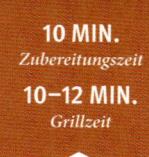

10 MIN. Zubereitungszeit
10–12 MIN. Grillzeit

Für 4 Personen

4 große reife, aber feste Pfirsiche, halbiert und entsteint
3 EL Butter, in kleine Stücke geschnitten
1 Päckchen Vanillezucker
2 EL Vollrohrrohzucker
6 EL Lemon Curd (englischer Zitronenaufstrich aus dem Glas)
2–4 EL Sahne
200 g frische Blaubeeren
frische Minzeblätter zum Garnieren (nach Belieben)

1. Mit Holzkohlebriketts eine Zwei-Zonen-Glut für mittlere Hitze vorbereiten (siehe Seite 14–15).

2. Die Pfirsiche in einer Lage mit der Schnittfläche nach unten in eine 23 x 33 cm große stabile Einweg-Aluschale legen. Die Butterstücke darauf verteilen und alles mit dem Vanillezucker und dem Zucker bestreuen.

3. In einer kleinen Schüssel den Lemon Curd mit der Sahne zu einer glatten, löffelfähigen Sauce verrühren.

4. Die Aluschale über **direkte mittlere Hitze** stellen und die Pfirsiche bei geschlossenem Deckel 10–12 Min. garen, bis sie weich und karamellisiert sind, dabei die Pfirsiche einmal behutsam in der Buttermischung wenden. Die Pfirsiche anschließend bis zum Servieren über indirekter Hitze und bei geöffnetem Deckel warm halten.

5. Die Pfirsichhälften in Dessertschalen mit den Blaubeeren anrichten, etwas Lemon-Curd-Sauce darüberlöffeln, nach Belieben mit Minzeblättern garnieren und warm servieren.

TIPP

Sobald die Pfirsiche karamellisiert und weich sind, können Sie sie problemlos über indirekter Hitze und bei geöffnetem Deckel warm halten, bis der Hauptgang beendet ist.

ANANAS
MIT RUMBUTTER UND KOKOSNUSSEIS

20 MIN. *Zubereitungszeit*
5–6 MIN. *Grillzeit*

Für 6 Personen

- **3 EL** Butter
- **3 EL** Rum
- **1 EL** Honig
- **1 kräftige Prise** gemahlener Zimt
- **6 Scheiben** reife Ananas, je etwa 1 cm dick
- **500 ml** Kokosnusseis (oder gefrorener Kokosnussjoghurt)
- **6 Kekse** (nach Belieben)
- frische Minzeblätter zum Garnieren (nach Belieben)

1. Mit Holzkohlebriketts eine Zwei-Zonen-Glut für mittlere Hitze vorbereiten (siehe Seite 14–15).

2. In einem kleinen Topf die Butter mit dem Rum, dem Honig und Zimt auf kleiner Stufe schmelzen. Den Topf vom Herd nehmen und die Ananasscheiben auf beiden Seiten dünn mit der flüssigen Rumbutter bestreichen. Den Rest beiseitestellen.

3. Den Grillrost gründlich reinigen. Die Ananasscheiben über **direkter mittlerer Hitze** bei geschlossenem Deckel 5–6 Min. grillen, dabei gelegentlich wenden und mit der übrigen Rumbutter bepinseln, bis sie auf beiden Seiten ein deutliches Grillmuster angenommen haben. Die Scheiben bei Bedarf auf dem Rost umplatzieren, damit sie gleichmäßig bräunen. Vom Grill nehmen und auf einem Schneidbrett in mundgerechte Stücke schneiden.

4. Die Ananasstücke in Dessertschale anrichten und jeweils 1 Kugel Eis daraufgeben. Nach Belieben noch mit je 1 Keks und Minzeblättern garnieren.

BRATÄPFEL
VOM GRILL

15 MIN. *Zubereitungszeit*
30–45 MIN. *Grillzeit*

Für 4 Personen

4 reife festfleischige Äpfel (Braeburn, Jonagold), je etwa 250 g
1 Zitrone

FÜR DIE FÜLLUNG
4 EL Aprikosenkonfitüre
4 EL Sultaninen
1 EL Weinbrand oder Rum
¼ TL gemahlener Piment

4 TL Butter
Vanillesauce oder Sahne zum Servieren

1. Mit Holzkohlebriketts eine geteilte Drei-Zonen-Glut für mittlere Hitze vorbereiten (siehe Seite 17).

2. Mit einem Apfelausstecher das Kerngehäuse der Äpfel entfernen, dabei aber nicht durchstechen. Mit einem Sparschäler jeden Apfel vom Stielansatz her rundum bis zur Mitte schälen.

3. Die Zitrone halbieren und mit den Schnittflächen jeweils das Fruchtfleisch der Äpfel einreiben, damit es sich nicht braun verfärbt.

4. In einer kleinen Schüssel die Zutaten für die Füllung vermischen. Jeden Apfel mit der Aushöhlung nach oben auf ein 30 x 30 cm großes Stück extrastarke Alufolie setzen, in die Aushöhlung jeweils etwas von der Füllung geben und obendrauf 1 TL Butter setzen. Die Seiten der Alufolie hochklappen und über den Äpfeln verschließen.

5. Die Äpfel in der Folie aufrecht über **indirekte mittlere Hitze** stellen und bei geschlossenem Deckel 30–45 Min. garen, bis sie weich sind (stechen Sie durch die Folie mit der Spitze eines Messers hinein). Vom Grill nehmen und in der Folie 5–10 Min. abkühlen lassen. Die Päckchen öffnen und die warmen Äpfel in der Folie servieren oder in einzelnen Dessertschalen mit dem in der Folie angesammelten Saft anrichten. Mit Vanillesauce oder Sahne beträufelt servieren.

GESTÜRZTER PFLAUMENKUCHEN

25 MIN. *Zubereitungszeit*
40–45 MIN. *Grillzeit*

Ergibt 8 Stücke

100 g Weizenmehl (Type 405)
2 gehäufte EL Speisestärke
1 TL Backpulver
¼ TL Salz
135 g Zucker
120 g weiche Butter, plus **1 EL** für die Form
1 Ei (Größe L)
1 TL Vanilleextrakt
80 ml Milch
4 EL brauner Zucker
450 g große reife festfleischige Pflaumen, entsteint, geviertelt
250 g Sahne, steif geschlagen

1. In einer mittelgroßen Schüssel Mehl, Speisestärke, Backpulver und Salz mischen.

2. In einer großen Schüssel den Zucker und die Butter mit einem Handrührgerät auf höchster Stufe hell und cremig schlagen, dabei anhaftende Reste an der Schüsselwand immer wieder in die Mischung einarbeiten.

3. Ei und Vanilleextrakt hinzufügen und gründlich unterrühren. Auf kleiner Stufe nach und nach die Mehlmischung abwechselnd mit der Milch einarbeiten, bis sich die Zutaten zu einem Teig verbunden haben.

4. Mit Holzkohlebriketts eine geteilte Drei-Zonen-Glut für mittlere Hitze vorbereiten (siehe Seite 17). Zwischen den Briketts ausreichend Platz lassen für eine 24 cm große Springform.

5. Die Form mit 1 EL Butter einfetten und mit dem braunen Zucker ausstreuen.

6. Den Boden der Springform in konzentrischen Kreisen mit den Pflaumen auslegen, die Pflaumenviertel dabei auf ihren Seiten dicht nebeneinanderlegen. Den Teig darübergeben und mit dem Rücken eines Löffels glatt streichen.

7. Die Springform mittig auf den Grillrost stellen und den Kuchen über **indirekter mittlerer Hitze** bei geschlossenem Deckel 40–45 Min. backen, bis er sich am Rand von der Form löst und ein kleiner Holzspieß beim Einstechen in die Kuchenmitte ohne anhaftenden Teig wieder herauskommt.

8. Den Kuchen in der Form 15 Min. abkühlen lassen. Den Springformrand lösen und den Kuchen auf einen Servierteller stürzen. Raumtemperiert servieren und dazu die Schlagsahne reichen.

GEGRILLTE APRIKOSEN
MIT SANDKUCHEN UND MANDELBLÄTTCHEN

15 MIN.
Zubereitungszeit

5–6 MIN.
Grillzeit

Für 6 Personen

ZUM GARNIEREN
125 g kalte Sahne
1 EL Zucker
1 TL fein abgeriebene Schale von **1** Bio-Orange

12 mittelgroße feste reife Aprikosen
6 EL Butter
3 EL Zucker
¼ TL Mandelextrakt
 (ersatzweise einige Tropfen Bittermandelaroma)
6 Scheiben Sandkuchen, je etwa 1 ½ cm dick
Puderzucker
5 EL Mandelblättchen, geröstet

TIPP

Grillen Sie die Aprikosen bei geöffnetem Deckel, damit der Rauch nicht die süßen Geschmacksnoten zerstört, die die Früchte über der heißen Glut entwickeln. Verwenden Sie außerdem keine Holzkohlestücke oder Hartholzbriketts.

1. Mit Holzkohlebriketts eine Zwei-Zonen-Glut für mittlere Hitze vorbereiten (siehe Seite 14–15).

2. In einer mittelgroßen Schüssel die Sahne mit dem Zucker und der Orangenschale schlagen, bis weiche Spitzen stehen bleiben. In den Kühlschrank stellen.

3. Die Aprikosen halbieren und entsteinen. Die Butter in einem kleinen Topf auf kleiner Stufe zerlassen, Zucker und Mandelaroma hinzufügen und alles in etwa 1–2 Min. zu einer glatten Mischung verrühren. Vom Herd nehmen und die Aprikosenhälften rundum damit bestreichen.

4. Den Grillrost gründlich reinigen. Die Aprikosenhälften über *direkter mittlerer Hitze* bei geöffnetem Deckel 5–6 Min. grillen, bis sie an einigen Stellen braun und durch und durch warm sind, dabei ein- bis zweimal wenden und gegebenenfalls umplatzieren, damit sie gleichmäßig garen. Inzwischen die Kuchenscheiben auf beiden Seiten dünn mit Puderzucker bestäuben, überschüssigen Zucker behutsam abklopfen. Über *direkter mittlerer Hitze* bei geöffnetem Deckel 30–60 Sek. rösten, dabei einmal wenden, bis die Scheiben auf beiden Seiten schön gemustert sind.

5. Die Kuchenscheiben in einzelnen Dessertschalen anrichten und mit gegrillten Aprikosenhälften belegen. Mit einem Klecks Schlagsahne garnieren und zuletzt die gerösteten Mandelblättchen darüberstreuen.

IN DER SCHALE GEGRILLTE
BANANEN MIT HIMBEERSORBET

10 MIN. *Zubereitungszeit*
ETWA 5 MIN. *Grillzeit*

Für 4 Personen

4 kleine feste reife Bananen, nicht geschält
2 EL Butter
1 EL Vollrohrrohzucker
1 EL frisch gepresster Limettensaft
4 Kugeln TK-Himbeersorbet
120 g Pistazienkerne, grob gehackt

1. Mit Holzkohlebriketts eine Zwei-Zonen-Glut für mittlere Hitze vorbereiten (siehe Seite 14–15).

2. Damit die Bananen ihre Form behalten, die Früchte in der Schale der Länge nach halbieren.

3. Den Grillrost gründlich reinigen. In eine 23 x 33 cm große stabile Einweg-Aluschale Butter, Zucker und Limettensaft geben. Die Aluschale über **direkte mittlere Hitze** stellen, bis die Butter geschmolzen und der Zucker sich aufgelöst hat. Dabei den Deckel nicht schließen.

4. Die Aluschale über indirekte Hitze stellen. Mit einer Grillzange die Bananen nacheinander mit der Schnittfläche nach unten in die Buttermischung tauchen, überschüssige Butter zurück in die Aluschale tropfen lassen, anschließend die Bananen mit der Schnittfläche nach unten über **direkter mittlerer Hitze** bei geöffnetem Deckel 2–3 Min. grillen, bis sie goldbraun und warm sind, dabei nicht wenden. Die Bananen in die Aluschale legen und bei Bedarf ein paar Minuten darin warm halten.

5. Die Aluschale auf eine hitzefeste Arbeitsfläche stellen. Die Bananen herausnehmen und behutsam schälen, damit sie nicht zerbrechen, dann in Stücke schneiden. Das Sorbet und die Bananenstücke in Dessertschalen anrichten, mit den Pistazien bestreuen und servieren.

MANGO-EISTORTE
MIT KOKOSRASPEL

20–30 MIN. Zubereitungszeit
2 STD. Gefrierzeit

Ergibt 12 Stücke

- 1 l Vanilleeis
- ½ l TK-Mangosorbet
- 1 fertiger Mürbeteig-Tortenboden (Ø 20–23 cm)
- 50 g süße Kokosraspel
- 250 g Sahne
- 2 EL Zucker
- 1/4 TL Vanilleextrakt

1. Den Backofen auf 180 °C vorheizen.

2. Vom gesamten Vanilleeis und Mangosorbet Kugeln abstechen und die Eis- und Sorbetkugeln in einer mittelgroßen Schüssel einige Minuten weich werden lassen. Anschließend das Eis spiralförmig unter das Sorbet ziehen. Die Mischung gleichmäßig auf den Tortenboden löffeln, behutsam andrücken und glatt streichen. In das Gefrierfach stellen, während Sie den Belag vorbereiten.

3. Die Kokosraspel in einer Lage auf einem Backblech verteilen. Das Blech in den vorgeheizten Ofen schieben und die Kokosraspel darin 5–10 Min. rösten. Nach 3 Min. den Bräunungsgrad der Kokosraspel immer wieder prüfen, damit sie nicht zu dunkel werden.

4. In einer mittelgroßen Schüssel die Sahne mit Zucker und Vanilleextrakt steif schlagen. Die Schlagsahne gleichmäßig auf dem Eis-Sorbet verstreichen und mit den gerösteten Kokosraspeln bestreuen. Für etwa 2 Std. ins Gefrierfach stellen, bis die Torte fest ist. Eisgekühlt servieren.

TIPP

Mit Zitronen-, Orangen- oder Ananassorbet gelingt diese Eistorte ebenso gut.

GRILLPRAXIS

- 220 Rind & Lamm
- 224 Schwein
- 226 Geflügel
- 228 Fisch
- 230 Gemüse
- 232 Sicherheitshinweise

RIND & LAMM

TEILSTÜCKE VON RIND & LAMM FÜR DEN GRILL			
ZARTE TEILSTÜCKE FÜR KURZES DIREKTES GRILLEN	**FESTERE TEILSTÜCKE** FÜR DIREKTES GRILLEN	**GRÖSSERE TEILSTÜCKE** ZUM ANBRATEN & INDIREKTEN GRILLEN	**ZÄHERE TEILSTÜCKE** FÜR INDIREKTES GRILLEN
· Kalbskoteletts *(aus der Lende)* · Lammkoteletts *(aus der Lende)* · Lammsteaks *(aus der Keule)* · New York Strip Steaks *(aus dem hohen Roastbeef)* · Porterhouse-Steaks · Rinderfiletsteaks *(Filets Mignon)* · Rindersteaks aus der Hochrippe / Rib-Eye-Steaks · T-Bone-Steaks	· Flank-Steaks *(aus der Dünnung)* · Kalbskoteletts *(aus der Schulter)* · Lammkoteletts *(aus der Schulter)* · Sirloin-Steaks *(aus dem flachen Roastbeef)* · Skirt-Steaks *(aus dem Zwerchfell)*	· Bügermeister- / Pastorenstück · Kalbskarree · Lammkarree · Lammkeule · Lendenbraten · Rinderbraten aus der Hochrippe · Rinderfilet am Stück	· Lammschulter · Rinderbrust · Rippenbraten vom Rind

EINE RINDERBRUST KÜCHENFERTIG VORBEREITEN

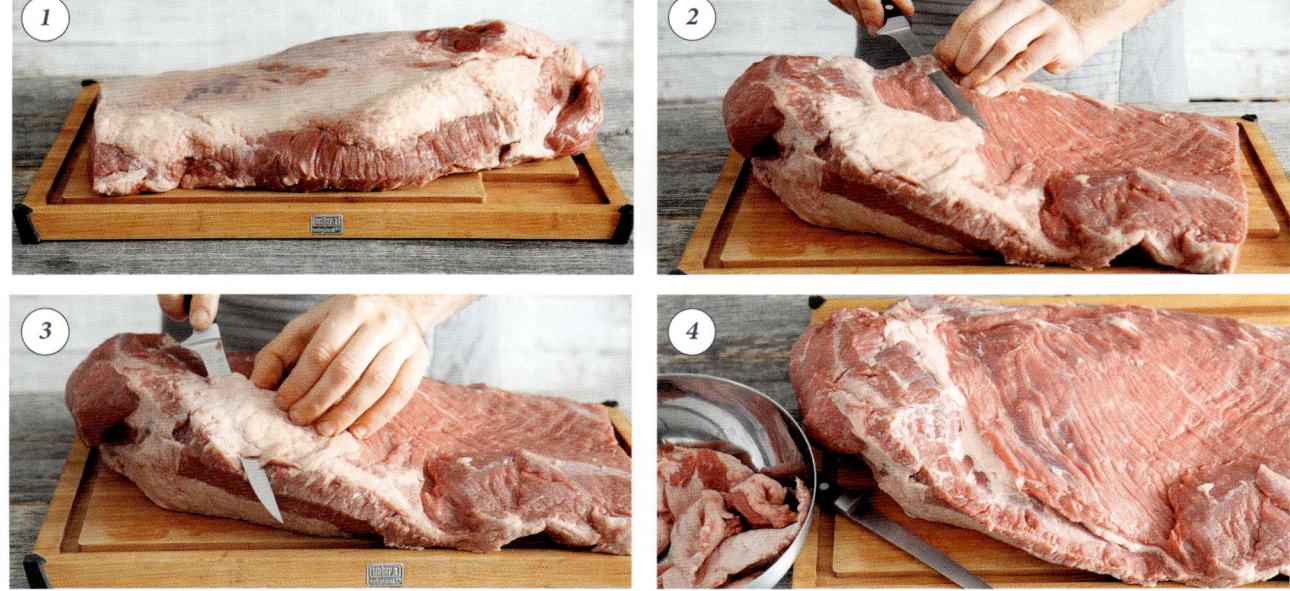

① *Die weiche Fettauflage auf der Oberseite schützt das darunterliegende Fleisch, während es 10–15 Stunden gart.* ② *Ein scharfes Messer unter die Haut an der Unterseite einführen und die Haut entfernen.* ③ *Auch das harte Fett am spitz zulaufenden Ende der Unterseite abschneiden.* ④ *So sollte eine küchenfertige Rinderbrust aussehen, bevor sie gewürzt und gegrillt wird.*

QUALITÄTSKRITERIEN

Die Fleischreife und der Fettgehalt sind zwei wichtige Kriterien beim Kauf von Rindfleisch. Insbesondere die Marmorierung, also das intramuskuläre Fett, das das Muskelfleisch zwischen den Fasern wie feine Adern durchzieht, ist ein wesentlicher Anhaltspunkt dafür, ob beispielsweise ein Steak nach dem Grillen saftig und geschmackvoll ist.

Auch die sachgemäße Reifung von Rindfleisch hat großen Einfluss darauf, ob es nach dem Garen zart und aromatisch ist. Während der Reifung schließen Enzyme das Muskelgewebe auf und machen es mürbe.

 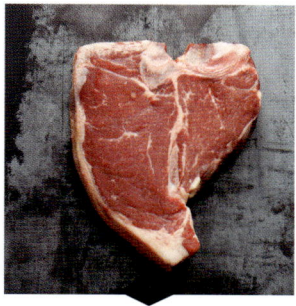

Ein üppig marmoriertes Steak. *Ein etwas mageneres Steak.*

WANN IST ES GAR?

Mit Hilfe eines Fleischthermometers können Sie ganz einfach den gewünschten Gargrad von einem größeren Stück Fleisch prüfen. Das Thermometer sollte an der dicksten Stelle des Fleisches die Kerntemperatur messen: Liegt sie 3–5 Grad unterhalb der gewünschten Temperatur, sollte das Fleisch vom Grill genommen werden. Größere Teilstücke wie Rinderbraten oder Lammkeulen garen nämlich noch weiter, während sie eingewickelt in Alufolie bei Raumtemperatur ruhen und sich der Fleischsaft im Inneren verteilt.

Bei Steaks und Koteletts ist es schwieriger, den Gargrad mit Hilfe eines Fleischthermometers zu ermitteln, da bei beiden exakt in der Mitte des Fleisches gemessen werden muss. Einfacher geht es mit dem von mir bevorzugten »**Fingerdruck-Test**«, bei dem Sie mit einem Finger in das Fleisch drücken, um dann an der eigenen Hand Anhaltspunkte für die Festigkeit und damit den Garzustand eines Steaks zu bekommen: Die meisten rohen Steaks sind so weich wie der fleischigste Teil des Daumenballens, wenn die Hand entspannt ist, und werden im Lauf des Garens zunehmend fester. Werden Zeigefinger und Daumen an der Spitze leicht aufeinandergelegt, entspricht die Festigkeit bzw. Weichheit des Daumenballens der eines blutig (rare) gebratenen Steaks. Drücken Sie Mittelfinger und Daumen aufeinander, gleicht die Festigkeit des Daumenballens dem eines rosa/rot (medium rare) gebratenen Steaks.

Sind Sie noch immer nicht sicher, wie gar Ihr Steak ist, bleibt Ihnen nichts anderes übrig, als es vom Grill zu nehmen und es auf seiner Unterseite mit der Spitze eines scharfen Messers einzuschneiden: Die Farbe im Kern gibt an, welchen Gargrad das Steak erreicht hat. Gegebenenfalls muss es anschließend noch weitergaren, wenn es zu rot ist. Bedenken Sie bei dieser Methode jedoch, dass wertvoller Fleischsaft austreten kann.

① *Der Gargrad wird mit einem Fleischthermometer gemessen.* ② *Den Gargrad mit dem »Fingerdruck-Test« prüfen.* ③ *Der Gargrad wird anhand der Farbe des Fleisches festgestellt.*

GARGRAD VON STEAKS	KERN-TEMPERATUR	FARBE IM KERN
Rare / blutig	49–52 °C	Blaurot bis rot
Medium rare / rosa bis blutig	52–57 °C	Rot bis rosa
Medium / halb durch	57–63 °C	Rosa
Medium well / fast durch	63–68 °C	Rosa bis graubraun
Well done / durchgebraten	68 °C +	Graubraun

KNUSPRIG GEBRÄUNT SCHMECKT BESSER

Unabhängig davon, für welches Teilstück Sie sich entscheiden, Sie erzielen am meisten Geschmack, wenn es außen dunkel gebräunt, das heißt scharf »angegrillt« wird, denn Zucker und Eiweiß im Fleisch entwickeln bei großer Hitze eine Vielfalt von Geschmacksnuancen und Aromen. Die Theorie, dass Fleisch dadurch trocken wird, ist längst widerlegt. Im Gegenteil, das scharfe Anbraten verleiht ihm überdies eine wunderbare Kruste.

Tupfen Sie Fleisch vor dem Grillen immer mit Küchenpapier trocken, da es bei zu viel Feuchtigkeit mehr gedämpft, als scharf angebraten wird. Rindfleisch sollte erst 20–30 Min. vor dem Grillen gesalzen werden, da ein längeres Einwirken von Salz Blut und Fleischsaft aus dem Inneren zieht und die Fleischoberfläche feucht oder gar matschig macht. Salzen Sie aber auf jeden Fall vor dem Grillen, da Salz nachträglich nicht mehr gut ins Fleisch eindringen kann.

RINDFLEISCH	DICKE / GEWICHT	GRILLZEIT
Braten aus der Hochrippe, ausgelöst	2 ¼–2 ¾ kg	**1 ¼–1 ¾ Std.** über indirekter mittlerer Hitze
Bürgermeister- / Pastorenstück	1–1 ¼ kg	**30–45 Min.:** 10–15 Min. über direkter mittlerer Hitze, 20–30 Min. über indirekter mittlerer Hitze
Bürger	2 cm	**8–10 Min.** über direkter starker Hitze
Flank-Steak	2 cm, 700–1000 g	**8–10 Min.** über direkter starker Hitze
Kalbskotelett (Lende)	2 ½ cm	**5–8 Min.:** 4–6 Min. über direkter starker Hitze, 1–2 Min. über indirekter starker Hitze
Kebab (Hackfleischröllchen)	2 ½–3 ½ cm	**5–6 Min.** über direkter starker Hitze
Lendenbraten, ausgelöst	1 ¾–2 ¼ kg	**50–60 Min.:** 10 Min. über direkter mittlerer Hitze, 40–50 Min. über indirekter mittlerer Hitze
Rinderfilet am Stück	1 ½–1 ¾ kg	**34–45 Min.:** 15 Min. über direkter mittlerer Hitze, 20–30 Min. über indirekter mittlerer Hitze
Rippenbraten mit Knochen	3 ½ kg	**2 ½–3 Std.:** 10 Min. über direkter mittlerer Hitze, 2 ½–3 Std. über indirekter schwacher Hitze
Skirt-Steak (Zwerchfell)	½–1 cm	**5–6 Min.** über direkter starker Hitze
Steak: Porterhouse, Rib-Eye, T-Bone, Filet und Lende	2 cm	**4–6 Min.** über direkter starker Hitze
	2 ½ cm	**5–8 Min.:** 4–6 Min. über direkter starker Hitze, 1–2 Min. über indirekter starker Hitze
	3 cm	**8–10 Min.:** 6 Min. über direkter starker Hitze, 2–4 Min. über indirekter starker Hitze
	3 ½ cm	**10–15 Min.:** 6–8 Min. über direkter starker Hitze, 4–7 Min. über indirekter starker Hitze
	5 cm	**15–18 Min.:** 6–8 Min. über direkter starker Hitze, 9–10 Min. über indirekter starker Hitze

Hinweis: Alle Garzeiten beziehen sich auf den Gargrad rosa/rot (medium rare), bei Hackfleisch auf halb durch (medium).

LAMMFLEISCH

Lammfleisch sollte hellrot und feinfaserig sein, das Fett weiß und nicht gelblich. Das Fleisch einer Lammkeule eignet sich für eine Vielzahl von Zubereitungen. Sie können die Keule im Ganzen am Spieß garen, Steaks aus der oberen Keulenhälfte grillen, die ausgelöste Keule scharf anbraten und dann bei indirekter Hitze zu Ende grillen oder das Fleisch in Würfel schneiden und auf Holzspießen zubereiten.

EINE AUSGELÖSTE LAMMKEULE VORBEREITEN

① Hochschlagende Flammen, die durch herabtropfendes Fett beim Grillen entstehen, können Sie vermeiden, wenn Sie das Fleisch von überschüssigem Fett befreien. ② Drehen Sie die Keule um und schneiden Sie auch hier größere Fettpartien ab. ③ Die Spitze des Messers zwischen Sehnen und Fleisch schieben und die Sehnen behutsam vom Fleisch abtrennen. ④ Etwas dickere Fleischpartien schneiden Sie diagonal ein und klappen Sie schmetterlingsförmig auf. ⑤ Sehr dicke Teile des Fleisches müssen gegebenenfalls abgeschnitten und separat gegrillt werden. ⑥ Am Ende sollte das Fleisch eine möglichst gleichmäßige Dicke haben.

LAMMFLEISCH	DICKE / GEWICHT	GRILLZEIT
Burger	2 cm	**8–10 Min.** über direkter mittlerer Hitze
Kotelett: Lende, Rippe, Schulter	2–3 ½ cm dick	**8–12 Min.** über direkter mittlerer Hitze
Lammkarree	450–650 g	**15–20 Min.:** 5 Min. über direkter mittlerer Hitze, 10–15 Min. über indirekter mittlerer Hitze
Lammkeule, ausgelöst, als Rollbraten in Form gebunden	1 ¼–1 ½ kg	**30–45 Min.:** 10–15 Min. über direkter mittlerer Hitze, 20–30 Min. über indirekter mittlerer Hitze
Lammkeule, ausgelöst Schmetterlingsschnitt	1 ½–1 ¾ kg	**30–45 Min.:** 10–15 Min. über direkter mittlerer Hitze, 20–30 Min. über indirekter mittlerer Hitze

Hinweis: Alle Garzeiten beziehen sich auf den Gargrad rosa/rot (medium rare), bei Hackfleisch auf halb durch (medium).

SCHWEIN

QUALITÄTSKRITERIEN

Achten Sie beim Kauf von Schweinefleisch auf die Farbe und Festigkeit des Fleisches. Es sollte hell bis rötlich rosafarben sein, sein Fett cremefarben und glatt. Meiden Sie Fleisch, das blass oder grau aussieht. Die Struktur sollte kompakt und fest sein, mit feinen, glatten Fasern. Weisen Sie Fleisch zurück, das weich oder wässrig ist. Vorverpacktes Fleisch sollte nicht im eigenen Saft liegen, der darüber hinaus immer klar sein muss, nicht trüb.

SCHWEINERIPPCHEN VORBEREITEN

Schweinerippen haben auf ihrer Knochenseite eine dünne, zähe Haut, die entfernt werden sollte, damit Würzmischungen oder Marinaden ins Fleisch eindringen können. Schieben Sie dafür die Spitze eines Fleischthermometers oder auch eines Schraubenziehers direkt an einem Knochen so weit unter die Haut, dass Sie sie anheben können. Lockern Sie sie ein wenig, sodass sie reißt. Halten Sie jetzt eine Ecke mit einem Stück Küchenpapier fest und ziehen Sie die Haut vollständig von den Rippen.

Damit Gewürze und Raucharomen ins Fleisch der Rippchen eindringen können, sollte die dünne, zähe Haut an der Knochenseite entfernt werden.

SPARERIBS UND BABY BACK RIBS

Schälrippchen (Spareribs) sind etwas größer als die schmal geschnittenen Kotelettrippen (Baby Back Ribs), ihr Fleisch ist zäher, dafür aber auch geschmacksintensiver. Spareribs sind ein zum Kotelettstrang hin gelegenes Teilstück des Schweinebauchs, Baby Back Ribs schneidet man aus dem hinteren Kotelettstrang.

Baby Back Ribs (unten) und Spareribs sind ideal zum langsamen Grillen und Räuchern.

TEILSTÜCKE VOM SCHWEIN FÜR DEN GRILL

ZARTE TEILSTÜCKE ZUM GRILLEN	FESTERE TEILSTÜCKE ZUM GRILLEN	GRÖSSERE TEILSTÜCKE ZUM ANBRATEN & INDIREKTEN GRILLEN	ZÄHERE TEILSTÜCKE FÜR INDIREKTES GRILLEN
· Filet am Stück oder in Medaillons geschnitten · Steak aus der Lende · Stiel- und Lendenkotelett	· Nackenkotelett · Schinkensteak · Steak *(aus der Schulter)*	· Lendenbraten · Rippenbraten · Schinkenbraten · Spanferkel	· Kotelettrippchen *(Baby Back Ribs)* · Schälrippchen *(Spareribs)* · Schulter

WANN IST ES GAR?

Perfekt zubereitetes Schweinefleisch sollte meiner Meinung nach im Kern noch leicht rosa, also nicht komplett durchgegart sein (vorausgesetzt, es ist ganz frisch), was einer Kerntemperatur zwischen 65 °C und 70 °C entspricht. Welchen Gargrad Sie bevorzugen, bleibt selbstverständlich ganz Ihnen überlassen. Das Stück links auf nebenstehender Abb. zeigt im Kern noch rohes Fleisch und sollte so nicht verzehrt werden. Das Stück ganz rechts wiederum sieht bereits trocken und grau aus und ist offensichtlich übergart. Das Stück in der Mitte dagegen hat bei einer Kerntemperatur von 65 °C leicht rosafarbenes, saftiges Fleisch und gibt auf Fingerdruck ein wenig nach.

SCHWEINEFLEISCH	DICKE / GEWICHT	GRILLZEIT
Bratwurst, frisch		20–25 Min. über direkter mittlerer Hitze
Bratwurst, gebrüht		10–12 Min. über direkter mittlerer Hitze
Filet am Stück	450–500 g	15–20 Min. über direkter mittlerer Hitze
Frikadelle (Hackfleisch)	1 cm	8–10 Min. über direkter mittlerer Hitze
Kotelett, ausgelöst oder mit Knochen	1 cm	5–7 Min. über direkter starker Hitze
	2 cm	6–8 Min. über direkter starker Hitze
	2 ½ cm	8–10 Min. über direkter starker Hitze
	3–4 cm	10–12 Min.: 6 Min. über direkter starker Hitze, 4–6 Min. über indirekter starker Hitze
Kotelettrippchen (Baby Back Ribs)	1 kg	3–4 Std. über indirekter schwacher Hitze
Lendenbraten, ausgelöst	1 ¼ kg	40–50 Min. über direkter mittlerer Hitze
Lendenbraten, mit Knochen	1 ½–2 ¼ kg	1 ¼–1 ¾ Std. über indirekter mittlerer Hitze
Schälrippchen (Spareribs)	1 ¼–1 ½ kg	3–4 Std. über indirekter schwacher Hitze
Schulterbraten, ausgelöst	2 ¼–2 ¾ kg	5–7 Std. über indirekter schwacher Hitze
Spanferkel aus der Keule, vorgegart	800 g	1 ½–2 Std. über indirekter mittlerer Hitze

GEFLÜGEL

QUALITÄTSKRITERIEN

Zwischen einem preisgünstigen Huhn aus Massentierhaltung und einem artgerecht aufgezogenen Huhn liegen geschmacklich Welten. Vögel aus Massentierhaltung, die meist im Supermarkt oder bei den Discountern zu finden sind, garen zwar schnell und sind relativ zart, haben jedoch in puncto Geschmack nicht viel zu bieten. Mit ein wenig Öl, einigen Gewürzen und eventuell einer Sauce können Sie allerdings auch mit ihnen ein annehmbares Ergebnis auf dem Grill erzielen.

Artgerecht gehaltene Hähnchen oder Vögel aus Bio-Aufzucht sind in der Regel ihren höheren Preis wert. Die Tiere haben Auslauf und damit viel Bewegung, was zu festerem, geschmacksintensiverem Fleisch führt. Auch Hähnchen aus alten Zuchtrassen, die zwar weniger mit einer fülligen Brust oder regelmäßigen Form aufwarten können, sind geschmacklich den Tieren aus Massenhaltung vorzuziehen. So oder so sollten Sie jedoch stets auf bestimmte Qualitätskriterien achten. Ein Hähnchen sollte eine straff anliegende, unversehrte Haut haben, die weder eingeschrumpft, noch zu weit wirkt und keine trockenen Stellen aufweist. Da die Farbe der Haut kaum Hinweise auf die Qualität gibt, ist es am besten, sich an den Geruch zu halten. Er wird Ihnen verlässlich über die Frische des Vogels Auskunft geben. Wenn das Hähnchen merkwürdig riecht, lassen Sie es links liegen. Tabu sind außerdem Blut oder Schmutz am Körper, Quetschungen oder gebrochene Knochen.

EIN HÄHNCHEN DRESSIEREN

① Das Hähnchen mit der Brustseite nach oben legen und 1 m Küchengarn mittig unter Rücken und Schenkel schieben. ② Den Faden wie abgebildet über den Schenkeln kreuzen. ③ Die Fadenenden jeweils um einen Schenkel wickeln und nach außen ziehen, damit die Schenkel am Körper anliegen. ④ Den Faden an den Seiten eng an den Schenkeln entlang zu den Flügeln führen. ⑤ Die beiden Fadenenden zwischen Nackenknochen und Brustspitze verknoten. Dabei fest anziehen, um die Keulen hoch an die Brust zu ziehen. ⑥ Die losen Fadenenden abschneiden. Jetzt ist das Hähnchen bereit für den Grill oder das Garen am Rotisserie-Spieß.

WANN IST ES GAR?

Geflügel sollte grundsätzlich durchgegart werden, seine Kerntemperatur auf jeden Fall zwischen 75 °C und 82 °C liegen. Bedenken Sie dabei, dass die Kerntemperatur während des Ruhens um weitere 2–5 Grad steigt.

Prüfen Sie die Temperatur immer an der dicksten Stelle eines Schenkels, indem Sie dort ein Fleischthermometer hineinstecken ohne dabei den Knochen zu berühren (er ist heißer als das Fleisch). Andernfalls stechen Sie mit einem kleinen scharfen Messer in das Fleisch am Schenkelansatz: Der Vogel ist gar, wenn der austretende Fleischsaft klar und das Fleisch am Knochen nicht mehr rosa ist.

Das weiße Brustfleisch schmeckt ausgezeichnet bei einer Kerntemperatur von 75 °C. Das dunklere Schenkelfleisch dagegen entfaltet erst bei 82 °C seinen intensiven, reichhaltigen Geschmack.

GEFLÜGEL	DICKE / GEWICHT	GRILLZEIT
Ente, ganz	2 ½–2 ¾ kg	**40 Min.** über indirekter starker Hitze
Entenbrust, ausgelöst	300–350 g	**10–12 Min.:** 3–4 Min. über direkter schwacher Hitze, 7–8 Min. über indirekter starker Hitze
Hähnchen, ganz, klein	800 g	**50–60 Min.** über indirekter starker Hitze
Hähnchen, ganz, schwer	1 ½–2 kg	**1–1 ½ Std.** über indirekter mittlerer Hitze
Hähnchenbrust, mit Knochen	300–350 g	**30–40 Min.** über indirekter mittlerer Hitze
Hähnchenbrustfilet	180–225 g	**8–12 Min.** über direkter mittlerer Hitze
Hähnchenfleisch, mit Knochen, Keule / Schenkel		**30–40 Min.** über indirekter mittlerer Hitze
Hähnchenflügel (Chicken Wings)	60–85 g	**18–20 Min.** über direkter mittlerer Hitze
Hähnchenschenkel, ausgelöst, ohne Haut	125 g	**8–10 Min.** über direkter starker Hitze
Putenbrust, ausgelöst	1 kg	**1–1 ¼ Std.** über indirekter mittlerer Hitze
Truthahn, ganz, ohne Füllung	4 ½–5 ½ kg	**2 ½–3 ½ Std.** über indirekter schwacher Hitze
	5 ¾–6 ¾ kg	**3 ½–4 ½ Std.** über indirekter schwacher Hitze

FISCH

DEN PERFEKTEN FISCH AUSWÄHLEN

Festfleischige Fische und Meeresfrüchte eignen sich am besten zum Grillen, da sie während des Garens und Wendens ihre Form behalten. Aber auch zartere Teilstücke lassen sich gut auf dem Grill zubereiten, erfordern allerdings etwas mehr Aufmerksamkeit. In der unten stehenden Tabelle finden Sie eine entsprechende Einteilung.

ANHAFTEN AM GRILLROST VERMEIDEN

1. Starke Hitze. Fisch löst sich vom Rost, wenn seine Unterseite karamellisiert und mit einer dünnen Kruste überzogen ist. Dazu braucht man in der Regel starke Hitze.

2. Ein sauberer Rost. Verwenden Sie eine Drahtbürste, um den Grillrost gründlich zu reinigen.

3. Ein wenig Öl. Bepinseln Sie den Fisch auf allen Seiten dünn mit Öl, aber ölen Sie nicht den Rost ein.

4. Geduld. Die Karamellisierung findet schneller statt, wenn der Fisch auf dem heißen Rost nicht bewegt wird. Halten Sie den Deckel dabei möglichst geschlossen und wenden Sie den Fisch nicht öfter als einmal.

5. Timing. Grillen Sie die Seite des Fisches, die zuerst auf den Rost kommt, ein paar Minuten länger als die zweite. Sie lässt sich dann leichter vom Rost lösen und wird mit einem hübschen Grillmuster später auf dem Teller beeindrucken.

FISCH FÜR DEN GRILL

FESTFLEISCHIGE FILETS UND STEAKS	ZARTERE FILETS UND STEAKS	ZARTE FILETS	GANZE FISCHE	MEERESFRÜCHTE
· Lachs · Rotbarsch · Schwertfisch · Thunfisch · Tintenfisch · Zackenbarsch	· Heilbutt · Makrele · Red Snapper · Seebarsch · Seeteufel	· Blaufisch · Felsenbarsch · Forelle · Wolfsbarsch	· Blaufisch · Felsen-, Wolfs- und Zackenbarsch · Forelle · Makrele · Red Snapper	· Austern · Garnelen · Hummer · Jakobsmuscheln · Miesmuscheln · Venusmuscheln

GARGRAD

Fisch sollte auf keinen Fall zu lange gegart werden. Er muss vom Grill, sobald sein Fleisch blättrig auseinanderzufallen droht. Da es schwierig ist, seine Kerntemperatur, die idealerweise zwischen 52 °C und 54 °C liegt, zu messen, muss der Gargrad anhand der Farbe des Fleisches geprüft werden: Es darf im Kern nicht mehr glasig sein. Orientieren Sie sich darüber hinaus an den Zeiten, die in den Rezepten angegeben sind.

Schaltiere wie Garnelen sind gar, wenn ihr Fleisch eine perlweiße Farbe angenommen hat und ebenfalls nicht mehr durchsichtig ist (siehe Abb. rechts).

Die Garnele links wurde zu früh vom Grill genommen, das Exemplar rechts ist übergart, das in der Mitte genau richtig.

FISCH UND MEERESFRÜCHTE	DICKE / GEWICHT	GRILLZEIT
Auster		2–5 Min. über direkter starker Hitze
Fischfilet oder -steak: Heilbutt, Lachs, Red Snapper, Schwertfisch, Thunfisch und Wolfsbarsch	½–1 cm	3–5 Min. über direkter starker Hitze
	1–2 ½ cm	5–10 Min. über direkter starker Hitze
	2 ½–3 cm	10–12 Min. über direkter starker Hitze
Fisch, ganz	500 g	15–20 Min. über indirekter mittlerer Hitze
	1 kg	20–30 Min. über indirekter mittlerer Hitze
	1 ½ kg	30–45 Min. über indirekter mittlerer Hitze
Garnele	45 g	5 Min. über direkter starker Hitze
Hummerschwanz		8–12 Min. über direkter mittlerer Hitze
Jakobsmuschelfleisch	45 g	5–6 Min. über direkter starker Hitze
Miesmuschel (nicht geöffnete Muscheln wegwerfen)		5–10 Min. über direkter starker Hitze
Venusmuschel (nicht geöffnete Muscheln wegwerfen)		5–8 Min. über direkter starker Hitze

Hinweis: Als Faustregel für das Grillen von Fisch gelten 4–5 Min. je 1 cm Dicke und 8–12 Min. je 2 ½ cm Dicke.

GEMÜSE

FÜNF GRUNDSÄTZE

1. Grillen Sie Gemüse, das gerade Saison hat und überwiegend aus der Region stammt. Diese Gemüsesorten sind reif und schmecken deutlich besser als Ware, die auf dem Transportweg reifen muss. Sie lassen sich mit hervorragendem Ergebnis ganz einfach auf dem Grill zubereiten.

2. Bereiten Sie Gemüse für den Grill so vor, dass eine möglichst große Oberfläche mit dem heißen Rost in Kontakt kommt. Je direkter der Kontakt, umso besser der Geschmack. Schneiden Sie beispielsweise eine Zucchini nicht quer, sondern der Länge nach in Scheiben.

3. Gemüse muss mit einer feinen Schicht Öl überzogen sein, damit es nicht am Grillrost haften bleibt oder verbrennt. Verwenden Sie dafür immer gutes Öl. Neutrale Öle wie Rapsöl funktionieren zwar gut, aber nur hochwertiges Olivenöl unterstreicht den Eigengeschmack einer jeden Gemüsesorte. Bestreichen Sie die Gemüsestücke mit gerade so viel Öl, dass sie gut davon bedeckt sind, aber nichts heruntertropft. Dies würde beim Grillen zu Flammenbildung führen. Würzen Sie das Gemüse vor dem Grillen großzügig mit Salz und Pfeffer. Noch mehr Geschmack erhalten Sie, wenn Sie es bei Zimmertemperatur mind. 20 Min. oder bis zu 1 Std. in eine Marinade aus Olivenöl, Essig, Knoblauch, Kräutern und Gewürzen legen.

4. Bestreichen Sie bestimmte Gemüsesorten gelegentlich während des Grillens mit weiterem Öl. Gemüse besteht zum großen Teil aus Wasser, das auf dem heißen Grill schnell verdunstet. Das intensiviert zwar einerseits den Eigengeschmack des Gemüses, bestimmte Sorten aber, allen voran Pilze, neigen dazu, auszutrocknen und zu verschrumpeln, wenn sie zu viel Wasser verlieren. Sobald Sie Anzeichen dafür sehen, müssen sie mit etwas Öl bepinselt werden.

5. Fast jede Gemüsesorte, von Aubergine bis Zucchini, gart am besten über direkter mittlerer Hitze, also zwischen 175 °C und 230 °C. Wenn Gemüsestücke dabei stellenweise zu dunkel werden, sollten Sie sie wenden. Ansonsten gilt für das Wenden von Gemüse: Weniger ist mehr!

Gemüse sollte möglichst als Saisonware und aus regionalem Anbau auf den Grill kommen. Mit hochwertigem Olivenöl können Sie den Eigengeschmack der einzelnen Gemüsesorten unterstreichen.

WANN IST ES GAR?

Welcher Gargrad für welche Gemüsesorte der richtige ist, hat, ähnlich wie bei Rind- und Lammfleisch, auch etwas mit Ihrer persönlichen Vorliebe zu tun. Ich zum Beispiel bevorzuge es, wenn festeres Gemüse wie Zwiebeln oder Fenchel knackig-zart, also noch ein wenig bissfest ist. Sollten Sie das Gemüse weicher mögen, grillen Sie es einfach ein paar Minuten länger, müssen dann aber darauf achten, dass es nicht zu dunkel wird beziehungsweise verbrennt. Schneiden Sie das Gemüse darüber hinaus in möglichst gleich große Stücke, damit es gleichmäßig garen kann. Mit einer Dicke von rund 1 ¼ cm liegen Sie bei den meisten Sorten genau richtig. In der nebenstehenden Tabelle finden Sie Richtwerte, wie lange die einzelnen Gemüsesorten und bei welcher Hitze gegrillt werden sollten.

GEMÜSESORTEN	DICKE / GEWICHT	GRILLZEIT
Artischocke, ganz	300–350 g	**15–18 Min.:** 10–12 Min. in Salzwasser vorgaren, halbieren, die Hälften 5 Min. über direkter mittlerer Hitze
Aubergine, in Scheiben	1 cm	**8–10 Min.** über direkter mittlerer Hitze
Eiertomate, ganz		**8–10 Min.** über direkter mittlerer Hitze
Eiertomate, halbiert		**5–8 Min.** über direkter mittlerer Hitze
Fenchel, in Scheiben	½ cm	**10–12 Min.** über direkter mittlerer Hitze
Frühlingszwiebel, ganz		**3–5 Min.** über direkter mittlerer Hitze
Kartoffel, ganz		**45–60 Min.** über indirekter mittlerer Hitze
Kartoffel, in Scheiben	1 cm	**15–16 Min.** über direkter mittlerer Hitze
Knoblauchknolle, ganz		**45–60 Min.** über indirekter mittlerer Hitze
Maiskolben, mit Hüllblättern		**25–30 Min.** über direkter mittlerer Hitze
Maiskolben, ohne Hüllblätter		**10–15 Min.** über direkter mittlerer Hitze
Möhre, ganz	ø 2 ½ cm	**8–10 Min.:** 5 Min. in Salzwasser vorgaren, 3–5 Min. über direkter mittlerer Hitze
Paprikaschote, ganz		**10–15 Min.** über direkter mittlerer Hitze
Paprika- / Chilischote, in Scheiben	½ cm	**5–8 Min.** über direkter mittlerer Hitze
Pilz, Riesenchampignon / Portobello		**10–15 Min.** über direkter mittlerer Hitze
Pilz, Shiitake oder Champignon		**8–10 Min.** über direkter mittlerer Hitze
Rote oder Gelbe Bete	180 g	**1–1 ½ Std.** über indirekter mittlerer Hitze
Spargel, ganze Stangen	ø 1 cm	**5 Min.** über direkter mittlerer Hitze
Süßkartoffel, ganz		**50–60 Min.** über indirekter mittlerer Hitze
Süßkartoffel, in Scheiben	½ cm	**8–10 Min.** über direkter mittlerer Hitze
Tomate, halbiert		**5–8 Min.** über direkter mittlerer Hitze
Tomate, in Scheiben	½ cm	**2–5 Min.** über direkter mittlerer Hitze
Zucchini, längs halbiert		**5–6 Min.** über direkter mittlerer Hitze
Zucchini, in Scheiben	1 cm	**3–5 Min.** über direkter mittlerer Hitze
Zwiebel, halbiert		**35–40 Min.** über indirekter mittlerer Hitze
Zwiebel, in Scheiben	1 cm	**8–12 Min.** über direkter mittlerer Hitze

SICHERHEITSHINWEISE

GEFAHREN

1. Holzkohlegrills dürfen nur im Freien verwendet werden. Bei einem Gebrauch in geschlossenen Räumen sammeln sich giftige Gase an, die zu ernsthaften Beeinträchtigungen der Gesundheit bis hin zum Tod führen können.

2. Geben Sie niemals flüssige Anzünder oder bereits mit Anzünder imprägnierte Holzkohle auf die warme oder heiße Glut.

3. Niemals Benzin, Alkohol oder andere feuergefährliche Flüssigkeiten zum Anzünden von Holzkohle verwenden. Wenn Sie flüssigen Anzünder benutzen, muss sämtliche Flüssigkeit, die sich gegebenenfalls in den unteren Lüftungsschieber angesammelt hat, entfernt werden, bevor Sie die Holzkohle anzünden.

4. Lassen Sie Kinder oder Haustiere niemals in der Nähe eines heißen Grills spielen oder unbeobachtet allein.

5. Der Grill muss in einem Mindestabstand von 1½ Metern von brennbaren Materialien entfernt stehen. Dazu gehören u. a. Holzverkleidungen, Holzveranden und -terrassen.

6. Verwenden Sie Ihren Grill nur mit allen vollständig montierten Teilen, die zudem unversehrt sein müssen. Vergewissern Sie sich darüber hinaus, dass der Aschetopf korrekt unterhalb des Grills befestigt ist.

TIPPS ZUR LEBENSMITTELSICHERHEIT

1. Das Grillgut immer mit sauberen Händen vorbereiten. Waschen Sie sich zudem sorgfältig die Hände, nachdem Sie rohes Fleisch, Fisch und Geflügel vorbereitet haben.

2. Tauen Sie Fleisch, Fisch oder Geflügel stets im Kühlschrank auf, nicht bei Zimmertemperatur.

3. Richten Sie gegarte Speisen nicht auf denselben Tellern an, auf denen sie vorher roh gelegen haben.

4. Spülen Sie Geschirr, Besteck und alle Arbeitsflächen, die in Kontakt mit rohem Fleisch, Geflügel oder Fisch gekommen sind, mit heißem Wasser und Spülmittel ab, bevor sie weiterverwendet werden.

GRILLTIPPS

1. Widerstehen Sie der Versuchung, während des Grillens mit einem Pfannenwender auf Grillgut wie Hamburger zu drücken. Sie würden damit den wunderbaren Geschmack herausdrücken, mit dem Sie später belohnt werden.

2. Eine leichte Ölschicht auf dem Grillgut verhilft zu gleichmäßiger Bräune und verhindert das Anhaften auf dem Rost.

WARNUNG

1. Stellen Sie den Grill immer ebenerdig auf.

2. Nehmen Sie den Deckel ab, wenn Sie die Holzkohle anzünden und vorglühen.

3. Breiten Sie die Holzkohle immer auf dem Kohlerost aus, nicht direkt auf dem Boden des Kessels.

4. Stellen Sie den Anzündkamin nicht auf oder neben feuergefährliche Flächen.

5. Berühren Sie nie den Kessel, Grill- oder Holzkohlerost, um zu prüfen, ob sie heiß sind.

6. Tragen Sie Grillhandschuhe beim Grillen und zum Regulieren der Lüftungsschieber.

7. Verwenden Sie ausgewiesenes Grillwerkzeug mit langen, hitzebeständigen Griffen.

8. Hängen Sie den Grilldeckel immer vorschriftsmäßig an der Deckelhalterung auf. Legen Sie einen heißen Deckel nie auf Teppich oder Gras. Der Grilldeckel darf nicht an die Griffe des Kessels gehängt werden.

9. Um die Glut zu löschen, setzen Sie den Deckel auf und schließen Sie vollständig alle oberen und unteren Lüftungsschieber. Löschen Sie die Glut niemals mit Wasser, da es die Porzellanbeschichtung des Kessels beschädigen könnte.

10. Bekämpfen Sie auflodernde Flammen, indem Sie den Deckel aufsetzen und die oberen Lüftungsschieber zur Hälfte schließen. Auch hier gilt: niemals mit Wasser löschen.

11. Bedienen und lagern Sie heiße Elektrostarter sehr sorgfältig. Stellen Sie den Starter nie auf oder neben feuergefährliche Flächen.

12. Halten Sie elektrische Kabel vom heißen Grill fern.

REGISTER

A

Aceto balsamico
    Gegrillter grüner Spargel mit Balsamico 194
    Schweinekoteletts mit Balsamico-Paste 122
Ananas mit Rumbutter und Kokosnusseis 210
Andys Jerk-Chicken 149
Anis: Gegrillte Lammkarrees aus dem Holzrauch mit Anis-Knoblauch-Paste 90
Anzündkamin 13
    Weber® RapidFire® 13
Anzündwürfel 13
Apfel siehe Bratäpfel
Aprikosen mit Sandkuchen und Mandelblättchen, Gegrillte 214
Artischockenherzen, Gegrillte 193
Asche 19
    Aschetopf 19, 232
Asia-Entenbrust mit Senfsauce 152
Asia-Würzmischung 32
Aubergine: Tomatensalat mit gegrillten Auberginen 202
Auflauf
    Himbeer-Kirsch-Auflauf 208
    Käse-Nudel-Auflauf mit Chili und Frühlingszwiebeln 204
Auf Zedernholz gegrillter, glasierter Lachs 170
Avocado
    Chili-Cheeseburger mit Avocado 85
    Hähnchen und Chili-Quesadillas mit Guacamole 42
    Rinderbraten mit Avocado-Sauce 88
    T-Bone-Steaks mit Avocado-Salsa 60

B

Baby Back Ribs 108
    grillen 109
    Klassische Baby Back Ribs 110
    Ribs vom Ranch House BBQ 112
    vorbereiten 108
    siehe auch Spareribs
Bachforelle mit Zitrone und Rosmarin 176
Balsamico siehe Aceto balsamico
Banane: In der Schale gegrillte Bananen mit Himbeersorbet 216
Barbecue
    Klassische Cheeseburger mit Barbecue-Gewürzen 86
    Rote Barbecue-Sauce 34
    Weiße Barbecue-Sauce 34
Barbecue-Hähnchen mit Pfirsich-Chutney 156
Barbecue-Sauce 56
Barbecue-Würzmischung 32
Beer-Chan-Chicken mit Knoblauch und Oregano 160
Beilagen 188–205
    Butterweiche Zwiebeln vom Grill 192
    Eichelkürbis mit Butterglasur und Knoblauch 197
    Fenchel-Paprika-Salat mit Mozzarella 200
    Gefüllte Kartoffeln mit Wasabi 195
    Gegrillte Artischockenherzen 193
    Gegrillte Maiskolben mit Chili-Butter 190
    Gegrillte Möhren 196
    Gegrillter grüner Spargel mit Balsamico 194
    Käse-Nudel-Auflauf mit Chili und Frühlingszwiebeln 204
    Salat mit gebratenem Speck und gegrillten Tomaten 198
    Salat mit Kritharaki und gegrilltem Gemüse 203
    Tomatensalat mit gegrillten Auberginen 202
Blaubeeren, Karamellisierte Pfirsiche mit Lemon Curd und 209
Boerewors 102
Bohnen
    Flank-Steak mit Bohnensalat 76
    Schinkensteaks mit Honig-Senf-Glasur und Bohnen-Salsa 130
    Schweinefilets auf Cajun-Art mit Bohnensalat 118
Bourbon: Gegrillte Entenkeulen mit Bourbon-Würzsauce 151
Bratäpfel vom Grill 211
Bratwürste mit pikantem Paprika-Zwiebel-Gemüse 104
Brennmaterialien 10
    Briketts 10
    Holzkohle 10
    Weber®-Briketts 11
    Weber®-Grill-Holzkohle 11
Brot
    Bruschetta mit gegrillten Gelben Beten und Ziegenkäse 40
    Knuspriges Pita-Brot mit Zwiebel-Dip 41
    siehe auch Panini
Bruschetta mit gegrillten Gelben Beten und Ziegenkäse 40
Burger
    Chili-Cheeseburger mit Avocado 85
    Klassische Cheeseburger mit Barbecue-Gewürzen 86
    Puten-Burger mit Frühlingszwiebeln und Pilzen 162
    siehe auch Hackfleisch
Burger mit Steinpilzen, Tomaten und Pesto-Mayonnaise 84
Butter
    Ananas mit Rumbutter und Kokosnusseis 210
    Eichelkürbis mit Butterglasur und Knoblauch 197
    Gegrillte Maiskolben mit Chili-Butter 190
    Gegrillte Möhren 196
    Mandel-Knoblauch-Butter 35
    Schwertfischsteaks mit Mandel-Knoblauch-Butter 179
    siehe auch Salsa, Saucen
Butterweiche Zwiebeln vom Grill 192

C

Cajun
    Würzmischung 32
    Schweinefilets auf Cajun-Art mit Bohnensalat 118
Cheeseburger siehe Burger
Chicken siehe Hähnchen

Chili
    Chicken Wings mit Chili-Glasur und gerösteten
        Sesamsamen 44
    Gegrillte Maiskolben mit Chili-Butter 190
    Gekühlte grüne Chilisauce 35
    Hähnchen und Chili-Quesadillas mit Guacamole 42
    Rotbarsch texanisch mit Chili-Salsa 182
    Vietnamesische Rindsröllchen mit süßer Chilisauce 46
    Käse-Nudel-Auflauf mit Chili und Frühlingszwiebeln 204
Chili-Cheeseburger mit Avocado 85
Chinesischer Hähnchensalat 142
Chips und Chunks 23
    Welches Holz für welche Zutat? 23
Curry-Thunfischsteaks mit warmem Spinat-Bohnen-Salat 180
Curry-Wurst-Spieße 106

D
Daves Fisch-Tacos 185
Daves Spareribs im neuen Memphis-Stil 116
Desserts 206–217
    Ananas mit Rumbutter und Kokosnusseis 210
    Bratäpfel vom Grill 211
    Gegrillte Aprikosen mit Sandkuchen und Mandelblättchen 214
    Gestürzter Pflaumenkuchen 212
    Himbeer-Kirsch-Auflauf 208
    In der Schale gegrillte Bananen mit Himbeersorbet 216
    Karamellisierte Pfirsiche mit Lemon Curd und Blaubeeren 209
    Mango-Eistorte mit Kokosraspel 217
Drei-Zonen-Glut 16

E
Eichelkürbis mit Butterglasur und Knoblauch 197
Ein ganzes Hähnchen vom Spieß 161
Eingelegte Schweinesteaks mit süßem Papaya-Relish 127
Ente
    Asia-Entenbrust mit Senfsauce 152
    Gegrillte Entenkeulen mit Bourbon-Würzsauce 151
    siehe auch Geflügel, Hähnchen
Erdnusssauce 35
    Hähnchenspieße mit Erdnusssauce 136
Essig siehe Aceto balsamico, Weißweinessig
Estragon: Steak-Salat mit Estragon-Vinaigrette 78

F
Fajitas 74
Fenchel-Paprika-Salat mit Mozzarella 200
Fenchelsamen, Steaks aus der Lammkeule mit gerösteten 92
Fenchelwürziger Lachs mit Gazpacho-Salat 172
Fenchel-Würzmischung 32
Filetkoteletts mit Whisky-Barbecue-Sauce 124
Fingerdruck-Test 221
Fisch 168–187, 228–229
    Auf Zedernholz gegrillter, glasierter Lachs 170
    Bachforelle mit Zitrone und Rosmarin 176
    Curry-Thunfischsteaks mit warmem Spinat-Bohnen-Salat 180
    Daves Fisch-Tacos 185
    Fenchelwürziger Lachs mit Gazpacho-Salat 172
    Gegrillte Garnelen mit süß-saurer Sauce 187
    Griechischer Meeresfrüchtesalat 186
    Rotbarsch texanisch mit Chili-Salsa 182
    Saiblingfilets mit gegrilltem Gemüse-Konfetti 177
    Sardinen in Weißweinessig mit Johannisbeeren 175
    Schwertfischsteaks mit Mandel-Knoblauch-Butter 179
    Über Hickoryholz geräucherte Makrele 174
    Würziger Zackenbarsch mit Gelber-Paprika-Sauce 178
    siehe auch Grillpraxis, Miesmuscheln
Fischkorb 29
Flammenbildung im Grill 21
Flank-Steak: Fajitas 74
Flank-Steak mit Bohnensalat 76
Forelle siehe Bachforelle
Frühlingszwiebel
    Käse-Nudel-Auflauf mit Chili und Frühlingszwiebeln 204
    Miesmuscheln mit Tomaten und Frühlingszwiebeln 50
    Puten-Burger mit Frühlingszwiebeln und Pilzen 162

G
Gargrad
    Fisch 229
    Geflügel 227
    Gemüse 230, 231
    Lammfleisch 223
    Rindfleisch 221–222
    Schweinefleisch 225
Garnele
    Gegrillte Garnelen mit süß-saurer Sauce 187
    Paella mit Hähnchen, Wurst und Garnelen 144
Gazpacho
    Fenchelwürziger Lachs mit Gazpacho-Salat 172
    Gekühlte Gazpacho aus Gemüse vom Grill 38
Geflügel 134–167, 226–227
    Asia-Entenbrust mit Senfsauce 152
    Gegrillte Entenkeulen mit Bourbon-Würzsauce 151
    Puten-Burger mit Frühlingszwiebeln und Pilzen 162
    Saftiger Truthahn vom Grill mit Bratensauce 166
    siehe auch Grillpraxis, Hähnchen
Gefüllte Kartoffeln mit Wasabi 195
Gegrillte Aprikosen mit Sandkuchen und
    Mandelblättchen 214
Gegrillte Artischockenherzen 193
Gegrillte Entenkeulen mit Bourbon-Würzsauce 151
Gegrillte Garnelen mit süß-saurer Sauce 187
Gegrillte Hähnchen-Käse-Panini mit Rucola 141
Gegrillte Hähnchenschenkel Hongkong 147
Gegrillte Lammkarrees aus dem Holzrauch
    mit Anis-Knoblauch-Paste 90
Gegrillte Maiskolben mit Chili-Butter 190
Gegrillte Möhren 196
Gegrillter grüner Spargel mit Balsamico 194
Gegrillter Rippenbraten au Jus 72
Gegrillte Schinken-Käse-Panini 129
Gegrilltes Spanferkel 132
Gekühlte Gazpacho aus Gemüse vom Grill 38
Gekühlte grüne Chilisauce 35
Gelbe Bete: Bruschetta mit gegrillten Gelben Beten
    und Ziegenkäse 40
Gemüse 230–231
    Bratwürste mit pikantem Paprika-Zwiebel-Gemüse 104

Saiblingfilets mit gegrilltem Gemüse-Konfetti 177
Salat mit Kritharaki und gegrilltem Gemüse 203
siehe auch Gazpacho, Grillpraxis
Geräucherte und gewürzte Nüsse 51
Gestürzter Pflaumenkuchen 212
Geteilte Drei-Zonen-Glut 17
Gorgonzola: Schweinekoteletts mit Gorgonzola 123
Griechische Marinade 33
Griechischer Meeresfrüchtesalat 186
Grillen am Spieß 28
Grillen auf einem Räucherbrett 27, 170
Grillen im Fischkorb, in der Grillpfanne oder im Gemüsekorb 29
Grillpraxis 218–232
    Fisch 228–229
        Anhaften am Grillrost vermeiden 228
        Den perfekten Fisch auswählen 228
        Fisch für den Grill 228
        Gargrad 229
    Geflügel 226–227
        Ein Hähnchen dressieren 226
        Gargrad 227
        Qualitätskriterien für Hähnchen 226
    Gemüse 230–231
        Fünf Grundsätze 230
        Gargrad 230
    Rind und Lamm 220–223
        Eine ausgelöste Lammkeule vorbereiten 223
        Eine Rinderbrust küchenfertig vorbereiten 220
        Gargrad 221
        Knusprig gebräunt schmeckt besser 222
        Qualitätskriterien für Rindfleisch 221
        Teilstücke von Rind und Lamm für den Grill 220
    Schwein 224–225
        Gargrad 225
        Qualitätskriterien für Schweinefleisch 224
        Schweinerippchen vorbereiten 224
        Spareribs und Baby Back Ribs 224
        Teilstücke vom Schwein für den Grill 224
    Sicherheitshinweise 232
Grillsauce: Hähnchenschenkel mit Alabama-Grillsauce 150
    siehe auch Barbecue, Saucen
Grillschinken mit Orangen-Glasur 131
Grundkurs Räucherbrett (Grillmethode) 27
Guacamole siehe Avocado

H

Hackfleisch
    Kebabs vom Lamm mit Tomaten-Tsatsiki 98
    Vietnamesische Rindsröllchen mit süßer Chilisauce 46
    siehe auch Burger
Hähnchen
    Andys Jerk-Chicken 149
    Barbecue-Hähnchen mit Pfirsich-Chutney 156
    Bierdosen-Hähnchen mit Knoblauch und Oregano 160
    Chicken Wings mit Chili-Glasur und gerösteten Sesamsamen 44
    Chinesischer Hähnchensalat 142
    Ein ganzes Hähnchen vom Spieß 161
    Gegrillte Hähnchen-Käse-Panini mit Rucola 141
    Gegrillte Hähnchenschenkel Hongkong 147
    Hähnchenbrust mit Rosmarin und Oliven-Mayonnaise 143
    Hähnchen-Burritos 140
    Hähnchenschenkel mit Alabama-Grillsauce 150
    Hähnchenspieße mit Erdnusssauce 136
    Hähnchen-Tortillas mit Tomatillo-Salsa 138
    Hähnchen und Chili-Quesadillas mit Guacamole 42
    In Tequila marinierte Hähnchenschenkel 146
    Johns Grillhähnchen mit Würzpaste 155
    Paella mit Hähnchen, Wurst und Garnelen 144
    Räucherhähnchen 158
    Yakitori-Spieße 45
    siehe auch Geflügel
Handtest (Temperaturmessung) 15
Himbeer-Kirsch-Auflauf 208
Himbeersorbet, In der Schale gegrillte Bananen mit 216
Hitze der Glut 10–29
    Direkte Hitze 14
    halten 18
    Hochschlagende Flammen 21
    Indirekte Hitze 14, 17
    kontrollieren 18
    messen 15
    Handtest 15
    Mittlere Hitze 15
    Schwache Hitze 15
    Starke Hitze 15
    siehe auch Holzkohleglut
Holzkohle & Briketts 10–29
    anzünden 13
    Briketts 10, 11
    Holzkohle 10, 11
    Menge 13
    siehe auch Holzkohleglut
Holzkohle-Fans
    Anderson, Amy 112
    Biondi, Dave 116
    Gleeson, John Gerald 154
    Griffith, Andy 148
    McGrath, Mike 66
    Minion, Jim 82
    Scully, Dave 184
Holzkohleglut 13–17
    Die Drei-Zonen-Glut 16
    Die geteilte Drei-Zonen-Glut 17
    Die Zwei-Zonen-Glut 14
    In der Glut garen 14
    siehe auch Hitze der Glut
Honig: Schinkensteaks mit Honig-Senf-Glasur und Bohnen-Salsa 130
Hot Dogs mit Mayonnaise-Krautsalat 87

I

In der Glut garen 27
In der Schale gegrillte Bananen mit Himbeersorbet 216
Ingwer: In Orangensaft und Ingwer marinierte Stielkoteletts 126
In Orangensaft und Ingwer marinierte Stielkoteletts 126
In Tequila marinierte Hähnchenschenkel 146

J

Japanisches Rindfleisch »Yakiniku« 70
Jerk-Chicken: Andys Jerk-Chicken 149
Jims geräucherte Rinderbrust 83
Johannisbeere: Sardinen in Weißweinessig mit Johannisbeeren 175
Johns Grillhähnchen mit Würzpaste 155

K

Käse
Bruschetta mit gegrillten Gelben Beten und Ziegenkäse 40
Gegrillte Hähnchen-Käse-Panini mit Rucola 141
Gegrillte Schinken-Käse-Panini 129
Käse-Nudel-Auflauf mit Chili und Frühlingszwiebeln 204
Schweinekoteletts mit Gorgonzola 123

Kaffeekruste, Rib-Eye-Steaks in einer 68
Kalbskoteletts mit einer Zitronen-Salbei-Marinade 64
Karamellisierte Pfirsiche mit Lemon Curd und Blaubeeren 209
Kartoffeln mit Wasabi, Gefüllte 195
Kebabs vom Lamm mit Tomaten-Tsatsiki 98

Kirsche
Himbeer-Kirsch-Auflauf 208
Über Kirschholz geräucherte vietnamesische Spareribs 114

Klassische Baby Back Ribs 110
Klassische Cheeseburger mit Barbecue-Gewürzen 86

Knoblauch
Bierdosen-Hähnchen mit Knoblauch und Oregano 160
Eichelkürbis mit Butterglasur und Knoblauch 197
Gegrillte Lammkarrees aus dem Holzrauch mit Anis-Knoblauch-Paste 90
Mandel-Knoblauch-Butter 35
Schwertfischsteaks mit Mandel-Knoblauch-Butter 179

Knusprige Pizza mit Räucherwurst und Mozzarella 48
Knuspriges Pita-Brot mit Zwiebel-Dip 41
Kohle siehe Holzkohle & Briketts
Kokosnusseis, Ananas mit Rumbutter und 210
Kokosraspel, Mango-Eistorte mit 217

Kotelett
Filetkoteletts mit Whisky-Barbecue-Sauce 124
In Orangensaft und Ingwer marinierte Stielkoteletts 126
Kalbskoteletts mit einer Zitronen-Salbei-Marinade 64
Lammkoteletts mit Senfglasur und gerösteten Pinienkernen 94
Schweinekoteletts mit Balsamico-Paste 122
Schweinekoteletts mit Gorgonzola 123

Kotelettrippchen siehe Baby Back Ribs
Krautsalat: Hot Dogs mit Mayonnaise-Krautsalat 87
Kreuzkümmel, Lammkeule mit Minze und 96
Kritharaki: Salat mit Kritharaki und gegrilltem Gemüse 203

Kuchen
Gegrillte Aprikosen mit Sandkuchen und Mandelblättchen 214
Gestürzter Pflaumenkuchen 212
siehe auch Desserts

Kürbis: Eichelkürbis mit Butterglasur und Knoblauch 197
Kürbiskerne: Schweinenackensteaks mit Kürbiskernen 121

L

Lachs
Auf Zedernholz gegrillter, glasierter Lachs 170
Fenchelwürziger Lachs mit Gazpacho-Salat 172

Lamm 52–99, 223
Gegrillte Lammkarrees aus dem Holzrauch mit Anis-Knoblauch-Paste 90
Kebabs vom Lamm mit Tomaten-Tsatsiki 98
Steaks aus der Lammkeule mit gerösteten Fenchelsamen 92
siehe auch Grillpraxis

Lammkeule mit Minze und Kreuzkümmel 96
Lammkoteletts mit Senfglasur und gerösteten Pinienkernen 94
Lebensmittelsicherheit 232
Lemon Curd: Karamellisierte Pfirsiche mit Lemon Curd und Blaubeeren 209
Luftzufuhr 18, 21, 24

M

Mais
Daves Fisch-Tacos 185
Gegrillte Maiskolben mit Chili-Butter 190

Makrele, Über Hickoryholz geräucherte 174

Mandel
Gegrillte Aprikosen mit Sandkuchen und Mandelblättchen 214
Schwertfischsteaks mit Mandel-Knoblauch-Butter 179

Mandel-Knoblauch-Butter 35
Mango-Eistorte mit Kokosraspel 217
Mango-Schweinefleisch-Spieße 128

Marinaden 33
Griechische Marinade 33
Kalbskoteletts mit einer Zitronen-Salbei-Marinade 64
Mojo-Marinade 33
Rinderfiletsteaks mit einer Martini-Marinade 62
Teriyaki-Marinade 33
Zitronen-Salbei-Marinade 33

Mayonnaise
Burger mit Steinpilzen, Tomaten und Pesto-Mayonnaise 84
Hähnchenbrust mit Rosmarin und Oliven-Mayonnaise 143
Hot Dogs mit Mayonnaise-Krautsalat 87
Oliven-Mayonnaise 34

Meeresfrüchtesalat, Griechischer 186
siehe auch Garnelen, Miesmuscheln

Meerrettich
Gefüllte Kartoffeln mit Wasabi 195
New York Strip Steaks mit schwarzem Pfeffer und Meerrettichsauce 54

Meerrettichsauce 34
Miesmuscheln mit Tomaten und Frühlingszwiebeln 50
Mikes Rib-Eye-Steaks mit preisgekrönter Würzmischung 67
Minze: Lammkeule mit Minze und Kreuzkümmel 96
Mit Pflaumen gefüllte Grillwürste 103
Möhren, Gegrillte 196
Mojo-Marinade 33
Mozzarella, Fenchel-Paprika-Salat mit 200
Mozzarella, Knusprige Pizza mit Räucherwurst und 48

N

New York Strip Steaks mit Barbecue-Sauce 56
New York Strip Steaks mit schwarzem Pfeffer und Meerrettichsauce 54
Nudeln: Käse-Nudel-Auflauf mit Chili und Frühlingszwiebeln 204
Nüsse, Geräucherte und gewürzte 51

O

Oliven-Mayonnaise 34, 143
Orange
    Grillschinken mit Orangen-Glasur 131
    In Orangensaft und Ingwer marinierte Stielkoteletts 126
Oregano, Bierdosen-Hähnchen mit Knoblauch und 160

P

Paella mit Hähnchen, Wurst und Garnelen 144
Panini
    Gegrillte Hähnchen-Käse-Panini mit Rucola 141
    Gegrillte Schinken-Käse-Panini 129
    siehe auch Brot
Papaya-Relish, Eingelegte Schweinesteaks mit süßem 127
Paprikaschote
    Bratwürste mit pikantem Paprika-Zwiebel-Gemüse 104
    Fenchel-Paprika-Salat mit Mozzarella 200
    Würziger Zackenbarsch mit Gelber-Paprika-Sauce 178
Pesto-Mayonnaise, Burger mit Steinpilzen, Tomaten und 84
Pfeffer
    New York Strip Steaks mit schwarzem Pfeffer und Meerrettichsauce 54
    Pfefferige Steak-Tortillas mit Pico de Gallo 80
Pfirsich
    Barbecue-Hähnchen mit Pfirsich-Chutney 156
    Daves Fisch-Tacos 185
    Karamellisierte Pfirsiche mit Lemon Curd und Blaubeeren 209
Pflaume
    Gestürzter Pflaumenkuchen 212
    Mit Pflaumen gefüllte Grillwürste 103
Pico de Gallo, Pfefferige Steak-Tortillas mit 80
Pilze
    Burger mit Steinpilzen, Tomaten und Pesto-Mayonnaise 84
    Puten-Burger mit Frühlingszwiebeln und Pilzen 162
Pinienkerne: Lammkoteletts mit Senfglasur und gerösteten Pinienkernen 94
Pita-Brot siehe Brot
Pizza mit Räucherwurst und Mozzarella, Knusprige 48
Planking (Grillmethode) 27
Porterhouse-Steaks mit Rosmarin und Rotwein 58
Puten-Burger mit Frühlingszwiebeln und Pilzen 162
    siehe auch Truthahn

R

Räuchergrill 24–25
    Weber® Smokey Mountain Cooker™ 24, 82–83, 112
Räucherhähnchen 158
Räuchern
    auf dem Holzkohlegrill 22
    Chips oder Chunks 23
    in einem Räuchergrill 15
Rib-Eye-Steak
    Mikes Rib-Eye-Steaks mit preisgekrönter Würzmischung 67
    Würzige Rib-Eye-Steak-Spieße mit Salsa Verde 69
    Rib-Eye-Steaks in einer Kaffeekruste 68
Ribs siehe Baby Back Ribs, Spareribs
Rind 52–99, 220–222
    Burger mit Steinpilzen, Tomaten und Pesto-Mayonnaise 84
    Chili-Cheeseburger mit Avocado 85
    Fajitas 74
    Flank-Steak mit Bohnensalat 76
    Gegrillter Rippenbraten au Jus 72
    Hot Dogs mit Mayonnaise-Krautsalat 87
    Japanisches Rindfleisch »Yakiniku« 70
    Jims geräucherte Rinderbrust 83
    Kalbskoteletts mit einer Zitronen-Salbei-Marinade 64
    Klassische Cheeseburger mit Barbecue-Gewürzen 86
    Mikes Rib-Eye-Steaks mit preisgekrönter Würzmischung 67
    New York Strip Steaks mit Barbecue-Sauce 56
    New York Strip Steaks mit schwarzem Pfeffer und Meerrettichsauce 54
    Pfefferige Steak-Tortillas mit Pico de Gallo 80
    Porterhouse-Steaks mit Rosmarin und Rotwein 58
    Rib-Eye-Steaks in einer Kaffeekruste 68
    Rinderbraten mit Avocado-Sauce 88
    Rinderfiletsteaks mit einer Martini-Marinade 62
    Steak-Salat mit Estragon-Vinaigrette 78
    T-Bone-Steaks mit Avocado-Salsa 60
    Vietnamesische Rindsröllchen mit süßer Chilisauce 46
    Würzige Rib-Eye-Steak-Spieße mit Salsa Verde 69
    siehe auch Grillpraxis
Rosmarin
    Bachforelle mit Zitrone und Rosmarin 176
    Hähnchenbrust mit Rosmarin und Oliven-Mayonnaise 143
    Porterhouse-Steaks mit Rosmarin und Rotwein 58
Rotbarsch texanisch mit Chili-Salsa 182
Rote Barbecue-Sauce 34
Rote Bete siehe Gelbe Bete
Rotisserie-Grillen 28
Rotwein, Porterhouse-Steaks mit Rosmarin und 58
Rucola, Gegrillte Hähnchen-Käse-Panini mit 141
Rum: Ananas mit Rumbutter und Kokosnusseis 210

S

Saftiger Truthahn vom Grill mit Bratensauce 166
Saiblingfilets mit gegrilltem Gemüse-Konfetti 177
Salat
    Chinesischer Hähnchensalat 142
    Curry-Thunfischsteaks mit warmem Spinat-Bohnen-Salat 180
    Fenchel-Paprika-Salat mit Mozzarella 200
    Flank-Steak mit Bohnensalat 76
    Hot Dogs mit Mayonnaise-Krautsalat 87
    Schweinefilets auf Cajun-Art mit Bohnensalat 118
    Steak-Salat mit Estragon-Vinaigrette 78
    Tomatensalat mit gegrillten Auberginen 202
Salat mit gebratenem Speck und gegrillten Tomaten 198
Salat mit Kritharaki und gegrilltem Gemüse 203
Salbei
    Kalbskoteletts mit einer Zitronen-Salbei-Marinade 64
    Zitronen-Salbei-Marinade 33
Salsa
    Hähnchen-Tortillas mit Tomatillo-Salsa 138
    Pico de Gallo 80
    Rotbarsch texanisch mit Chili-Salsa 182
    Schinkensteaks mit Honig-Senf-Glasur und Bohnen-Salsa 130
    T-Bone-Steaks mit Avocado-Salsa 60

Tomatillo-Salsa 35
Würzige Rib-Eye-Steak-Spieße mit Salsa Verde 69
siehe auch Butter, Saucen
Sardinen in Weißweinessig mit Johannisbeeren 175
Saucen 34–35
Asia-Entenbrust mit Senfsauce 152
Erdnusssauce 35
Filetkoteletts mit Whisky-Barbecue-Sauce 124
Gekühlte grüne Chilisauce 35
Gegrillte Entenkeulen mit Bourbon-Würzsauce 151
Gegrillte Garnelen mit süß-saurer Sauce 187
Hähnchenspieße mit Erdnusssauce 136
Meerrettichsauce 34
New York Strip Steaks mit Barbecue-Sauce 56
Rinderbraten mit Avocado-Sauce 88
Rote Barbecue-Sauce 34
Saftiger Truthahn vom Grill mit Bratensauce 166
Vietnamesische Rindsröllchen mit süßer Chilisauce 46
Weiße Barbecue-Sauce 34
Würziger Zackenbarsch mit Gelber-Paprika-Sauce 178
siehe auch Butter, Salsa
Schälrippchen siehe Spareribs
Schinken
Gegrillte Schinken-Käse-Panini 129
Grillschinken mit Orangen-Glasur 131
Käse-Nudel-Auflauf mit Chili und Frühlingszwiebeln 204
Schinkensteaks mit Honig-Senf-Glasur und Bohnen-Salsa 130
Schwein 100–133, 224–225
Boerewors 102
Bratwürste mit pikantem Paprika-Zwiebel-Gemüse 104
Curry-Wurst-Spieße 106
Daves Spareribs im neuen Memphis-Stil 116
Eingelegte Schweinesteaks mit süßem Papaya-Relish 127
Filetkoteletts mit Whisky-Barbecue-Sauce 124
Gegrillte Schinken-Käse-Panini 129
Gegrilltes Spanferkel 132
Grillschinken mit Orangen-Glasur 131
In Orangensaft und Ingwer marinierte Stielkoteletts 126
Klassische Baby Back Ribs 110
Mango-Schweinefleisch-Spieße 128
Mit Pflaumen gefüllte Grillwürste 103
Ribs vom Ranch House BBQ 112
Salat mit gebratenem Speck und gegrillten Tomaten 198
Schinkensteaks mit Honig-Senf-Glasur und Bohnen-Salsa 130
Schweinefilets auf Cajun-Art mit Bohnensalat 118
Schweinefilet texanisch 120
Schweinekoteletts mit Balsamico-Paste 122
Schweinekoteletts mit Gorgonzola 123
Schweinenackensteaks mit Kürbiskernen 121
Über Kirschholz geräucherte vietnamesische Spareribs 114
Würstchen im Schlafrock 107
siehe auch Grillpraxis
Schwertfischsteaks mit Mandel-Knoblauch-Butter 179
Senf
Asia-Entenbrust mit Senfsauce 152
Lammkoteletts mit Senfglasur und gerösteten Pinienkernen 94
Schinkensteaks mit Honig-Senf-Glasur und Bohnen-Salsa 130
Steak-Salat mit Estragon-Vinaigrette 78
Sesamsamen, Chicken Wings mit Chili-Glasur und gerösteten 44

Sicherheitshinweise 232
Skirt-Steak: Pfefferige Steak-Tortillas mit Pico de Gallo 80
Spanferkel siehe Schwein
Spareribs
Daves Spareribs im neuen Memphis-Stil 116
St.-Louis-Art 114
Über Kirschholz geräucherte vietnamesische Spareribs 114
siehe auch Baby Back Ribs
Spargel: Gegrillter grüner Spargel mit Balsamico 194
Speck: Salat mit gebratenem Speck und gegrillten
Tomaten 198
Spieße
Curry-Wurst-Spieße 106
Mango-Schweinefleisch-Spieße 128
Würzige Rib-Eye-Steak-Spieße mit Salsa Verde 69
Yakitori-Spieße 45
Spinat-Bohnen-Salat, Curry-Thunfischsteaks mit warmem 180
Steak
Eingelegte Schweinesteaks mit süßem Papaya-Relish 127
Fajitas 74
Flank-Steak mit Bohnensalat 76
Mikes Rib-Eye-Steaks mit preisgekrönter Würzmischung 67
New York Strip Steaks mit Barbecue-Sauce 56
New York Strip Steaks mit schwarzem Pfeffer und
Meerrettichsauce 54
Pfefferige Steak-Tortillas mit Pico de Gallo 80
Porterhouse-Steaks mit Rosmarin und Rotwein 58
Rinderfiletsteaks mit einer Martini-Marinade 62
Schinkensteaks mit Honig-Senf-Glasur und Bohnen-Salsa 130
Steak-Salat mit Estragon-Vinaigrette 78
Steaks aus der Lammkeule mit gerösteten Fenchelsamen 92
T-Bone-Steaks mit Avocado-Salsa 60
Würzige Rib-Eye-Steak-Spieße mit Salsa Verde 69
Steinpilz siehe Pilze

T

Tacos siehe Tortillas
T-Bone-Steaks mit Avocado-Salsa 60
Tequila: In Tequila marinierte Hähnchenschenkel 146
Teriyaki-Marinade 33
Thunfisch: Curry-Thunfischsteaks mit warmem Spinat-Bohnen-Salat 180
Tomate
Burger mit Steinpilzen, Tomaten und Pesto-Mayonnaise 84
Kebabs vom Lamm mit Tomaten-Tsatsiki 98
Miesmuscheln mit Tomaten und Frühlingszwiebeln 50
Salat mit gebratenem Speck und gegrillten Tomaten 198
Tomatensalat mit gegrillten Auberginen 202
Tomatillo-Salsa, Hähnchen-Tortillas mit 138
Tomatillo-Salsa 35
Tortilla
Daves Fisch-Tacos 185
Hähnchen-Tortillas mit Tomatillo-Salsa 138
Hähnchen und Chili-Quesadillas mit Guacamole 42
Pfefferige Steak-Tortillas mit Pico de Gallo 80
Truthahn 164–165
Saftiger Truthahn vom Grill mit Bratensauce 166
siehe auch Pute
Tsatsiki: Kebabs vom Lamm mit Tomaten-Tsatsiki 98

U

Über Hickoryholz geräucherte Makrele 174
Über Kirschholz geräucherte vietnamesische Spareribs 114

V

Vietnamesisch
    Über Kirschholz geräucherte vietnamesische
        Spareribs 114
    Vietnamesische Rindsröllchen mit süßer Chilisauce 46

Vorspeisen 36–51
    Bruschetta mit gegrillten Gelben Beten und
        Ziegenkäse 40
    Chicken Wings mit Chili-Glasur und gerösteten
        Sesamsamen 44
    Gekühlte Gazpacho aus Gemüse vom Grill 38
    Geräucherte und gewürzte Nüsse 51
    Hähnchen und Chili-Quesadillas mit Guacamole 42
    Knuspriges Pita-Brot mit Zwiebel-Dip 41
    Knusprige Pizza mit Räucherwurst und Mozzarella 48
    Miesmuscheln mit Tomaten und Frühlingszwiebeln 50
    Vietnamesische Rindsröllchen mit süßer Chilisauce 46
    Yakitori-Spieße 45

W

Wasabi, Gefüllte Kartoffeln mit 195
    siehe auch Meerrettich
Water Smoker siehe Räuchergrill
Weiße Barbecue-Sauce 34
Weißweinessig: Sardinen in Weißweinessig
    mit Johannisbeeren 175

Whisky
    Filetkoteletts mit Whisky-Barbecue-Sauce 124
    Gegrillte Entenkeulen mit Bourbon-Würzsauce 151

Wurst/Würstchen
    Boerewors 102
    Bratwürste mit pikantem Paprika-Zwiebel-Gemüse 104
    Curry-Wurst-Spieße 106
    Hot Dogs mit Mayonnaise-Krautsalat 87
    Knusprige Pizza mit Räucherwurst und Mozzarella 48
    Mit Pflaumen gefüllte Grillwürste 103
    Paella mit Hähnchen, Wurst und Garnelen 144
    Würstchen im Schlafrock 107
    siehe auch Schinken

Würzige Rib-Eye-Steak-Spieße mit Salsa Verde 69
Würziger Zackenbarsch mit Gelber-Paprika-Sauce 178

Würzmischungen 32
    Asia-Würzmischung 32
    Barbecue-Würzmischung 32
    Cajun-Würzmischung 32
    Fenchel-Würzmischung 32
    Mikes Rib-Eye-Steaks mit preisgekrönter Würzmischung 67

Würzsauce: Gegrillte Entenkeulen mit Bourbon-Würzsauce 151
    siehe auch Saucen

Y

Yakitori-Spieße 45

Z

Zackenbarsch mit Gelber-Paprika-Sauce, Würziger 178
Ziegenkäse: Bruschetta mit gegrillten Gelben Beten und
Ziegenkäse 40

Zitrone
    Bachforelle mit Zitrone und Rosmarin 176
    Kalbskoteletts mit einer Zitronen-Salbei-Marinade 64
    Zitronen-Salbei-Marinade 33

Zubereitungsmethoden mit Kohle, Weitere 27, 28
    Grillen auf einem Räucherbrett 27
    Grillen im Fischkorb, in der Grillpfanne oder
        im Gemüsekorb 29
    Grundkurs Räucherbrett 27
    In der Glut garen 27
    Rotisserie-Grillen – Grillen am Spieß 28

Zwei-Zonen-Glut 14

Zwiebeln
    Bratwürste mit pikantem Paprika-Zwiebel-Gemüse 104
    Butterweiche Zwiebeln vom Grill 192
    Knuspriges Pita-Brot mit Zwiebel-Dip 41

IMPRESSUM

Weber-Stephen Products LLC
Mike Kempster Sr., Executive Vice President
Sherry L. Bale, Director, Public Relations

Titel der amerikanischen Orginalausgabe:
Weber's Charcoal Grilling. The Art of Cooking with Live Fire™

Copyright © 2007 Weber-Stephen Products LLC
Copyright der deutschen Ausgabe © 2009 GRÄFE UND UNZER VERLAG
GmbH, Grillparzer Str. 12, 81675 München
© 2016 GRÄFE UND UNZER VERLAG, überarbeitete Neuauflage

Alle Rechte vorbehalten. Nachdruck, auch auszugsweise, sowie Verbreitung durch Film, Funk und Fernsehen und Internet durch fotomechanische Wiedergabe, Tonträger und Datenverarbeitungssysteme jeglicher Art nur mit schriftlicher Genehmigung des Verlages.

Autor und Rezepte: Jamie Purviance
Rezepte für die deutsche Ausgabe auf den Seiten 102–103, 106–107, 120–123, 132, 174–175:
Swen Gläser, Koch, Weber Grillakademie Manager
Übersetzung: Karoline Kirst
Lektorat: Karen Dengler, Werkstatt München
Satz: Anja Dengler, Werkstatt München
Gesamtproduktion der deutschen Ausgabe:
Werkstatt München · Buchproduktion
Redaktion: Monika Greiner
Innenlayout der deutschen Ausgabe:
independent Mediendesign, Marta Olesniewicz &
Werkstatt München, Anja Dengler
Umschlaggestaltung der deutschen Ausgabe:
independent Mediendesign, Horst Moser, München
Herstellung: Markus Plötz
Reproduktion: Longo AG, Bozen
Druck: aprinta Druck, Firmengruppe Appl, Wemding
Bindung: Sellier, Firmengruppe Appl, Freising

Bildnachweis: Alle Fotos Studio Mathias Neubauer, Seligenstadt

Dieses Buch gibt die Meinung des Autors wieder. Es soll Informationen zum Thema des Buches liefern, stellt aber keinerlei professionelle Dienstleistung seitens des Autors und des Verlags dar. Autoren und Verlag übernehmen keinerlei Verantwortung und Haftung für etwaige Schäden oder Risiken, persönliche und andersartige, die als direkte oder indirekte Folge des Gebrauchs und der Anwendung irgendeines der Inhalte dieses Buches auftreten.

ISBN: 978-3-8338-5324-1

1. Auflage 2016

DIE GU-QUALITÄTS-GARANTIE

Wir möchten Ihnen mit den Informationen und Anregungen in diesem Buch das Leben erleichtern und Sie inspirieren, Neues auszuprobieren. Alle Informationen werden von unseren Autoren gewissenhaft erstellt und von unseren Redakteuren sorgfältig ausgewählt und mehrfach geprüft. Deshalb bieten wir Ihnen eine 100%ige Qualitätsgarantie. Sollten wir mit diesem Buch Ihre Erwartungen nicht erfüllen, lassen Sie es uns bitte wissen! Wir tauschen Ihr Buch jederzeit gegen ein gleichwertiges zum gleichen oder ähnlichen Thema um. Wir freuen uns auf Ihre Rückmeldung, auf Lob, Kritik und Anregungen, damit wir für Sie immer besser werden können.

GRÄFE UND UNZER Verlag
Leserservice
Postfach 86 03 13
81630 München
E-Mail:
leserservice@graefe-und-unzer.de

Telefon: 00800 / 72 37 33 33*
Telefax: 00800 / 50 12 05 44*
Mo–Do: 9.00 – 17.00 Uhr
Fr: 9.00 – 16.00 Uhr
(* gebührenfrei in D, A, CH)

Ihr GRÄFE UND UNZER Verlag
Der erste Ratgeberverlag – seit 1722.

Ein Unternehmen der
GANSKE VERLAGSGRUPPE

www.facebook.com/gu.verlag